MADRES *DE LA* BIBLIA

RHONDA STOPPE

Título original: *Moms of the Bible*

Primera edición: abril de 2026

Publicado bajo acuerdo con Harvest House Publishers

Publicado por ORIGEN®, marca registrada de
Penguin Random House Grupo Editorial USA, LLC
8950 SW 74th Court, Suite 2010
Miami, FL 33156

Traducción: Eloida Viegas

Impreso en Colombia / *Printed in Colombia*

Información de catalogación de publicaciones disponible
en la Biblioteca del Congreso de los Estados Unidos

ISBN: 979-8-89098-620-7

«Cada mamá se identificará con las madres de las que escribe Rhonda. Usar a Ester como ejemplo de madrastra ha sido brillante, y usar a la esposa de Lot como ejemplo del peligro del materialismo es muy oportuno. Me encantaron especialmente los pensamientos tan importantes de Rhonda sobre las madres fieles que no se mencionan por su nombre en la Biblia. ¡Las lectoras sabrán con nueva certeza que Dios las ve y las valora! Y amarán los recordatorios importantes como: "La apatía no es una opción al criar hijos"».

—**Dra. Kathy Koch**, fundadora de *Celebrate Kids, Inc.*; conferenciante; presentadora de pódcast; autora de ocho libros sobre crianza, incluidos *Parent Differently* y *8 Great Smarts*

«La crianza no viene con un manual de instrucciones, pero *Madres de la Biblia* es un cofre del tesoro de ánimo para toda madre que alguna vez se ha preguntado si es suficiente. Rhonda Stoppe entrelaza bellamente las historias de mujeres reales, imperfectas y fieles de las Escrituras con los desafíos contemporáneos para recordarnos que Dios redime nuestras deficiencias y nos prepara para el llamado sagrado de la maternidad. Con calidez, sabiduría y aplicación práctica, este libro te inspirará a criar con confianza, esperanza y una fe inquebrantable en el Dios que te eligió para este tiempo en la historia. Lo que hace que este libro sea aún más significativo son las enseñanzas en video que lo acompañan, que añaden una capa rica de comprensión y aplicación práctica».

—**Dra. Michelle Bengtson,** neuropsicóloga clínica; conferencista internacional; presentadora de pódcast; autora de *Breaking Anxiety's Grip* y *Today Is Going to Be a Good Day*

«En este libro inspirador, Rhonda Stoppe utiliza historias cautivadoras y convincentes de madres en la Biblia para explorar las alegrías y los dolores de la maternidad, alentando a depender de Dios para obtener gozo, esperanza y sanidad. Con franqueza y empatía, Rhonda revela las experiencias en su vida que la han levantado, quebrantado y enseñado a perseverar en la fe. Las madres y abuelas que lean *Madres de la Biblia* recibirán un sabio consejo y estarán firmemente arraigadas en las Escrituras para enfrentar los desafíos de la crianza y la abuelidad. Busca un lugar acogedor para acurrucarte y leer este libro. ¡Es una lectura que atrapa!».

—**Joannie DeBrito,** PhD, LCSW, LMFT; exdirectora de Crianza y Juventud en *Focus on the Family*; especialista en apoyo familiar en *Legacy Coalition*

«Valientes. Imperfectas. Fieles. La Biblia está llena de relatos auténticos de todo tipo de madres. Ya sea que necesites ánimo, esperanza o amorosas exhortaciones, lo encontrarás en estas páginas. Sin importar tus heridas del pasado o tus luchas presentes, serás inspirada a caminar con todo tu corazón con Jesús y a ayudar a las generaciones venideras a hacer lo mismo».

—**Dr. Rob Rienow,** fundador de *Visionary Family Ministries*

«*Madres de la Biblia* muestra de forma hermosa las cualidades notables de la fe, el valor y la devoción, cualidades que aún se reflejan en las mujeres de Dios hoy en día. Rhonda entrelaza su sincero testimonio y experiencias personales con las historias de madres en la Biblia, recordándonos que Dios siempre está cerca para guiarnos. Desde la valiente protección de Moisés por parte de Jocabed hasta la firme confianza de Ana en el Señor, y a través de los ejemplos de Rebeca, Eva y muchas otras, este libro ofrece ánimo y sabiduría para cada mamá en el camino de la maternidad».

—**Lee Ann Mancini**, autora de *Raising Kids to Follow Christ*; fundadora de *Raising Christian Kids*; profesora adjunta en *South Florida Bible College & Theological Seminary*

«Estoy verdaderamente agradecido por Rhonda y su llamado a fortalecer y equipar a algunas de las personas más importantes del mundo: las madres. Como pastor y padre de once hijos, he observado cuánta fortaleza y ánimo ha necesitado mi esposa a lo largo de los años de la Palabra de Dios. Estoy ansioso por darle una copia de este libro. Si deseas aprender a ser una madre valiente, necesitas ánimo como madre imperfecta o anhelas ser equipada para ser una madre más fiel, encontrarás ejemplos de cada una en este excelente libro».

—**Scott LaPierre**, pastor de enseñanza, autor y conferencista

A mi increíble padre, Papá Bill. Gracias por elegir seguir a Jesús. Tu rendición a Él y tu amor genuino por el Señor transformaron mi niñez (y nuestro hogar) en un hermoso lugar de amor, alegría y refugio. Papá, siempre estaré agradecida contigo por mostrarme el camino hacia la nueva vida en Cristo. A lo largo de toda mi vida, me ha inspirado tu bondad, tu generosidad y tu amor incondicional hacia mí. Te adoro, papi. Y me encanta ver cómo tú y Oma aman y cuidan generosamente a mis hijos y a los hijos de ellos.

A mis preciosas hijas y nueras, Kylene, Meredith, Jessy y Kayla. Es una alegría inmensa verlas guiar con amor a sus hijos con la sabiduría, la bondad y el amor de Dios. Oro para que sus hijos sigan a Jesús todos los días de su vida y que un día cada uno de ellos se levante y las llame bienaventuradas:
Kelsey, William,
Karis, Ivy, Eliza, Mayzie,
Ledger, Winslet, Rhodes, Hadden,
Everly, McKenzie, Ruby, Brodie y Raemie.

AGRADECIMIENTOS

Steve Stoppe, ¡cuánto te amo y te admiro! Celebro tu vida entera de fiel ministerio como pastor. Después de 25 años de pastorear desinteresadamente a tu rebaño, ¡felicitaciones por tu jubilación! Qué honor tan increíble ha sido servir al Señor a tu lado, mi amor. ¡Cuántas aventuras hemos vivido juntos! Espero con ilusión ver adónde nos llevará Él a continuación.

Y gracias a mi editor y a su esposa, Steve y Becky Miller, sin quienes este libro nunca habría sido publicado. Estoy agradecida por su apoyo inspirador en cada paso del camino. Steve, gracias por tu compromiso de ayudarme a crear un recurso para madres impregnado de las Escrituras y fundamentado en una doctrina sólida.

CONTENIDO

EL LLAMADO DE DIOS PARA TI COMO MADRE

Seré una mejor mamá mañana, me susurré a mí misma antes de quedarme dormida. Pero cuando ese «mañana» nunca llegó, la culpa de madre atormentó mi alma angustiada. Ser una mamá alegre y buena era lo que deseaba. Pero, en realidad, pasé muchos días en modo de supervivencia: regañando a mis hijos cuando derramaban la leche y preocupándome por cómo íbamos a pagar sus actividades extraescolares.

No siempre estuve en ese autobús del esfuerzo. La vida de mamá tiene sus temporadas de altibajos, ¿verdad? Algunos años sentía que estaba haciendo realmente bien mi papel de madre. Defino esos tiempos como la recopilación de los mejores momentos de mi experiencia como mamá: los años que espero que mis hijos recuerden cuando piensen en el tipo de madre que fui para ellos.

Cuando estuve lista para cambiar, busqué ayuda en las páginas de las Escrituras. Necesitaba aprender a vivir mi fe de una manera genuina, para que mis hijos también quisieran seguir a Cristo. Encontré ayuda al leer sobre las madres de la Biblia. En cada testimonio de sus vidas reales, descubrí esperanza e inspiración para mí misma.

Estas mujeres no siempre lo hicieron todo bien, pero Dios redimió sus fracasos. A pesar de sus debilidades, fueron madres elegidas por Él para su momento en la historia. Me cautivó descubrir cómo estas madres no solo influyeron sobre sus propios hijos, sino que también tuvieron un profundo impacto en las culturas y generaciones en las que vivieron. *A lo largo de los siglos, las primeras maestras de los transformadores piadosos del mundo no fueron teólogos; fueron madres. Deja que esa verdad repose en tu corazón por un momento.*

Estas historias transformaron mi vida e influyeron en cómo crie a mis hijos. Creo que te ocurrirá lo mismo a ti.

Como las madres de la Biblia, este es tu tiempo en la historia. Dios te ha elegido para criar a tus hijos en esta generación. Mientras lees este libro, oro para que despiertes cada día inspirada por los testimonios de estas madres piadosas y equipada para vivir con sabiduría, según lo que podemos aprender de ellas.

Que el testimonio de estas mujeres, valientes sin temor, redimidas de sus fallos y fieles en su valor, encienda tu alma y te impulse a nuevas alturas en tu travesía como madre. ¡Y que Dios levante a tus hijos para que sean guerreros llenos de fe, a quienes Él use para transformar el mundo al revés por Su reino y para Su gloria!

¿Quieres ser una mejor mamá? Yo también. Así que remanguémonos y ¡comencemos!

Además, al final de cada capítulo encontrarás un código QR que te llevará a un breve video donde hablo sobre la madre en la que se enfoca dicho capítulo.

Bono: haz clic en el código QR a continuación para ver mi enseñanza *Convirtiéndote en la mamá que siempre esperaste ser*.

Para ver las enseñanzas de Rhonda sobre cada capítulo de este libro, usa el siguiente código QR o enlace*:

https://www.rhondastoppe.com/moms-of-the-bible-book

* Toda la información provista en los enlaces y códigos QR de este libro aparece en inglés.

PARTE 1

MADRES VALIENTES

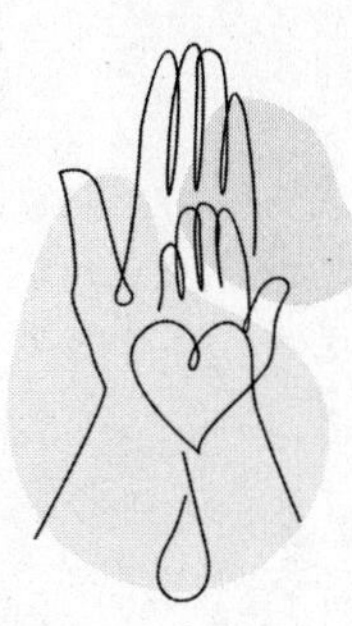

CAPÍTULO 1

UNA MUJER DE MALA FAMA CON UNA FE INTRÉPIDA

Rahab

JOSUÉ 2

«Rápido. Suban las escaleras. Debajo de estos montones. Nunca pensarán en buscarlos aquí».

Justo cuando Rahab colocaba el último tallo de lino sobre sus visitantes, se oyó un golpe en la puerta. Dudó por un momento antes de abrir, y el golpeteo se convirtió en un aporreo urgente.

En ese instante, ¿tendría Rahab segundas intenciones sobre su apresurado plan de esconder a esos extranjeros? ¿Pondrían sus acciones en peligro todo lo que había logrado obtener? Si los espías eran descubiertos, podía perderlo todo. Su traición incluso podría costarle la vida.

¿Cómo se había metido en esta situación? Aquella mañana se había despertado pensando que sería un día normal. Horas antes, Rahab había disfrutado del desayuno en su azotea, un lugar donde solía pasar mañanas tranquilas después de una noche ocupada con clientes. A veces se sentaba allí para admirar la vista por encima de la muralla de la ciudad, sobre la que estaba construida su casa. A veces reflexionaba sobre las decisiones que había tomado en su vida. Pero, últimamente, le daba vueltas a las noticias que corrían por el mercado: «¡Los israelitas se acercan! ¡Han destruido a todas las naciones en su camino, y ahora vienen por nosotros también!».

Los líderes de Jericó habían asegurado a los residentes que no sufrirían daño alguno, porque su ciudad era una fortaleza impenetrable. Ningún enemigo había logrado atravesar sus muros. Pero esta vez sentía que era diferente. El enorme ejército de los hebreos, acampado al otro lado del río Jordán, estaba sobrenaturalmente fortalecido por su Dios... y todos lo sabían.

Rahab se estremeció al pensar en la posible destrucción inminente causada por aquel pueblo temido, del que se decía que adoraba al único Dios verdadero, tan diferente de los dioses cananeos llenos de odio: El, Baal y Asera, entre otros.

La reputación de Jehová lo precedía. Las noticias se habían extendido por todas partes sobre las victorias obtenidas por este Dios que protegía a su pueblo escogido. Rahab quería, no, *necesitaba* saber más. Pero ¿dónde podría aprender acerca de este Dios? No tenía manera de saber que su curiosidad estaba a punto de ser respondida.

Mientras disfrutaba de la vista de la ciudad y reflexionaba sobre el poderoso Dios de Israel, Rahab no podía dejar de preocuparse por cómo una invasión probablemente destruiría su hermosa casa, comprada tras años de arduo trabajo. No todas las mujeres en Jericó eran lo bastante ricas para poseer una vivienda propia. Rahab se sentía orgullosa de su éxito. Sin embargo, junto a su orgullo, cargaba con la vergüenza de su profesión poco honorable. Rahab era prostituta, aunque prefería el término más elegante: «mujer de vida alegre».

Así que, más tarde aquel mismo día, cuando los espías llegaron por casualidad a su casa, ¿qué la impulsó a poner en riesgo su propia seguridad para esconderlos? Hebreos 11:31 dice «habiendo recibido a los espías en paz», lo que significa que no solo los ocultó, sino que también abrazó su causa.

Instintivamente, Rahab supo que lo correcto era esconder a esos hombres y apoyarlos. Había algo inusual en ellos; eran amables, y ni siquiera preguntaron por sus servicios seductores. Y había algo completamente distinto en su Dios. Ella tenía que conocerlo.

Pero por ahora, debía abrir la puerta e inventar una historia convincente. Me imagino el encuentro más o menos así:

«¿Puedo ayudarles, caballeros?», preguntó Rahab inocentemente, batiendo las pestañas.

«¿Dónde están? ¡Los hombres! Alguien dijo que los vio entrar aquí», vociferó uno de los soldados.

«¿Hombres? ¿Entrar aquí? Bueno, usted sabe cuántos hombres vienen y van de mi establecimiento. Si no me falla la memoria, creo que usted mismo ha estado aquí un par de veces, capitán», respondió Rahab con timidez, bajando la mirada y fingiendo vergüenza.

«Saca a los hombres que han venido a ti, y han entrado a tu casa; porque han venido para espiar toda la tierra» (Josué 2:3).

Rahab abrió de par en par la puerta para permitirles entrar. Era experta en fingir tranquilidad durante situaciones incómodas, así que no tuvo problema en mantener una charla ligera mientras ellos registraban su casa.

Cuando los soldados subieron a la azotea, Rahab contuvo la respiración. Milagrosamente, nadie miró debajo de los tallos de lino. Pronto, bajaron nuevamente para interrogarla más a fondo.

PEQUEÑAS MENTIRAS PIADOSAS

Rahab dijo: «Es verdad que unos hombres vinieron a mí, pero no supe de dónde eran. Y cuando se iba a cerrar la puerta, siendo ya oscuro, esos hombres se salieron, y no sé a dónde han ido; seguidlos aprisa, y los alcanzaréis» (Josué 2:4-5).

Me imagino que, desde niña, Rahab sabía cómo engañar. Sus habilidades para prevaricar resultaron efectivas cuando los soldados creyeron su mentira y salieron a perseguir a los hombres.

¿Mintió Rahab? Sí. ¿Lo aprobó Dios? ¿Qué piensas tú? Creo que tenemos que analizar brevemente lo correcto e incorrecto de la mentira de Rahab. Muchos podrían decir que el fin justificó sus medios. Pero, a decir verdad, a los ojos de Dios, nunca es aceptable mentir. Considera esta reflexión de un estudioso bíblico:

> Las Escrituras afirman: «Los labios mentirosos son abominación a Jehová; pero los que hacen verdad son su contentamiento» (Proverbios 12:22). Dios mismo no puede mentir y, por lo tanto, no puede aprobar ni sancionar una mentira... No veo la necesidad de justificar la mentira de Rahab. ¿Fue *necesaria* para un bien mayor? Ciertamente, no. Sadrac, Mesac y Abednego también podrían haber escapado del castigo mintiendo... Pero no hay mayor bien que la verdad; de hecho, aprovecharon la oportunidad para glorificar el nombre de Dios, y Dios aún pudo salvarlos del horno. Ciertamente podría haber salvado a Rahab y a los espías sin necesidad de mentir.[1]

No necesitamos racionalizar la mentira de Rahab. En ese momento, cuando se inclinó hacia la fe, su conocimiento de Dios era limitado. No comprendía el valor que Dios otorga a la veracidad. Era producto de su crianza corrupta, y el engaño era simplemente parte de su cultura.

¿Puedes identificarte con la tendencia de Rahab a prevaricar? Yo sí. Crecer viendo a mi madre tejer falsedades dejó una marca en mi sistema de valores. Mi «normalidad» era observarla ocultar de mi padre ropa nueva que había comprado, o no contar toda la historia para evitar enfrentarse a las consecuencias.

¿Me habría llamado mentirosa cuando no decía toda la verdad? Absolutamente no. Creía que era una buena niña que nunca mentía intencionadamente. Sin embargo, cuando me enfrentaba a repercusiones indeseadas, seguía el ejemplo de mi madre para engañar. Cuando Dios abrió por fin mis ojos a mi visión ética situacional, me asombré al darme cuenta de que me había convertido en una mentirosa.

La práctica impía de manipular la verdad no se desaprende con facilidad. Pero, afortunadamente, Dios me mostró el error de mis caminos. Con bondad, Él me guio al arrepentimiento y rompió mi hábito inmoral de mentir.

¿Y tú? Tal vez te identifiques con mi historia, o tal vez no. Pero si practicar el engaño se ha convertido en parte de tu carácter, ¿no le pedirás a Dios perdón y ayuda para apartarte de esta práctica malvada? Sí, he dicho malvada. En Proverbios 6:17, «la lengua mentirosa» aparece en la lista de las siete abominaciones que Dios odia.

Recuerda, el alumno llega a ser como su maestro, así que, si tus hijos observan tus engaños, es probable que también desarrollen el hábito de mentir. «La integridad es hacer lo correcto, porque es lo correcto, sin importar el precio».[2] Si quieres criar hijos sinceros e íntegros, todo debe empezar por ti.

LOS CAMINOS DE DIOS

Uff… por fin se fueron, pensó Rahab. Casi puedo oírla susurrar escaleras arriba: «¡Ya pasó el peligro!».

Por seguridad, los espías pasaron la noche en su azotea. Pero antes de acostarse a dormir, Rahab proclamó su fe en Dios. Ella quería que comprendieran la valiente fe que impulsó sus acciones:

> Sé que Jehová os ha dado esta tierra; porque el temor de vosotros ha caído sobre nosotros, y todos los moradores del país ya han desmayado por causa de vosotros. Porque hemos oído que Jehová hizo secar las aguas del Mar Rojo delante de vosotros cuando salisteis de Egipto, y lo que habéis hecho a los dos reyes de los amorreos que estaban

> al otro lado del Jordán, a Sehón y a Og, a los cuales habéis destruido. Oyendo esto, ha desmayado nuestro corazón; ni ha quedado más aliento en hombre alguno por causa de vosotros, porque Jehová vuestro Dios es Dios arriba en los cielos y abajo en la tierra (Josué 2:9-11).

Imagina cómo debió fortalecerse el valor de los espías al enterarse de que los relatos sobre la protección sobrenatural de Jehová hacia Israel habían llegado incluso a Jericó. Habían transcurrido cuarenta largos años desde el éxodo de Israel de Egipto y, aun así, esta mujer cananea relataba los poderosos actos de Dios como si hubieran ocurrido ayer. Sin duda, la reputación de Jehová los había precedido.

¿No es fascinante cómo el propósito de Dios al extender su mano contra los egipcios fue demostrar Su poder incluso a las naciones impías? Al oír sobre esos milagros, se sembraron semillas de fe que acabaron brotando en el corazón de Rahab.

Lee cómo Dios explica Su propósito nada menos que al terco faraón:

> Porque yo enviaré esta vez todas mis plagas a tu corazón, sobre tus siervos y sobre tu pueblo, para que entiendas que no hay otro como yo en toda la tierra. Porque ahora yo extenderé mi mano para herirte a ti y a tu pueblo de plaga, y serás quitado de la tierra. Y a la verdad yo te he puesto para mostrar en ti mi poder, y para que mi nombre sea anunciado en toda la tierra. (Éxodo 9:14-16).

Dios no solo estaba interesado en demostrar Su identidad y Su poder a los egipcios y a los israelitas. Su propósito era atraer a personas de todas las naciones a tener fe en Él, incluida nuestra amiga Rahab, la ramera.

¿Alguna vez has presenciado un acto increíble de Dios? ¡Cuando lo haces, no puedes evitar contárselo a otros! Hace varios años, unos incendios forestales arrasaron las montañas donde vivimos en California. Durante nueve días fuimos evacuados. Cada noche, nuestro amigo Matt, un guardabosques autorizado para entrar en la zona del incendio, nos llamaba con actualizaciones. Nos íbamos a dormir esperando que nuestra casa se hubiera perdido. Un día, Matt llamó y dijo: «No sé ni cómo describir lo que presencié. Pero ahora sé cómo debió de ser cuando Dios dividió el mar Rojo».

Matt se emocionó explicando lo que había sucedido mientras grababa un video del incendio que avanzaba hacia nuestra casa y la de nuestra hija, que estaba justo al lado: «No tuve corazón para grabar mientras sus casas se quemaban, así que apagué la cámara. Pero, de repente, un viento poderoso sopló desde mi espalda y cruzó el espacio entre el fuego y yo. Cuando el viento golpeó las llamas, esperaba que el fuego ardiera aún más fuerte. ¡Pero milagrosamente, el fuego giró sobre sí mismo y se apagó!».

Cuando por fin pudimos inspeccionar los daños en nuestro rancho, vimos una línea negra donde el fuego simplemente se había detenido. Todavía había pasto, arbustos y árboles en el camino que podrían haber alimentado el incendio, pero Dios intervino. Mostró Su poder y nos dejó asombrados con Su gloriosa grandeza.

¡Cómo celebramos la intervención divina de Dios! Contamos la historia de Su grandeza a nuestros nietos y a todo el que quiera escucharla. Aun así, nuestro relato palidece en comparación con la división del mar Rojo.[3] Con un milagro de tal magnitud, puedes imaginar cuán incansablemente los testigos de aquel acontecimiento lo contaron una y otra vez por todas partes.

A lo largo de la historia, Dios ha difundido relatos sobre Él por medio de testigos fieles, con el propósito de atraer a las personas hacia Sí para que sean salvas. Escucha el corazón de Dios: «Vuelvan a mí y sean salvos, todos los confines de la tierra, porque yo soy Dios, y no hay otro» (Isaías 45:22, NVI).

El amor de Dios por Rahab se manifestó en la forma en que la persiguió con Su gracia. En un día común y corriente, envió a dos espías a su casa. Pero antes de su encuentro con los israelitas, Dios ya había inquietado el alma de Rahab, despertando en ella un anhelo por conocerlo. Cada vez que Rahab escuchaba una nueva historia sobre los gloriosos actos del Dios de Israel, Él iba esculpiendo su corazón idólatra, haciéndola preguntarse sobre ese Dios que tanto cuidaba de Su pueblo.

¿No es esto una increíble muestra de cómo Dios actúa para atraer a una persona a la fe salvadora, incluso hoy en día? En muchas ocasiones he tenido el honor de compartir el evangelio con alguien a quien acabo de conocer. Mientras conversamos, puedo notar cómo Dios ya ha estado obrando en su corazón. Recientemente, Dios me dio la oportunidad de compartir la esperanza de la salvación con una persona. A los pocos minutos, respondió: «¡Esto es lo que quiero! ¡He estado buscando estas respuestas!». Imagino que Rahab sintió una emoción similar cuando se encontró con los espías.

Como en los días de Rahab, Dios continúa moviendo los corazones de las personas hacia la fe en Cristo. Tal vez Él esté plantando semillas en tu corazón hoy. (Si deseas aprender más sobre lo que significa seguir a Cristo, por favor lee el apéndice: «Cómo tener una relación con Jesús»).

LA FE VALIENTE DE UNA MUJER DE MALA FAMA

Observa cómo los dos espías no tuvieron que convencer a Rahab para que creyera en su Dios. Ella ya estaba lista y esperando la oportunidad. Imagina la sorpresa de aquellos espías cuando esta mujer de mala fama no solo se ofreció a ayudarlos, sino que además declaró su fe en el Dios de Israel.

De Josué 2:9-11, analicemos la proclamación de fe de Rahab:

- «Yo sé que el Señor les ha dado esta tierra» (Josué 2:9, NVI).
- «Tenemos noticias de cómo el Señor secó las aguas del mar Rojo para que ustedes pasaran, después de haber salido de Egipto. También hemos oído cómo destruyeron completamente a los reyes amorreos, Sijón y Og, al este del Jordán» (Josué 2:10, NVI).
- «Oyendo esto, ha desmayado nuestro corazón» (Josué 2:11).
- «El Señor su Dios es Dios arriba en el cielo y abajo en la tierra» (Josué 2:11, NVI).

¡Guau! ¿Verdad? Me conmueve hasta las lágrimas la hermosa confesión de fe sincera de Rahab: «El Señor su Dios es Dios arriba en los cielos y abajo en la tierra».

FE VALIENTE EN ACCIÓN

Cuando Rahab decidió creer, ¡todo cambió! Su transformación se mostró de inmediato a través de su preocupación por los demás. Primero, escondió a los espías con valentía. Pero no te pierdas la importancia de lo que sucedió después: la fe de Rahab dio fruto inmediato en sus acciones. De manera desinteresada, suplicó a los espías que no solo salvaran su vida, sino también la de su familia.

En Santiago 2:25 se presenta el ejemplo de Rahab como una muestra de fe genuina en acción: «Asimismo también Rahab la ramera, ¿no fue justificada por obras, cuando recibió a los mensajeros y los envió por otro camino?».

El corazón protector de Rahab y su valiente decisión de ocultar a los espías me recuerdan la historia de fe en acción de Corrie ten Boom. Durante el terrible régimen de Hitler, la familia ten Boom escondió heroicamente a judíos en su casa. El valor que Dios le dio para ponerse en peligro mientras protegía a personas indefensas es asombroso. Cuando los ten Boom fueron arrestados, Corrie y su hermana Betsie sufrieron una brutalidad inimaginable a manos de los nazis. Pero incluso en el campo de concentración, ambas proclamaron valientemente la esperanza de Cristo a innumerables prisioneras judías. Muchas mujeres entregaron sus vidas a Jesús poco antes de morir en las cámaras de gas.

Este tipo de coraje nace de una fe profunda y de un amor sincero por Dios. Considera esta inspiradora cita de Corrie ten Boom: «Tal vez nunca sepas que Jesús es todo lo que necesitas, hasta que Jesús sea todo lo que tengas».[4]

El anhelo de Rahab de que Dios también salvara a su familia es una hermosa expresión de su corazón transformado.

> Ahora pues, júrenme por el Señor, ya que los he tratado con bondad, que ustedes tratarán con bondad a la casa de mi padre. Denme una promesa segura, de que dejarán vivir a mi padre y a mi madre, a mis hermanos y a mis hermanas, con todos los suyos, y que librarán nuestras vidas de la muerte (Josué 2:12-13, NBLA).

¡Oh, cómo quiere estallar mi corazón de gozo por la fe salvadora de esta mujer, manifestada en su anhelo de rescatar a otros! La historia de Rahab revela cómo a quien mucho se le ha perdonado, ama profundamente. Esto me recuerda a otra mujer que también fue redimida de su vergonzoso pasado.

¿Recuerdas a la prostituta que ungió los pies de Jesús con sus lágrimas de gratitud? Cuando Jesús quitó su vergüenza, ella no pudo más que postrarse a Sus pies, incluso bajo las miradas juzgadoras de hombres religiosos que conocían su reputación pecaminosa. Conociendo sus pensamientos, Jesús proclamó: «si ella ha amado mucho, es que sus muchos pecados le han sido perdonados. Pero a quien poco se le perdona, poco ama» (Lucas 7:47, NVI).

EL JUEGO DE LA VERGÜENZA

Satanás tiene una manera muy eficaz de llenarnos de culpa y vergüenza por nuestro pasado. ¿Algún testigo por ahí? Y siempre logra encontrar fanáticos religiosos dispuestos a lanzar piedras de condenación. Pero, amiga mía, no permitas que te avergüence hasta anularte. A lo largo de la historia, Dios ha usado a mujeres descarriadas en formas asombrosas. ¿Has notado cómo Él nunca eliminó la palabra *ramera* del nombre de Rahab en las Escrituras? A primera vista, puede parecer cruel o poco compasivo mantenerle ese título deshonroso. Pero la intención de Dios no era avergonzarla, sino recordarle a ella (y a todos los que conocieran su historia) la vida milagrosamente transformada que halló el día en que creyó en Jehová.

Otra mujer mencionada en la genealogía de Jesús es Betsabé. Sin embargo, Mateo 1:6 no menciona su nombre, sino que dice: «David engendró a Salomón de la que fue mujer de Urías».

¡Ay!, ¿verdad? Si no conoces la historia del romance adúltero entre David y Betsabé, léela en 2 Samuel 11–12. Pero no pierdas de vista este punto: después de que David y Betsabé se arrepintieron, Dios *la escogió a ella* para ser la madre del siguiente rey de Israel. A través de la confesión, Betsabé se convirtió en un vaso de honra, listo para el uso del Maestro. Cuando una persona se arrepiente, Dios limpia incluso los pecados más viles. Y muestra la magnitud de Su perdón usando a personas redimidas de maneras sorprendentes. A veces, Dios es más glorificado cuando recordamos quiénes seríamos sin Su gracia salvadora.

Así que toma ejemplo de Rahab y Betsabé: cuando Satanás intente humillarte o hacerte sentir insignificante, recuerda que la gracia transformadora de Dios te ha lavado y te ha dejado más blanca que la nieve.

OTRA MUJER DE MALA FAMA

¿Recuerdas a la mujer junto al pozo en Juan 4? Aunque no podemos etiquetarla como una mamá de la Biblia porque no sabemos si tenía hijos, su historia se asemeja mucho a la de Rahab, ya que también llevó una vida promiscua. Ya había tenido cinco esposos diferentes, y ahora tenía un amante con quien convivía. Su reputación poco decorosa le causaba tanta vergüenza que prefería sacar agua en pleno calor del mediodía en lugar de soportar las miradas juiciosas de las mujeres que iban a sacar agua a una hora más cómoda en la mañana.

En lo que parecía un día ordinario, esta mujer se encontró con el Hombre que cambiaría su vida para siempre. Esta fue una misión de rescate llevada a cabo nada más y nada menos que por el Hijo de Dios. Jesús dijo a sus discípulos que: «le era *necesario* pasar por Samaria» (Juan 4:4, énfasis agregado).

Hay mucha historia detrás de por qué los judíos *nunca* tomaban la ruta más corta cruzando Samaria. Pero para nuestro propósito aquí, basta con decir que los judíos tenían profundos prejuicios contra los samaritanos mestizos. Sin embargo, nada de esto importaba a Jesús. Incluso antes de conocerla, ya la conocía. Vio la profundidad de su necesidad. Y había estado esperando el momento adecuado para encontrarse con ella, cuando su corazón estuviera listo para recibirlo.

Jesús *necesitaba* pasar por Samaria porque tenía que encontrarse con la mujer samaritana para rescatarla de su vida de pecado y vergüenza. Reflexiona un momento: Por necesidad, Jesús la buscó, de la misma manera que nos busca a ti y a mí, y como busca a otras almas perdidas hoy en día. ¿Recuerdas el momento en que conociste al Señor? Nunca pierdas la reverencia por tu salvación, cuando tu vida ordinaria se transformó extraordinariamente porque nada más y nada menos, fue el Rey de reyes y el Señor de señores quien vino a encontrarse contigo.

Si aún no has leído el relato bíblico sobre el encuentro de Jesús con la mujer samaritana, lo encontrarás en Juan capítulo 4. Tómate un tiempo para leerlo. ¡Te sorprenderá! Y quiero llamar tu atención sobre esta parte de su historia: Tan pronto como la mujer samaritana creyó, su fe se hizo evidente por sus acciones, similar al instinto inicial de Rahab de rescatar a su familia. La mujer samaritana corrió a contarle a *todos* que había conocido al Cristo: «La mujer dejó su cántaro, volvió al pueblo y decía a la gente: "Vengan a ver a un hombre que me ha dicho todo lo que he hecho. ¿No será este el Cristo?"» (Juan 4:28-29, NVI).

¡Qué fe valiente por parte de esta nueva creyente samaritana! Estaba asombrada de que Jesús lo supiera todo sobre su pasado escandaloso, ¡y *aun así* la amaba! ¡Él la buscó *de todos modos*! ¡La salvó *de igual manera*!

Antes avergonzada de mezclarse con personas de mayor integridad moral, esta mujer proclamó valientemente a quien quisiera escuchar la gracia salvadora que había encontrado. Como Rahab, su primer instinto fue invitar a otros a conocer la esperanza que había descubierto al creer en el único Dios verdadero.

¡Oh, qué maravilloso! ¡Oh, cuán glorioso! En Cristo hay esperanza, propósito y paz. Las cosas viejas han pasado; todas las cosas se han hecho nuevas. En Isaías 1:18 se describe nuestra santificación de este modo: «Vengan ahora, y razonemos, dice el Señor, aunque sus pecados sean como la grana, como la nieve serán emblanquecidos. Aunque sean rojos como el carmesí, como blanca lana quedarán» (NBLA).

ENVÍAME A MÍ

Como en las historias de la mujer samaritana y de Rahab, Jesús todavía *necesita* ir a rescatar almas perdidas. El Señor está preguntando: «¿A quién enviaré, y quién irá por nosotros?». Sentirás una pasión valiente que responda: «¡Heme aquí! ¡Envíame a mí!» (ver Isaías 6:8).

A veces es incómodo ir a donde Jesús te envía. He compartido el evangelio con personas sin hogar en el centro de San Francisco. He sido abrazada por una mujer con piojos. Y me he sentado en un estacionamiento con una mujer respetable que necesitaba a Cristo. ¿Y sabes quién me ha observado en esos momentos? Mis hijos y mis nietos. La mejor manera de enseñarles a tus hijos a compartir su fe con valentía es que te vean hacerlo. ¿Da miedo? Sí, lo sé. ¿No estás segura de qué decir? Lo entiendo. No te estoy pidiendo que te obligues a contarles a otros sobre Jesús por tu propia fuerza. Por el contrario, Filipenses 2:13 nos da esta seguridad: «Pues Dios es quien produce en ustedes tanto el querer como el hacer para que se cumpla su buena voluntad» (NVI).

Sabemos que el placer de Dios es atraer a los pecadores a Cristo a través de nuestro testimonio fiel, pero por tu propia fuerza, esto puede parecer una carga. Si Jesús prometió que su yugo es fácil y su carga ligera, ¿cómo te conviertes en alguien que comparte su fe sin miedo? Pídele a Dios que te dé el deseo y que te ayude.

¿Puedo pedirte que consideres pedirle a Dios que te ayude a abrir la boca con valentía cuando Él te dé oportunidades para dar razón de la esperanza que hay en ti?

Recuerdo el día en que fui sincera con Dios respecto a mi miedo de compartir mi fe. Recuerdo que oré: «Señor, estoy dispuesta, pero necesito que tú lo hagas a través de mí. Estaré disponible si tú abres mis ojos. Ayúdame a ver a las personas que estás atrayendo a Cristo. Tengo miedo, pero te pido que me hagas valiente».

¿Puedo pedirte que consideres pedirle a Dios que te ayude a abrir la boca con valentía cuando Él te dé oportunidades para dar razón de la esperanza que hay en ti (1 Pedro 3:15)? No te preocupes por qué decir. Simplemente cuenta cómo llegaste a Cristo. Tu historia de redención tiene un gran poder. En Apocalipsis 12:11 leemos: «Ellos lo han vencido por medio de la sangre del Cordero y por el mensaje del cual dieron testimonio» (NVI).

Si Dios abre la puerta, Él también puede abrir tu boca. Siéntete alentada por las palabras de Jesús: «No os preocupéis por cómo o qué habréis de responder, o qué habréis de decir; porque el Espíritu Santo os enseñará en la misma hora lo que debáis decir» (Lucas 12:11-12).

¿EL EVANGELIO Y *LA BAMBA*?

¿Qué pasa cuando Dios te envía a alguien cercano a ti? Por alguna razón, esas misiones resultan más intimidantes, ¿verdad? Por ejemplo, considera lo que ocurrió con mi madre. Después de que una cirugía de corazón saliera terriblemente mal, su salud comenzó a deteriorarse con rapidez. Fui a visitarla tan a menudo como pude.

Cuando visitaba a mi madre, le pedía a Dios que abriera oportunidades para compartir mi fe. Sin embargo, durante su tiempo de convalecencia, ella se obsesionó con ver una y otra vez la película *La Bamba*. Un poco de contexto: mi mamá creció en el sur de California, donde, siendo adolescente, quedó cautivada por la vida glamurosa de Hollywood. Uno de sus ídolos musicales era Ritchie Valens, famoso por interpretar sus canciones favoritas, «La Bamba» y «Oh Donna». En 1959, Valens, junto con el Big Bopper y Buddy Holly, murieron juntos en un accidente aéreo. Por alguna razón, en el estado frágil de mi madre, se obsesionó con la historia de sus muertes. Creo que su mente trataba de encontrar sentido a la vida y la muerte mientras reflexionaba sobre aquella tragedia.

Así, ¿cómo puede una hija introducir el mensaje del evangelio mientras suena la banda sonora de *La Bamba*? Ahora me río al recordarlo, pero en ese momento no tenía nada de gracioso, cuando anhelaba que mi madre entregara su vida a Cristo antes de morir.

Un día cualquiera, sentí la fuerte urgencia de visitar a mi mamá. La encontré llorando por todo lo que había perdido desde su cirugía.

Había perdido su movilidad, su belleza se había desvanecido y su soledad era insoportable. Al observar su vulnerabilidad, oré pidiendo sabiduría. Le dije: «Mamá, lamento tanto que hayas perdido todo lo que era valioso para ti. Pero debes saber que, si mueres en tu pecado, perderás mucho más. Jesús dice: "Yo soy el camino, y la verdad, y la vida. Nadie viene al Padre sino por mí"» (Juan 14:6).

Continué: «Mamá, sé que nos criaste yendo a la iglesia. Pero me preocupa que realmente no conozcas a Jesús. La Biblia advierte que, en aquel día, muchos le dirán: "Señor, Señor". Pero Jesús responderá: "Jamás los conocí. ¡Aléjense de mí…!" (ver Mateo 7:21-23, NVI)».

«Mamá, no quiero que escuches esas palabras. No quiero que mueras en tu pecado».

Mi mamá dejó de llorar, me miró a los ojos y preguntó: «Rhonda, ¿qué quieres que haga?».

Le respondí: «Mamá, creo que tú sabes lo que tienes que hacer. ¿Qué te parece si oramos y simplemente hablas con Dios?». (En su estado tan vulnerable, quise tener cuidado y no poner palabras en su boca que no salieran realmente de su corazón. Ella había asistido a la iglesia durante años, así que sabía cómo puede una persona ser salva).

¡Y entonces sucedió! Mi mamá pronunció la oración de arrepentimiento más dulce y sincera que he escuchado en mi vida. Dijo: «¡Oh, Dios! Por favor, perdóname. Estoy tan avergonzada. Tan avergonzada. Por favor, perdóname. Quiero ser tu hija».

¿Estás llorando? Yo estoy llorando mientras escribo estas palabras.

Por favor, entiende esto: yo no había mencionado nada vergonzoso de la vida de mi madre. Y, para ser sincera, nunca pensé que mi mamá se sintiera avergonzada de sus decisiones pasadas. Pero el Espíritu Santo había quebrantado su corazón por su pecado, mientras la atraía dulcemente hacia un arrepentimiento verdadero y una salvación genuina.

Sí, *necesitaba* ir a ver a mi madre ese día. Así como Jesús *necesitaba* pasar por Samaria para salvar a la mujer en el pozo. Y como Dios *necesitaba* enviar a aquellos espías a la casa de Rahab. De la misma manera, nosotras somos embajadoras de Cristo. Jesús nos *necesita* a ti y a mí para interactuar con quienes nos rodean.

He contado la historia de mi mamá cientos de veces. Nunca pierdo la admiración por lo que Dios hizo. Pero ¿sabes con quién más me encanta compartir su historia? Con mis hijos. Y con los hijos de mis hijos. ¡Y si vivo lo suficiente, se la contaré también a los hijos de mis nietos! Esta historia se ha convertido en el legado de mi madre, ¡y estoy más que emocionada de contarla una y otra vez!

Si quieres criar a tus hijos para que compartan su fe sin temor, empieza por ti. Que te vean compartiendo el evangelio en el supermercado o en el parque. Diles a tus hijos que cuando Dios te envía a otros, compartes Su misericordia incomparable. Cuando tengas la oportunidad de sembrar una semilla en la vida de alguien, cuéntales con entusiasmo a tus hijos o nietos cómo colaboraste con Dios para extender la esperanza de la salvación. Ruega a Dios que te dé oportunidades para encontrarte con aquellos cuyos corazones, como el de Rahab, Él ya está llamando hacia Sí. Y pídele al Señor que ponga también en el corazón de tus hijos un ardiente deseo de hablarles a sus amigos de Jesús.

VOLVAMOS A RAHAB

Antes de salir de casa de Rahab, los espías prometieron que cuando Israel atacara Jericó, la mantendrían a salvo a ella y a todos los que estuvieran en su hogar. Le indicaron que colgara una cuerda escarlata desde la misma ventana por donde los dejaría escapar en secreto. Esta cuerda roja sería una señal de protección sobre la casa de Rahab. Esto me recuerda la sangre que los judíos pintaron sobre los dinteles de sus puertas en la primera Pascua en Egipto. La sangre protegía a todos los que permanecían dentro, señalándole al ángel de la muerte que debía pasar de largo.

Por supuesto, el color escarlata nos recuerda la preciosa sangre de Jesús derramada para nuestra redención. Su sangre nos salva del juicio. Tú y yo somos salvas cuando hemos sido lavadas en la sangre del Cordero. ¡Oh, qué glorioso!

Lo que sucedió después es fascinante.[5] Dios le indicó a Josué que hiciera que los israelitas marcharan en silencio alrededor de Jericó una vez al día durante seis días. La séptima jornada, el pueblo debía marchar siete veces alrededor de la ciudad y luego gritar con fuerza mientras los sacerdotes tocaban las trompetas.

Durante seis días seguidos, los israelitas marcharon en completo silencio. Imagina lo inquietante que debió de ser esto para los habitantes de Jericó. Permanecían parapetados detrás de sus muros, escuchando solo el sonido de miles de pies marchando alrededor de su ciudad. ¡Qué aterrador!

Me pregunto si Rahab tuvo que tranquilizar a su familia diciéndoles: «No se preocupen. Estaremos a salvo. Ellos lo prometieron».

El séptimo día, el pueblo de Israel marchó siete veces alrededor del muro. Y luego, con sus potentes gritos y el estruendo de las trompetas, ¡los muros de la ciudad se derrumbaron en ruinas! Excepto la esquina del muro donde la casa de Rahab permaneció segura e intacta. ¡Increíble!

Si la familia de Rahab había cuestionado su lealtad al Dios de Israel, imagino que esta intervención milagrosa los haría creer.

EL LEGADO DE RAHAB

Mi parte favorita de la historia de Rahab es su legado. Ojalá nos contara la Biblia más sobre la historia de amor entre Rahab y Salmón, pero solo se nos informa que, en la genealogía de Jesús, Salmón fue el padre de Booz, cuya madre fue Rahab. Más tarde, Booz se casó con Rut, la moabita, de quien hablaremos más adelante. Pero esta es la parte increíble que no quiero que pases por alto: Booz fue el padre de Isaí, quien fue el padre del rey David. ¡Increíblemente, el Señor entretejió en la línea familiar del Mesías a esta mujer cananea con un pasado turbio!

En las genealogías hebreas de la Biblia, no se suele mencionar a mujeres. Pero Rahab fue incluida. Más aún, fue celebrada como una heroína valiente de la fe: «Por la fe Rahab la ramera no pereció juntamente con los desobedientes, habiendo recibido a los espías en paz» (Hebreos 11:31).

La hermosa herencia de Rahab muestra cómo Dios persigue incluso a los más viles pecadores. Él hace grandes esfuerzos para dar a conocer Su nombre a los perdidos. Y Dios demuestra Su amor profundo al enviar a Su Hijo para salvarnos: «Mas Dios muestra su amor para con nosotros, en que siendo aún pecadores, Cristo murió por nosotros» (Romanos 5:8).

No importa cuán vergonzoso sea tu pasado, o el mío; inspirémonos en la historia de Rahab. Como Rahab, la mujer samaritana y la prostituta que lavó los pies de Jesús, la fe intrépida en Cristo limpia todo pecado y vergüenza. Y cuando te vuelves a Él con fe sin temor, tu vida reflejará la gloria de Dios, irradiando la esperanza del evangelio a personas que necesitan desesperadamente ver que tu fe es real, empezando por tus propios hijos.

LECCIONES DE VIDA

¿Cuál es tu conclusión más importante de la historia de Rahab?

Escribe y medita sobre 2 Corintios 5:20. ¿Qué hace una embajadora de Cristo?

1 Pedro 3:15 dice que siempre debemos estar preparados «para responder a todo el que pida razón de la esperanza que hay en ustedes» (NVI). ¿Cómo te prepararás para compartir tu fe?

Tómate un tiempo para dar gracias a Dios por haber enviado a alguien para contarte acerca de Cristo. Y pídele que te dé el valor para orar: «Envíame a mí».

Para ver las enseñanzas de Rhonda sobre este capítulo, usa el siguiente código QR o enlace:

https://www.rhondastoppe.com/moms-of-the-bible-book/

CAPÍTULO 2

SOLTAR Y CONFIAR EN DIOS

Jocabed

ÉXODO 2

«Mamá, no lo sueltes. Esto es una locura. ¿Y si se vuelca? ¿Y si llora? ¿Y si…?». Puedo imaginar el pánico en la voz de Miriam mientras veía a su madre colocar la pequeña canasta en el río. ¿Le habría explicado ya su madre, Jocabed, el plan con anticipación? ¿O dejó que se preguntara qué estaba haciendo cuando cubría la canasta con brea?

¿Impermeable? ¿Por qué tiene que ser la canasta impermeable?, podría haber pensado Miriam. Durante tres largos meses, la familia había mantenido al pequeño MoMo oculto y a salvo en casa. Por si te preguntas por qué digo MoMo, permíteme explicarlo un momento. En la familia Stoppe, tenemos la costumbre de inventar apodos cariñosos para los bebés. Por ejemplo, entre nuestros nietos, los primos mayores han dado sus propios apodos a los más pequeños: Raemie es RaeRae, Rhodes es RhoRho, Brodie es Bro-doe, y Mayzie es May-May. Es una entrañable tradición familiar que alegra el corazón de esta abuela. ¿Tu familia hace algo parecido?

Los apodos suelen ser una forma de expresar cariño hacia los hermanos. Así que me gusta imaginar que MoMo podría haber sido el apodo que la hermana mayor, Miriam, usaba para su pequeño hermano Moisés. Acompáñame mientras intento personificar a la familia de Jocabed para ayudarnos a conectar y aprender de los verdaderos desafíos que enfrentaron en su tiempo.

Considera la difícil situación de Jocabed: el faraón había decretado que las parteras hebreas debían matar a todo niño varón recién nacido. Cuando el faraón se dio cuenta de que las mujeres hebreas daban a luz antes de que las parteras llegaran, «dio la siguiente orden a todo su pueblo: "Tiren al río Nilo a todo niño hebreo recién nacido"» (Éxodo 1:22, NTV). Imagina esto: cualquier egipcio tenía derecho a arrebatar a los dulces bebés varones de los brazos de su madre y arrojarlos al río. Qué época tan horrenda para que una madre judía diera a luz a un hijo en Egipto.

Jocabed se negó valientemente a entregar a Moisés a las manos asesinas de sus captores. El verdadero valor, para los cristianos, a menudo significa confiar en Dios en situaciones difíciles que parecen imposibles de resolver. En sus circunstancias desafiantes, Jocabed fue un ejemplo de ese valor.

El nombre de Jocabed (יוֹכֶבֶד) significa «YHWH es gloria». Esto resalta el concepto de la gloria de Dios como fuente de fortaleza y reflejo de Su grandeza. Jocabed reflejó la grandeza de Dios en su firme determinación de proteger a su hijo, aun a riesgo de su propia vida.

Desde el nacimiento de Moisés, Miriam habría ayudado a su madre a intentar silenciar sus llantos. El vínculo protector de la muchacha hacia su hermano pequeño, sin duda, era profundo. La valiente determinación de Jocabed de proteger a Moisés habría dejado una huella imborrable en la joven Miriam, de unos doce años.

Durante tres meses, Miriam debió de haber quedado impresionada por el valor intrépido de su madre. Así que probablemente se sintió desconcertada cuando la vio colocar con cuidado al dulce bebé

Moisés en una canasta. ¡Qué tierno se vería, acurrucado con su manta favorita!

Quizás madre ha pensado que la canasta revestida de brea amortiguará los llantos de Moisés. Tal vez ese sea su plan, pudo haber razonado Miriam.

Pero ¿qué pasaba por la mente de Miriam mientras veía a su madre dirigirse hacia el río Nilo? Al observar cómo su madre intentaba meterse en el agua sin ser vista, ¿en qué momento comprendió Miriam que su madre estaba a punto de abandonar la canasta en el río, lejos de su cuidado protector? ¡Qué confuso debió de ser todo aquello!

Cuando la vida parece injusta y fuera de control, ¿has luchado con una confusión similar? Yo sí. Estoy segura de que muchos de los hebreos en los días de Jocabed también luchaban por tan terrible situación.

Después de todo, Dios había llamado a Israel su pueblo escogido, y aun así permitió que sufrieran tanto. ¿Cómo se puede confiar en Dios cuando las circunstancias parecen estar completamente fuera de Su control?

¿Crees que podrías haber enviado a tu pequeño hijo río abajo por el Nilo? Imagina verlo flotar, alejándose de tus manos seguras hacia lo desconocido. ¿De dónde sacaría una madre el valor para hacer algo así?

Al ver a su bebé alejarse flotando, Jocabed demostró un valor que no procedía de su propia capacidad para preservar la vida de su hijo. Su decisión ese día requirió seguir un plan sin respuestas. Ella envió a su bebé *lejos* de su protección y lo encomendó al cuidado de su Dios. Ese tipo de valentía solo se encuentra en la vida de quien ha desarrollado una confianza genuina en Él. La confianza de Jocabed en el Señor era evidente en sus acciones.[1]

UN ÚLTIMO BESO

Antes de soltar la canasta, ¿abriría Jocabed la tapa una vez más para contemplar el rostro de su precioso bebé? ¿Se inclinaría para darle un último beso maternal en su diminuta frente y respiraría profundamente para guardar en su memoria el recuerdo de su fragancia? ¿Puedes imaginar la angustia y las oraciones sinceras de esta madre con el corazón destrozado? Considera lo que pudo haber orado: «Dios, este bebé es tuyo. Te lo entregamos al nacer. Ahora lo encomiendo a tu cuidado. Solo tú puedes proteger a nuestro hijo. Solo tú puedes usar esto para bien. Por favor, concédeme el valor para soltar esta canasta».

DEJAR IR EL CONTROL

Cuando nació nuestra primera hija, Meredith, recuerdo haber luchado con la carga de asegurarme de que siguiera con vida. Si dormía demasiado tiempo entre las tomas, entraba en su habitación para asegurarme de que estuviera respirando. Estoy segura de que no soy la única que ha hecho esto.

Para mí, la carga se convirtió en algo más que una lucha. ¿Me atrevo a admitir que me obsesioné con su seguridad? Como no tenía experiencia en cuidar a un bebé, me sentía poco preparada para la tarea. Pobre Steve: durante meses esperé a que él llegara del trabajo antes de bañar a Meredith porque temía ahogarla accidentalmente en la bañera. Y para colmo de mis miedos, teníamos una piscina en el patio trasero. No puedo decirte cuántas personas me contaron historias horribles de bebés que caían en piscinas.

Sabía que necesitaba ayuda en mi nuevo papel de madre. Así que recurrí a mis amigas madres más experimentadas en busca de orientación. Me encanta recordar lo dulcemente que estas mujeres escuchaban mis temores mientras me ofrecían sabiduría piadosa. Aprender a confiar en Dios con la seguridad de mi hija fue un desafío, pero con la ayuda de Dios, estaba dispuesta a intentarlo. Un día, durante un estudio bíblico para mujeres, sentí una profunda convicción cuando la maestra dijo: «Madres, ustedes le dicen a Dios que le entregan todos los ámbitos de su vida, pero con temor retienen a sus hijos. Temen que, si le entregan su hijo a Él, algo malo pueda suceder. Pero consideren esto: el Dios que los ama más de lo que ustedes los aman es el único que puede protegerlos. No ustedes».

Me sentí convencida. Tenía un miedo genuino a confiarle mi hija a Dios. Me resistía a entregarla por completo, temiendo que Él pudiera probar mi lealtad permitiendo que algo malo le sucediera. Cuando el Espíritu me mostró cuán distorsionada estaba mi comprensión del carácter de Dios, supe que había llegado el momento de arrepentirme y entregar a mi pequeña niña a Dios de todo corazón.

Unas dos semanas después, Meredith se despertó con dificultad para respirar. Se negaba a tomar el biberón. Sin querer parecer una madre primeriza paranoica, llamé con calma al médico para pedir consejo. Programaron nuestra cita para las 4:00 de la tarde. Como Meredith no tenía fiebre ni parecía estar en riesgo, me sentí tranquila esperando para llevarla más tarde ese día.

Al observar mi casa desordenada, decidí acostar a Meredith para que tomara una siesta mientras yo hacía algo de limpieza. Justo en ese momento, mi madre pasó por casa. Mi mamá nunca visitaba a media tarde, pero ese día simplemente sintió el deseo de venir. Le expliqué los síntomas de Meredith, y ella no se mostró nada alarmada. Dijo: «Probablemente sea solo un resfriado en el pecho».

Pero luego añadió: «Rhonda, ve y acuéstate con ella. La casa puede esperar. No se siente bien. Ve, abrázala y consuélala».

Me sorprendió, porque mi madre jamás dejaba su casa desordenada ni un solo día; ¡nunca! Así que su consejo fue algo fuera de lo común. Como yo estaba cansada, la idea de dormir con Meredith me resultó atractiva.

Pronto me acurruqué en la cama con ella. Ambas nos quedamos profundamente dormidas. Después de un rato, me desperté al escuchar a Meredith jadeando para respirar. Todavía estaba dormida. No lloraba. No parecía asustada. Solo luchaba por respirar. Preocupada, llamé de nuevo al médico y pregunté si podíamos ir antes. Durante el trayecto de veinte minutos, Meredith no podía mantenerse despierta.

Su respiración era dificultosa. Estaba preocupada, pero no en pánico. El pediatra la examinó de inmediato. Luego nos acompañó a las dos escaleras abajo hasta un especialista, quien solo necesitó mirarla una vez para decir: «Voy a acompañarlas caminando por el estacionamiento hasta el hospital».

Me pareció extraño que los médicos dejaran sus consultorios para caminar con nosotras, y aún no comprendía la gravedad de los síntomas de Meredith. La llevaba en mis brazos mientras el médico caminaba junto a mí. Me explicó que necesitaban hacerle una traqueotomía. Le pregunté: «¿Es una cirugía que programaremos para hacer más adelante? ¿O tienen que hacerla ahora?».

Fue entonces cuando el médico me explicó lo que estaba ocurriendo. Dijo: «Su bebé no está somnolienta porque esté cansada. Se está desmayando porque no está recibiendo suficiente oxígeno. La válvula epiglótica de su laringe está inflamada y está bloqueando el paso del aire».

En ese momento comprendí que la situación era mucho más grave de lo que había imaginado. El médico continuó explicando lo peligrosa que es la epiglotis en un bebé. Señaló: «Si la hubieras acostado para una siesta, probablemente habría muerto mientras dormía».

Antes de poder asimilar lo que el médico acababa de decirme, llegamos al hospital, donde tomaron rápidamente a Meredith de mis brazos y la llevaron a cirugía. Sola en la sala de espera, sentí el peso de la situación. También sentí una gran necesidad de comunicarme con Steve. Esto fue en los días anteriores a los teléfonos celulares, así que tuve que llamar a varios lugares para averiguar dónde podía estar trabajando mi esposo, que era carpintero. ¡Qué sensación de soledad! Finalmente, una amiga logró localizar a Steve. Cuando llegó y cruzó las puertas del hospital, rompí en llanto mientras él me envolvía con fuerza en sus brazos.

Después de la cirugía de Meredith, durante la cual le colocaron un tubo en la tráquea para que pudiera respirar, nos enviaron a cuidados intensivos. Allí, bajo una carpa de oxígeno, inconsciente y tan frágil, estaba nuestra dulce niña. Si alguna vez has visto a tu hijo en un estado tan delicado, sabes la sensación de impotencia que acompaña a esa experiencia.

Pasaron varios días mientras Meredith dormía en su cama de la UCI. Finalmente, el médico que había realizado la cirugía explicó el pronóstico. Estaba contento de que la hubiera llevado al hospital, porque probablemente no habría sobrevivido de otra manera. Sin embargo, también quiso advertirnos sobre la posibilidad de daño cerebral, ya que Meredith había pasado muchas horas ese día sobreviviendo con muy poco oxígeno.

Hablando de culpa de madre. Pensé: *¿Por qué no la llevé al médico cuando noté por primera vez que algo andaba mal?*

Steve me aseguró que no me culpaba por no haber comprendido la gravedad de la enfermedad de Meredith. Me recordó la soberanía y el cuidado providencial de Dios sobre nuestros hijos. Mientras conversábamos, recordamos cómo mi madre, de una manera increíble, «había pasado por casualidad» y me animó a dormir la siesta con Meredith. La verdad era que el Señor, en Su bondad y cuidado, había enviado a mi madre para salvar la vida de Meredith.

Estábamos asombrados. Al recordar el día en que el Señor me había convencido de que debía entregarle por completo a mi hija, me di cuenta de que Él había intervenido milagrosamente en su favor. ¿Qué habría pasado si me hubiera apoyado en mi propio criterio para cuidar la seguridad de mi hija? Entiendo que Dios conoce el número de los días de nuestros hijos antes de que nazcan,[2] así que no soy tan ingenua como para pensar que no habría podido intervenir de otra manera para salvar la vida de Meredith. Pero, para mí, la experiencia fue una lección aprendida. Encendió en mi corazón una fe valiente para confiar en la protección de Dios sobre mis hijos. Y nos sentimos increíblemente aliviados y agradecidos cuando Meredith se recuperó por completo.

¿DE DÓNDE VIENE MI AYUDA?

El Salmo 121 es un recordatorio maravilloso de poner tu esperanza en el Señor, tu Ayudador. Memorizar este capítulo y recitarlo cuando te enfrentes a circunstancias temerosas es una excelente manera de fijar tus ojos en Jesús:

> Levantaré mis ojos a los montes;
> ¿De dónde vendrá mi ayuda?
> Mi ayuda proviene del Señor,
> que hizo el cielo y la tierra.
> No permitirá que tu pie resbale;
> jamás duerme el que te cuida.
> Jamás duerme ni se adormece
> el que cuida de Israel.
> El Señor es quien te cuida;
> El Señor es tu sombra a tu mano derecha (versículos 1-5, NVI).

HAZ LO SIGUIENTE

Jocabed sabía de dónde vendría su ayuda. Su fe le dio el valor para mantener a Moisés escondido. Y cuando ya no pudo ocultarlo más, dirigió su mirada a Dios, quien puso en su corazón la idea de colocar a Moisés en una canasta en el río. La obediencia de Jocabed no surgió de saber cómo Dios resolvería los detalles; simplemente avanzó con una fe valiente y confió en Dios. Sin conocer el resultado final, simplemente tomó el siguiente paso que Dios puso en su corazón: poner a su bebé en la canasta y soltarla.

Cuando la misionera Elisabeth Elliot perdió a su esposo en el campo misionero, ella y su pequeña hija podrían haber abandonado su ministerio en Ecuador. Por el contrario, se sintió impulsada a quedarse y proclamar el evangelio a los mismos indígenas que habían asesinado a su esposo. A través de su fidelidad, muchos llegaron a Cristo. Años después, Elisabeth describió cómo encontró la fuerza para seguir adelante. En su libro *Passion and Purity* [Pasión y Pureza], y en diversos discursos y escritos, hablaba a menudo de cómo su resolución de «hacer lo siguiente» era una manera de lidiar con la incertidumbre en medio de las complejidades de la vida.[3]

El mantra de Elisabeth, «haz lo siguiente», refleja un enfoque práctico para confiar fielmente en Dios momento a momento, avanzando tan solo a dar el siguiente paso necesario, en lugar de paralizarse por el miedo o la incertidumbre.

Dios simplemente te pide que hagas lo siguiente. No te detengas en cómo Dios resolverá los detalles. En su lugar, recuérdate lo que sabes que es verdadero acerca de Su carácter y di sí a lo que es mejor, aunque no te sientas feliz con la elección que debes hacer.

Para desarrollar el valor sin miedo que te permita decir sí al mejor plan de Dios, conviértelo en un hábito: mira hacia atrás y recuerda cómo Dios te ha guiado con fidelidad hasta ahora. Busca ejemplos en las Escrituras de cómo, a lo largo de los siglos, Dios ha cumplido Su perfecto plan a través de siervos fieles. Esta disciplina llenará tu fe de una confianza más valiente, dispuesta a entregar a Dios el resultado de cualquier decisión a la que Él te esté guiando.

CUANDO NO SABES QUÉ HACER

¿Alguna vez te has encontrado frente a probabilidades inimaginables? ¿O en un momento en que necesitabas tomar una decisión, pero no tenías la menor idea de cómo proceder? Todas lo hemos experimentado. En esos momentos, la mayoría de nosotras queremos saber cómo discernir el plan de Dios. De hecho, el episodio más descargado de mi podcast se titula: «Qué hacer cuando no sabes qué hacer».[4] Creo que la popularidad de este episodio refleja cuánto anhelan muchas mujeres descubrir el secreto para discernir la voluntad de Dios.

Tú y yo podemos obtener un valor inexplicable para tomar decisiones correctas estudiando los relatos bíblicos de los seguidores fieles y valientes de nuestro Dios. El rey Josafat es un ejemplo brillante. Se le había advertido que venían enemigos crueles a destruir al pueblo de Dios. Una horda de enemigos superaba en número a Israel, y pronto lo rodearía. El rey tuvo miedo. No veía salida a esta situación desesperada. Pero fíjate en las palabras de la oración de Josafat: «Dios nuestro, ¿no los juzgarás tú? Porque en nosotros no hay fuerza contra tan grande multitud que viene contra nosotros; *no sabemos qué hacer, y a ti volvemos nuestros ojos*» (2 Crónicas 20:12, énfasis añadido).

Evidentemente, Josafat se había entrenado para mirar a Dios cuando tenía miedo. Su primera inclinación no fue intentar resolver el problema por sí mismo. Más bien, decidió buscar al Señor. En esencia, Josafat oró: «Señor, no sabemos qué hacer. Esto parece imposible. Tenemos miedo y estamos superados en número. Pero elegimos apartar nuestra mirada de las dificultades insuperables que tenemos delante y fijarla en ti. Tú eres nuestra única esperanza».

Cuando estés agonizando por una decisión, ya sea grande o pequeña, fijar tu esperanza en quién es Dios y lo que ha hecho te llenará de Su paz invencible y de una fuerza inexplicable.

A veces, cuando tenemos miedo, nos enfocamos tanto en decir «¡Oh no!», o «¿Y si…?», o «Si tan solo…», que olvidamos fijar nuestra mirada en el Señor; como cuando tu exesposo amenaza con demandarte por la custodia de los hijos, o cuando se acumulan las cuentas y te cortan la electricidad. Cuando no sabes qué hacer, contemplar a Dios y Sus atributos no es algo que ocurra de manera natural, pero puedes desarrollar este hábito. Cuando estés agonizando por una decisión, grande o pequeña, fijar tu esperanza en quién es Dios y en lo que ha hecho te llenará de Su paz invencible y de una fuerza inexplicable.

¿DEBEMOS QUEDARNOS O DEBEMOS IR?

Hace años, Steve y yo nos enfrentamos a una decisión difícil. Le habían ofrecido un puesto como pastor de una iglesia en California, pero amábamos la iglesia en la que ya estaba sirviendo en ese momento. Después de mucha deliberación y oración, sentimos que la decisión más segura sería *no* mover a nuestra familia. Pero en cuanto ambos estuvimos de acuerdo en quedarnos, nos miramos, comenzamos a llorar y supimos en el corazón que Dios nos estaba llamando a ir. ¿Alguna vez has tenido una experiencia similar?

Buscando consuelo y confirmación en las Escrituras, me encontré con el pasaje en el que el apóstol Pablo decía a sus amados efesios que no los vería más porque iba a Jerusalén: «Después de decir esto, Pablo se puso de rodillas con todos ellos y oró. Todos lloraban inconsolablemente mientras lo abrazaban y lo besaban. Lo que más los entristecía era su declaración de que ellos no volverían a verlo» (Hechos 20:36-38, NVI).

Podemos ver claramente cuánto le rompió el corazón a Pablo dejar a sus preciados hermanos en Éfeso, a quienes había pastoreado durante tres años. Aunque irse fue difícil, sabía que quedarse no era lo mejor de Dios para la iglesia ni para su ministerio. Pablo eligió confiar en la dirección de Dios en lugar de permanecer seguro con sus amados efesios.

Pablo describió su práctica autodisciplinada de confiar en Dios a Timoteo de esta manera: «si trabajamos y nos esforzamos es porque hemos puesto nuestra esperanza en el Dios viviente, que es el Salvador de todos, especialmente de los que creen… Sé diligente en estos asuntos; entrégate de lleno a ellos, de modo que todos puedan ver que estás progresando» (1 Timoteo 4:10, 15).

Cuando te enfrentas a una decisión que rompe el corazón, jugar a lo seguro puede parecer la mejor opción. Pero a veces Dios te llama a tomar una decisión completamente fuera de tu zona de confort para que tus hijos observen tu valentía fiel. Cuando das un paso con fe valiente, Dios es glorificado y otros ven tu progreso (empezando por tus propios hijos).

Al poner Jocabed su confianza en Dios a pesar de lo desconocido, su fe valiente se mostró a su hija Miriam, y, a lo largo de los siglos, a incontables personas más que leen la historia de la madre de Moisés.

> Cuando Jocabed vio cómo su bebé se alejaba flotando, demostró un valor que no dependía de su capacidad para preservar la vida de su hijo pequeño. Su decisión aquel día requirió seguir un plan sin respuestas. Aun así, *alejó* al bebé de su protección y lo encomendó al cuidado de su Dios. Ese tipo de valentía solo se encuentra en la vida de quien ha desarrollado una confianza genuina en Él. La confianza de Jocabed en el Señor era evidente en sus acciones (énfasis añadido).[5]

DE TAL MADRE, TAL HIJA

Jocabed no era ajena a los tiempos difíciles. Había pasado su vida como esclava en Egipto. Conocía las injusticias impuestas a su pueblo y estaba familiarizada con el miedo a las atrocidades que sus captores podrían cometer contra ella y su familia. Pero cuando la vida de Moisés estaba en juego, Jocabed eligió acudir a Dios en busca de ayuda en lugar de paralizarse por el temor a lo que el hombre pudiera hacerle a ella o a su bebé. No puedo imaginar la angustia que debió sentir en su corazón al alejarse de su dulce hijo. Pero la fe de Jocabed reveló la profundidad de su confianza en Dios.

El valor de Jocabed resonó en su generación y se reflejó en la fortaleza resiliente de su hija. En el momento en que Miriam vio las manos de su madre soltar su preciada carga, eligió quedarse. En lugar de seguir a su madre con el corazón destrozado, Miriam observó, desde la distancia, cómo la canasta flotaba entre los juncos. Esto fue lo que ocurrió:

> Y una hermana suya se puso a lo lejos, para ver lo que le aconteceria. Y la hija de Faraón descendió a lavarse al río, y paseándose sus doncellas por la ribera del río, vio ella la arquilla en el carrizal, y envió una criada suya a que la tomase. Y cuando la abrió, vio al niño; y he aquí que el niño lloraba. Y teniendo compasión de él, dijo: De los niños de los hebreos es este. Entonces su hermana dijo a la hija de Faraón: ¿Iré a llamarte una nodriza de las hebreas, para que te críe este niño? Y la hija de Faraón respondió: Ve. Entonces fue la doncella, y llamó a la madre del niño, a la cual dijo la hija de Faraón: Lleva a este niño y críamelo, y yo te lo pagaré. Y la mujer tomó al niño y lo crio (Éxodo 2:4-9).

Habiendo sido criada por una madre que demostraba una fe valiente, Miriam tomó su ejemplo y no retrocedió. Cuando vio a la hija de Faraón recoger a su hermanito del río, Miriam se acercó con audacia y presentó un plan de acción. Sugirió a la hija de Faraón una solución práctica para satisfacer la necesidad de alimentar al bebé. Y, lo más importante, había ideado un plan para que Moisés regresara a su propia madre para ser amamantado. Resultó que este era el plan de Dios desde el principio. De esta manera, el Señor proporcionó a Moisés el amor nutriente de Jocabed y la enseñanza piadosa durante los primeros y más influyentes años de su crianza.

VIVE CON URGENCIA

Culturalmente hablando, Jocabed tenía por delante tres o tal vez cuatro años para destetar a Moisés y devolverlo después para que fuera criado por la hija de Faraón. Considera el sentido de urgencia de Jocabed mientras transmitía a su dulce hijo las verdades que necesitaba conocer sobre el Dios de Israel. Mientras amamantaba a Moisés, me imagino que oraba sobre él y cantaba canciones de adoración. ¿No lo habrías hecho tú también?

Jocabed entendía cómo adoraban los egipcios a dioses falsos. Sabía muy bien lo pronto que tendría que confiar a su pequeño a una mujer que adoraba a gatos, entre otras falsas deidades.

No hace mucho, fui de excursión con mis nietos a un museo de momias egipcias. Durante el recorrido, entramos en una sala llena de artefactos religiosos de los faraones. Mientras reflexionaba sobre la historia de Jocabed, mi corazón se encogió al ver los ídolos con rostro de gato chapados en oro y otros objetos usados en la adoración de deidades demoníacas. Esta era la clase de cultura en la que Jocabed dio a luz y crio a su dulce hijo. ¡Qué desgarrador debió de haber sido para ella!

Hasta cierto punto, tal vez puedas identificarte con la situación de Jocabed. Tal vez los tribunales han decretado que debes permitir visitas no supervisadas de tu hijo con un padre impío. O tal vez tus hijos asisten a una escuela pública que busca adoctrinarlos con ideologías inmorales. Si te encuentras en lo que parece ser una situación desesperada, aprende del ejemplo de Jocabed y usa el tiempo que tengas disponible para contrarrestar tales influencias y enseñarle a tu hijo la verdad de Dios.

> A lo largo de los siglos, los primeros maestros de los transformadores del mundo piadosos no fueron teólogos, sino madres.

Al darse cuenta de que su tiempo era limitado, se encendería la determinación de Jocabed por dedicar cada momento disponible a nutrir el desarrollo espiritual de Moisés. Su tiempo y esfuerzo dieron frutos, como lo evidenció la eventual decisión de Moisés de abandonar las comodidades de su crianza egipcia para seguir al Dios de Israel.

¿Sabías que el 50 % del desarrollo del carácter y la personalidad de un niño ocurre antes de los tres años? Y el 75 % antes de los cinco años. Los primeros años de la vida de un niño son críticos para la enseñanza y la formación.[6] Como innumerables madres cuyos hijos se convirtieron en líderes justos de su generación, Jocabed se tomó en serio su misión: «Instruye al niño en su camino» (Proverbios 22:6). No tenía forma de saber que estaba preparando a su hijo para un papel importante como libertador de Israel. Simplemente conocía el valor de la formación espiritual y de las oraciones fervientes por su hijo. Y tú, amiga mía, tampoco tienes idea de los propósitos para los cuales estás preparando a tu hijo. ¡Y eso también es cierto para ti!

Recuerda que Satanás trabaja incansablemente para alejar a tus hijos del conocimiento del único Dios verdadero. Sus engaños para confundir a tus hijos se manifiestan en la influencia de los programas que ven, la música que escuchan, las interacciones en redes sociales y las cosmovisiones de sus maestros. Por eso es tan vital que te vean vivir tu fe.

No hay tiempo que perder. Has sido llamada a asociarte con Dios en el ministerio único de la maternidad. La apatía es tu enemiga. Debes mantenerte alerta y comprender la urgencia de entrenar a tus hijos para que conozcan, amen y sigan a Cristo.

NUNCA ES DEMASIADO TARDE PARA EMPEZAR

Dios no trajo a nuestro hijo, Tony, a la familia hasta que tenía 15 años. Tuvimos muy poco tiempo para inculcarle una cosmovisión bíblica antes de que se fuera a la universidad. Durante esta temporada que nos fue confiada, aprovechamos cada oportunidad para vivir nuestra apasionada búsqueda de Cristo, enseñarle la Biblia y orar diligentemente para que Dios capturara su corazón para Jesús.

Cuando Tony se fue a la universidad, mi papel como madre se convirtió en el de consejera y guerrera de oración. Después de su graduación se convirtió en piloto de combate en la Fuerza Aérea. Le habíamos inculcado la importancia de asistir a una iglesia con fundamentos bíblicos sólidos, y por eso oramos para que Dios lo guiara hacia una con influencias piadosas. Quiso Dios que la clase de escuela dominical a la que se unió Tony fuera impartida por un expiloto de combate. A través de este hombre, los valores bíblicos que le habíamos enseñado a Tony se consolidaron. Tony respetaba a este hombre y aprendió de él lo más importante en la vida: amar a Dios con todo su corazón y amar a los demás. Nuestras oraciones fueron respondidas cuando la influencia de este hombre piadoso tuvo un efecto profundo en la vida espiritual de Tony.

Cuando le preguntaron cómo influyó en él ser parte de nuestra familia, Tony contestó: «La familia fue, y sigue siendo, mi definición viva tanto de lo que Dios espera de mí como de lo que Él quiere para mí. Estoy agradecido por este ejemplo, y no tengo duda de que era el plan de Dios que nuestras vidas se conectaran».[7]

NO ESTÁS SOLA

Aunque puedas sentirte sola en tu llamado, recuerda que no lo estás. Dios está contigo. Cuando Dios te llama a una tarea, te equipa para ella y te guía. Y envía a otros para ayudarte. En el contexto de la iglesia local, Dios levanta a personas piadosas para ayudarte a asentar a tus hijos en Su Palabra. Tu responsabilidad es dar prioridad a llevar a tus hijos a la iglesia. No solo los domingos por la mañana, sino también a grupos juveniles o programas entre semana para niños, que les den la oportunidad de profundizar en el estudio bíblico, desarrollar relaciones piadosas y aprender a memorizar grandes porciones de las Escrituras.

Te ruego que escuches mi súplica: si descuidas llevar a tus hijos a la iglesia, si eliges eventos deportivos por encima de su formación espiritual los domingos por la mañana, no te sorprendas si tus hijos crecen desconectados del cuerpo de Cristo y sin motivación para perseguir asuntos espirituales.

Durante 18 años de ministerio juvenil, Steve y yo fuimos testigos de innumerables madres intentando obligar a sus adolescentes a asistir al grupo juvenil *después* de que sus hijos comenzaran a mostrar tendencias rebeldes. Lamentablemente, como esos niños no habían sido criados para priorizar la asistencia a la iglesia ni para relacionarse estrechamente con compañeros cristianos, resistían el mandato de sus padres de empezar a involucrarse ahora. Incluso cuando se les obligaba a asistir a actividades juveniles, por lo general esos adolescentes se negaban a conectarse con el resto del grupo. Cuando el niño se quejaba: «No encajo allí», las madres tendían a «rescatar» a su hijo del ambiente social incómodo y dejaban de animarlo a asistir.

No ignores el mandato y la advertencia de Dios para todos los creyentes: «Preocupémonos los unos por los otros, a fin de estimularnos al amor y a las buenas obras. No dejemos de congregarnos, como acostumbran a hacer algunos, sino animémonos unos a otros, y con mayor razón ahora que vemos que aquel día se acerca»... «Sembraron vientos y cosecharán tempestades» (Hebreos 10:24-25; Oseas 8:7, NVI).

El momento es ahora, amiga mía. Si pospones la formación espiritual de tu hijo hasta que sea mayor, estás sembrando viento y, probablemente, llegará un día en que cosecharás la tempestad.

Pero no te angusties si te encuentras llena de arrepentimiento por haber desperdiciado esos primeros años de desarrollo. Anímate con la historia de nuestro hijo Tony. Nunca es demasiado tarde para comenzar a enseñar a tus hijos a conocer y seguir a Cristo. Ya sea que tus oraciones surjan mientras amamantas a tu pequeño, o que tus rodillas estén desgastadas de interceder por tu adolescente, recuerda que, en la economía de Dios, «La oración del justo es poderosa y eficaz» (Santiago 5:16, NVI).

Considera esta significativa declaración tomada de un estudio del Barna Group: «Creemos que el recurso más importante fue la increíble cantidad de oración por los niños y los padres que se evidenciaba en los ministerios más efectivos para niños».[8]

EL LEGADO DURADERO DE JOCABED

La vida de Jocabed había sido difícil, pero su fe no flaqueó. Todo el tiempo, sus hijos Aarón y Miriam observaron su respuesta valiente y fiel frente a circunstancias aparentemente imposibles. Dios no solo usó a Jocabed para preservar la vida de Moisés mientras lo cuidaba de bebé, sino que también la usó para preparar a sus dos hijos mayores para que, algún día, ayudaran a Moisés en su papel de profeta y líder de Israel. Por cierto, Dios definió a Moisés como el hombre más humilde que haya vivido jamás (Números 12:3). ¿Puedes imaginar escuchar a Dios decir esas palabras sobre tu propio hijo?

Mucho después de su muerte, las hazañas heroicas de Jocabed fueron registradas en el Salón de la Fama de la Fe de las Escrituras. El legado valiente y fiel de Jocabed se manifestó en cómo:

- los tres hijos se mantuvieron juntos frente a Faraón y sus ejércitos.
- Moisés, valientemente, «renunció a ser llamado hijo de la hija del faraón. Prefirió ser maltratado con el pueblo de Dios a disfrutar de los efímeros placeres del pecado» (Hebreos 11:24-25, NVI).[9]
- Aarón intervino para ayudar a Moisés cuando este tenía miedo de hablar con Faraón.
- La ayuda de Aarón dio a Moisés el valor para exigir: «Deja ir a mi pueblo» (Éxodo 8:1, NVI).
- Moisés exaltó a Dios en una gloriosa canción después de que Israel atravesara el Mar Rojo y Dios destruyera al ejército egipcio. La canción de Moisés continúa cantándose en el cielo incluso hoy.[10] Mi hijo Brandon es pastor de alabanza y escribe canciones de adoración. ¡Así que la idea de que Jocabed esté en el cielo escuchando resonar la canción de su hijo me deja sin aliento!

- Miriam tomó su pandereta y lideró a un millón de mujeres hebreas en su canto de alabanza victoriosa a Dios.[11]
- Moisés se convirtió en profeta de Dios, Miriam en profetisa de Dios y Aarón en sacerdote de Dios.

La historia de la fe valiente de Jocabed nos recuerda abrazar el poder de soltar el control mientras confiamos en el perfecto plan de Dios, incluso cuando hacerlo pueda parecer incomprensible. Como sucedió con Jocabed, Dios quiere desarrollar tu valor para decir sí a lo mejor para tus hijos, especialmente cuando el camino ante ti parece incierto. El tiempo de Jocabed con Moisés fue corto y no lo desperdició. Tus hijos crecerán antes de que te des cuenta. Así que vive con un espíritu de urgencia y busca cada oportunidad para entrenar a tus hijos a amar, honrar y servir al Señor. El momento es ahora. Nunca es demasiado tarde para establecer tu hogar en la fe.

Recuerda, no estás sola en este camino: el Señor está contigo. Él te equipará para afrontar los desafíos inesperados de la maternidad. Y proveerá una abundancia de apoyo y enseñanza a través de tu familia de iglesia, donde tú y tus hijos podrán aprender de otros, crecer espiritualmente mediante la predicación de la Escritura y desarrollarse en la fe junto a otros creyentes.

El legado de Jocabed es una inspiración para toda madre que cría hijos en tiempos difíciles. Su fe nunca flaqueó mientras confiaba valientemente en Dios. Y lo mismo será cierto para ti cuando sueltes el control, confíes en el Señor para actuar en tus circunstancias y descanses en Su infalible cuidado providencial, sabiendo que cada paso de fe que demuestres será un testimonio profundo de esperanza para tus hijos.

LECCIONES DE VIDA

¿Cómo te ha inspirado la historia de Jocabed a aprovechar al máximo el poco tiempo que tienes para enseñar a tus hijos a amar y seguir al Señor?

La vida está llena de distracciones. Involucrarse en buenas actividades puede desviar tus mejores planes de nutrir a tus hijos en la Palabra de Dios. El tiempo que tienes es corto. Con eso en mente, haz una lista de tres maneras en que te propondrás vivir con urgencia y enseñar a tus hijos lo que significa confiar en Dios en las circunstancias cotidianas de la vida.

Influir en tus hijos para que sigan a Cristo es más efectivo cuando ellos observan cómo confías en la Escritura para obtener sabiduría y fortaleza. ¿Qué pasos podrías tomar para desarrollar el hábito de profundizar en la Palabra de Dios y equiparte para invertir en la vida de tus hijos?

En medio de problemas inimaginables, el valor de Miriam se fortaleció al observar la fe valiente de su madre. Reflexiona sobre cómo Dios podría usar tus pruebas para profundizar la fe de tus hijos. Haz una lista de pasos específicos que podrías tomar para enfocarte en Dios, y no en el miedo, cuando enfrentes tiempos difíciles.

Escribe una oración pidiéndole a Dios que te ayude a vivir una fe valiente que tus hijos algún día puedan emular.

Para ver las enseñanzas de Rhonda sobre este capítulo, usa el siguiente código QR o enlace:

https://www.rhondastoppe.com/moms-of-the-bible-book/

CAPÍTULO 3

CUANDO EL RECHAZO ROMPE TU CORAZÓN

María

LUCAS 1:1-56

Imagina esto: en lo que parecía un día perfectamente ordinario, María estaba navegando por el hermoso torbellino de los preparativos de la boda. Su corazón rebosaba de amor por José, el hombre al que pronto llamaría su esposo. ¿Bailaría la emoción dentro de ella mientras pensaba en cómo podría peinar su cabello y soñaba con el hermoso velo que pronto la coronaría como novia? Verdaderamente, ¿qué futura novia podría contener su dicha emocionada por estar comprometida con el hombre más dulce y amable que jamás había conocido? ¡Oh, el glorioso futuro que les esperaba! Todo avanzaba perfectamente según lo planeado, hasta que esos planes fueron interrumpidos por el ángel Gabriel (ver Lucas 1:26-38).

¿Recuerdas cómo fue planear tu boda? Yo sí. Había esperado mucho tiempo para casarme con mi hombre. A decir verdad, soy varios años menor que Steve. Así que todavía estaba en la secundaria cuando nos conocimos. Estaba muy enamorada de él. Pero como era joven, observaba desde lejos mientras él atraía la atención de las mujeres universitarias de nuestra iglesia. Si alguna vez has estado involucrada en un ministerio de jóvenes adultos, sabes cuánta atención recibe el nuevo chico por parte de las solteras. Steve se había proclamado miembro del club «soltero hasta el rapto». Sin embargo, él parecía el candidato perfecto para esposo, o al menos eso pensaban esas jóvenes.

Mientras observaba la popularidad de Steve entre las chicas universitarias, buscaba en secreto maneras de que nuestros caminos se cruzaran. Nuestras familias eran amigas, así que esperaba con ansias los momentos en que estábamos juntos en reuniones familiares. A medida que fui creciendo, la diferencia de edades ya no parecía tan desalentadora. Con el tiempo, profesamos nuestro afecto mutuo y así comenzó nuestra historia de amor de toda la vida. Lo sé, lo sé, omití los detalles que llevaron a nuestro matrimonio. Pero puedes escuchar los detalles súper divertidos en mi canal de YouTube, en un episodio en el que Steve intenta desesperadamente recordar los pormenores de cómo nos conocimos y nos enamoramos (ver la lista de reproducción titulada *Real Life Romance*). Curiosamente, mientras Steve lucha por recordar, rememora más el auto genial que conducía en ese momento que nuestra historia de amor, aunque no puedo culparlo. ¡Su Mustang Mach 1 de 1969 es una parte memorable de nuestra historia juntos!

Después de comprometernos, mi madre y yo decidimos ir de compras para ver el vestido de novia. Steve y yo habíamos hablado sobre el tipo de velo de boda que esperaba comprar. En ese momento, los velos con grandes sombreros blancos estaban de moda. En realidad, Steve no quería que comprara un sombrero. Me sugirió encarecidamente que me quedara con el tipo de velo tradicional. Después de mucha discusión, acepté a regañadientes buscar un velo que no incluyera un sombrero de ala ancha exagerado.

A mitad de nuestro día de compras, me estaba probando vestidos en una tienda de novias en particular. Cuando la vendedora entró al probador con expresión seria en el rostro; me preocupé. Me preguntó: «¿Eres Rhonda?». Respondí: «Sí. Soy yo. ¿Por qué?».

Ella dudó, hizo una especie de mueca y luego dijo: «Tu prometido está en el teléfono».

Cabe recordar que esto sucedía en la época en que no teníamos motores de búsqueda en internet ni teléfonos celulares. Si alguien quería contactarte mientras estabas fuera, tenía que localizarte. Steve había pasado la mañana revisando la guía telefónica y llamando a todas las tiendas de novias de la ciudad, describiéndome a la persona que contestaba y preguntando si yo estaba en la tienda. Se sintió aliviado cuando finalmente me encontró.

Yo dije: «¿Hola?».

Steve dijo: «Hola. Soy yo. He estado llamando por toda la ciudad tratando de encontrarte».

Yo respondí: «¿Y me querías encontrar para...?».

Steve respondió: «Porque me sentí mal por decirte que no compraras el velo de tus sueños. Si quieres comprar un gran sombrero con velo, hazlo».

Supe en mi corazón que Steve no estaba tratando de localizarme para romper el compromiso antes de que comprara el vestido. Pero seré sincera: respiré aliviada cuando Steve explicó por qué había llamado. Y la vendedora, sin duda, también se sintió aliviada. Cuando colgué el teléfono, me comentó: «¡Estaba tan preocupada de que él cancelara el compromiso!».

DEJARLA EN SECRETO

¿Te imaginas cómo te habrías sentido si, estando inmersa en los preparativos de la boda te enfrentaras al temor de que el hombre al que adoras pudiera cancelarlo todo? Si esto te ha sucedido, ya conoces el dolor que acompaña a una experiencia así.

Considera esto: José no estaba con María cuando el ángel Gabriel la visitó. Ella debió de lidiar con sus pensamientos: *¿Cómo voy a explicarle esto a José? ¿Me creerá cuando le diga que el Señor envió un ángel que me comunicó que Dios me había elegido a mí, una virgen, para ser la madre del tan esperado Mesías?*

No sé tú, pero yo creo que, si hubiera sido María, habría respondido: «Está bien, Dios. ¡Pero tienes que ser tú quien le diga a José!».

Resultó que Dios permitió que María le contara a José la noticia... sola. No envió a un ángel en su lugar para dar a conocer la noticia. Solo la dulce y joven María intentando convencer a su prometido de que el bebé que llevaba en su vientre no era otro que el niño prometido, Cristo.

Cuando María se lo contó a José, su primera inclinación fue cancelar el compromiso. Los estudiosos de la Biblia difieren sobre si José reveló a María su decisión de dejarla en secreto, o si le comentó siquiera lo que estaba considerando.

Siempre me enseñaron que José hizo saber a María su resolución de divorciarse de ella. Sin embargo, según mi investigación, no pude encontrar una declaración específica que confirmara si José le informó que pensaba dejarla. Por el texto bíblico en Mateo 1:19, sabemos que «José su marido, como era justo, y no quería infamarla, quiso dejarla secretamente». El texto no establece de forma explícita si José comunicó esta intención a María antes de que un ángel se le apareciera más tarde en un sueño.

Los estudiosos de la Biblia tienen interpretaciones variadas sobre este punto. Algunos sugieren que José mantuvo su plan en privado hasta que la revelación del ángel lo hizo cambiar de opinión, mientras que otros sugieren que pudo haberlo discutido con María. Con esto en mente, no podemos afirmar de manera definitiva si José le contó a María su intención de divorciarse de ella en secreto.

Lo que sí sabemos sobre la difícil situación de la pareja es que María tuvo que darle la noticia a José. Y muy probablemente no estaba segura de cómo reaccionaría él ante la noticia. José era un hombre justo, lo que significa que quería hacer lo correcto; por lo tanto, la respuesta inicial de José de divorciarse de María en secreto revela que era una persona llena de gracia, que se preocupaba por ella y que no quería avergonzarla ni herirla. En una situación extremadamente desgarradora, se revela el carácter de José, y se nos indica que manejó el asunto con gracia, cuidado y compasión.

Cualquiera que fuera el momento de la respuesta de José ante la circunstancia de María, no pases por alto su historia sin comprender el angustioso momento que tanto José como María debieron de experimentar. Mira cómo se describe su encuentro en esta versión diferente de las Escrituras: «Así ocurrió el nacimiento de Jesús: su madre, María, estaba comprometida con José. Antes de vivir la noche de bodas, José descubrió que ella estaba embarazada. (Era obra del Espíritu Santo, pero él no lo sabía). José, desconcertado pero noble, decidió ocuparse de las cosas en secreto para que María no fuera deshonrada» (Mateo 1:18-19, traducción literal de MSG).

Imagínate cómo habría chismorreado la gente al intentar María y José explicar su concepción milagrosa. ¿Sintió la pareja el peso de miradas juzgadoras y chismes hirientes?

El carácter de una persona se revela cuando se enfrenta a tiempos inciertos, y María y José no fueron la excepción. Se entregaron al Señor. Por honrar a Dios en medio de este cambio inesperado de vida y al haber sido María la elegida como madre de Jesús, creo que vale la pena examinar cómo se revela su carácter en el relato bíblico.

Nuestra tendencia humana de depender de las opiniones de los demás puede conducirnos fácilmente a olvidar buscar la dirección de Dios por medio de la oración y de Su Palabra.

MARÍA CONSULTÓ AL SEÑOR

Cuando Gabriel le anunció a María que daría a luz al Hijo de Dios, ella preguntó respetuosamente: «¿Cómo será esto? pues no conozco varón» (Lucas 1:34). No debemos interpretar su pregunta como que no creyera lo que Gabriel le había dicho. Más bien, «su pregunta surgió del asombro, no de la duda ni de la incredulidad».[1]

Al enfrentarse a una decisión monumental, María sabiamente dirigió sus preguntas al mensajero de Dios. No buscó la opinión de sus amigas, algo que siendo sincera, habría sido mi tentación. No lo comento para restar valor a la importancia de buscar consejeros piadosos, solo que nuestra tendencia humana a depender de las opiniones de los demás puede conducirnos fácilmente a olvidar buscar la dirección de Dios por medio de la oración y de Su Palabra. Como resultado, podemos terminar confundidas en lugar de ser iluminadas por la claridad divina.

MARÍA FUE VALIENTE

Aunque María se enfrentaba a algunas pérdidas potencialmente dolorosas, en el momento decisivo se presentó valientemente como sierva del Señor y se entregó a Su plan para ella.[2]

Sin manera de saber cómo su decisión afectaría a su futuro, la joven María mostró una fe sin miedo y se rindió a Dios. Su pregunta a Gabriel revela su deseo de comprender más claramente los caminos de Dios.

Me encanta la respuesta de Gabriel. Primero, le explicó *cómo*. Luego, le dijo *quién*. Y finalmente, le ofreció *la esperanza* que tan desesperadamente necesitaba.

Cómo

> «El Espíritu Santo vendrá sobre ti, y el poder del Altísimo te cubrirá con su sombra» (Lucas 1:35a).

Quién

«Por lo cual también el Santo Ser que nacerá, será llamado Hijo de Dios» (versículo 35b).

«Y he aquí tu parienta Elisabet, ella también ha concebido hijo en su vejez; y este es el sexto mes para ella, la que llamaban estéril» (versículo 36).

La esperanza

«Porque nada hay imposible para Dios» (versículo 37).

Una vez que María asintió al plan milagroso de Dios, las cosas se complicaron de manera sorprendente. Por mi tendencia a querer que mis experiencias siempre sean cómodas, si yo hubiera estado en el sitio de María, habría esperado que Dios protegiera mi reputación desde el principio. Pero a medida que la historia se desarrolla, veremos que sucede exactamente lo contrario con María: la gente cuestionó su reputación.

Yo me habría inclinado a pensar: *Está bien, Dios. Yo hice mi parte. He dicho que sí a tu voluntad. Ahora necesito que hagas tu parte y te asegures de que José, mis padres y todos los demás me crean cuando les diga que he concebido milagrosamente del Espíritu Santo.*

CUIDADO CON LAS ENSEÑANZAS FALSAS

A veces, la obediencia viene acompañada de problemas. Amiga, debemos tener cuidado con las enseñanzas que no están en línea con los caminos de Dios. Resulta tentador creer la falsa afirmación: «Ven a Jesús para tener una vida más fácil». Esta narrativa se ha arraigado en muchas iglesias hoy día.

Pero la verdad es que seguir a Cristo no es fácil y requiere una fe valiente. Jesús nos pide que tomemos nuestra cruz y le sigamos. Cuando Jesús llamó a aquellos que quisieran seguirle a tomar su cruz, sabía el camino que pronto recorrería hacia el Calvario. Imagina a nuestro Salvador avanzando en obediencia bajo el peso de la cruz hacia la gloria que le esperaba. De la misma manera, el peso de la cruz que Dios nos invita a llevar a ti y a mí a veces puede ser más de lo que podemos soportar. Anímate con la perspectiva del apóstol Pablo:

> Por tanto, no desmayamos; antes aunque este nuestro hombre exterior se va desgastando, el interior no obstante se renueva de día en día. Porque esta leve tribulación momentánea produce en nosotros un cada vez más excelente y eterno peso de gloria; no mirando nosotros las cosas que se ven, sino las que no se ven; pues las cosas que se ven son temporales, pero las que no se ven son eternas. (2 Corintios 4:16-18).

Cuando caminas en obediencia a la voluntad de Dios, Él te concede Su fuerza no solo para soportar, sino también para renovarte día tras día. Y en Su bondad, Dios envía a otros para ayudarte a llevar tu cruz cuando parece demasiado pesada. ¿Recuerdas cuando Jesús estaba demasiado agotado para continuar arrastrando Su cruz por las calles de Jerusalén? Dios obligó a Simón de Cirene a llevar la cruz de Jesús por Él. Y creo que Él pondrá a otros a tu lado para hacer lo mismo por ti.

LA RESPUESTA DE MARÍA

A pesar de tener que explicarle su concepción inmaculada a José y no saber cómo reaccionarían los demás ante su historia, María confió valientemente en Dios. ¿Puedes imaginar siquiera todo lo que ella estaría tratando de procesar?

«¿Y si la gente me rechaza con incredulidad?». Esta habría sido una pregunta que yo habría considerado de haber sido María. ¿Alguna vez has experimentado el rechazo? Yo sí. Es realmente desgarrador cuando alguien a quien amas profundamente te rechaza. Cuando he sufrido el dolor de ser despreciada por una amiga, me he sentido vulnerable y cautelosa en otras relaciones. Quizá puedas identificarte. La verdad es que, mientras escribo, me encuentro en medio de una circunstancia similar. No puedo ni describir el dolor de ser desestimada por una amiga a quien antes amaba en Cristo. En esos momentos, mi reacción inmediata es retraerme y aislarme. ¿Y tú? ¿Sabías que el deseo de Satanás es que tus heridas sean cortes tan profundos que tu miedo al rechazo te impida relacionarte con otros por temor a ser herida de nuevo? Después de ser rechazada, se requiere valor para confiar en los demás de nuevo.

En el libro *Reframing Rejection* [Replanteándose el rechazo] la autora Jessica Van Roekel comparte este valioso consejo: «Elijo no volver a ser permisiva con el miedo al rechazo, aunque llame a mi puerta. Este es el camino de la redención: el desarrollo lento de un milagro diario de transformación por la asombrosa gracia de Dios».[3]

Mientras discutimos la respuesta de María, debemos hacer una pausa para observar cómo se manifiesta su valentía en otras partes de las Escrituras. A continuación, unos ejemplos de su coraje:

- *Cuando María dio a luz a Jesús.* María puso a Jesús en un pesebre porque no había lugar para ella y José en la posada (Lucas 2:7). Cualquier mujer que haya dado a luz coincidirá en que la experiencia requiere valentía. En mi opinión, tener solo la ayuda de José mientras daba a luz en un establo requeriría un nivel completamente nuevo de valor.

- *Cuando el rey Herodes emitió un decreto.* Herodes dio la orden de matar a todos los niños varones hebreos en Belén. En plena noche, María y José huyeron a Egipto para proteger a su dulce Hijo (Mateo 2:13-14).

- *Cuando María y José presentaron a Jesús en el templo.* Simeón tomó al bebé Jesús en sus brazos y dijo al Señor:

«Ahora, Señor, despides a tu siervo en paz, conforme a tu palabra; porque han visto mis ojos tu salvación» (Lucas 2:29-30). Esto habría animado a María a escuchar. Pero luego Simeón dijo a María: «He aquí, este está puesto para caída y para levantamiento de muchos en Israel, y para señal que será contradicha (y una espada traspasará tu misma alma), para que sean revelados los pensamientos de muchos corazones» (versículos 34-35).

Solo Dios sabe cómo se sintió María al escuchar las palabras de advertencia de Simeón. Estoy segura de que mi corazón habría dado un vuelco al escuchar este tipo de pronunciamiento sobre mi hijo. Sin embargo, no puedo evitar preguntarme si Dios, por Su gracia, había enviado al amable anciano para preparar el corazón de María para la agonía que experimentaría al ver a su Hijo morir en la cruz.

- *Cuando María estuvo al pie de la cruz.* El coraje de María brilla con más intensidad el día de la crucifixión de Jesús. Nadie la habría culpado si se hubiera apartado de la horrible escena, pero la Escritura registra cómo permaneció valientemente cerca de su Hijo para que Él se sintiera alentado al verla (Juan 19:25-27). El valor de María destaca aún más si consideramos que todos, excepto uno de sus discípulos, habían huido por miedo (Mateo 26:56).

¿El recuerdo de las palabras de Simeón consoló a María mientras observaba a su Hijo morir? La dolorosa espada de la tristeza realmente había atravesado su alma al ver a los soldados romanos crucificar brutalmente a su Hijo… y a su Salvador. ¡Qué consuelo habría sentido María cuando Jesús pidió al discípulo amado, Juan, que la acogiera en su casa y cuidara de ella como a su propia madre (Juan 19:26-27)!

Como nota al margen, la mayoría de los estudiosos de la Biblia coinciden en que Jesús le pidió esto a Juan porque es probable que José hubiera fallecido para entonces. Por lo tanto, no es exagerado decir que María habría necesitado ser valiente al ver a su Hijo sufrir dolorosamente porque su amado José no podía estar a su lado.

Las pruebas de María nos ayudan a percatarnos de que afrontar dificultades es parte de la condición humana. Sin embargo, no debemos permitir que nuestros problemas nos definan. Nuestra forma de responder a las pruebas revela nuestro carácter. En mi propia experiencia, Dios ha usado mis momentos más difíciles para refinar mi carácter. Cuando toda esperanza parece perdida es cuando Él hace Su mejor obra de transformación en mí. Los caminos de Dios son más altos que los nuestros, y por alguna razón, cuando permite luchas en nuestra vida, podemos tomar valor al saber que Él es el único que las puede usar para bien, en Su tiempo y a Su manera (ver Isaías 55:9; Romanos 8:28).

En circunstancias difíciles, ¿cómo respondes? ¿Estallas de ira? ¿Eliges la autodestrucción? ¿Culpas a Dios o a los demás? Se suele decir: «Las personas heridas hieren a otras personas».

En más de una ocasión, he sido profundamente herida por alguien que lucha con su propio corazón dolido. Lamentablemente, parece que cuanto más se intenta ayudar a esa persona, más razones encuentra para sentirse ofendida, incomprendida y rechazada. Si esto define tu manera de responder a los demás cuando te sientes sola y rechazada, espero que aprendas de lo que María hizo a continuación con gran valentía.

MARÍA RECORDÓ LA PALABRA DEL SEÑOR

Después de que Gabriel le dijo a María que tendría un hijo, él le dijo: «Y he aquí tu parienta Elisabet, ella también ha concebido hijo en su vejez; y este es el sexto mes para ella, la que llamaban estéril; porque nada hay imposible para Dios» (Lucas 1:36-37).

La prima de María, Elisabet, quien antes era estéril, había concebido milagrosamente en su vejez. María sabía que el mejor lugar para buscar ánimo sería la casa de su prima Isabel, que era temerosa de Dios. Después de todo, el esposo de Eli era sacerdote. En ellos, María encontraría sin duda consuelo y sabiduría.

VUELVE EL RECHAZO

La Biblia nunca nos señala si los padres de María estaban convencidos de que ella había concebido milagrosamente. Tampoco se nos dice cómo reaccionaron las personas cercanas a ella ante su situación. Es probable que no todos creyeran que María había sido fecundada de forma divina. Muchos tenían sus dudas, y es probable que esas incertidumbres se difundieran entre otros durante la infancia de Jesús. Por ejemplo, las Escrituras aluden a la incredulidad continua de muchos que conocían a María y José. En Juan 8:41, observamos un intercambio acalorado con Jesús, cuando los fariseos dijeron: «Nosotros no somos nacidos de fornicación». Este comentario se interpreta ampliamente como una acusación velada sobre las circunstancias del nacimiento de Jesús y es probable que se basara en rumores de ilegitimidad sobre Su concepción.

¿Habría cuchicheos a espaldas de María? Ella sabía sin duda que eso podía ocurrir. Me pregunto si su decisión de visitar a Elisabet nacería de la necesidad de conectarse con su prima mayor temerosa de Dios, quien también había concebido milagrosamente en su vejez. Esta es la respuesta que no quiero que pases por alto: María recordó la palabra del Señor. Tomó acción y buscó a una mentora mayor y piadosa que Gabriel había mencionado. Y descansó en la promesa de que «para Dios no hay nada imposible» (Lucas 1:37, NVI).

Cuando las personas te fallan, duele. Como madre, hay temporadas de paz y temporadas de dolor. Cuando el dolor viene del abandono, es casi insoportable. Si uno o ambos de tus progenitores no estuvieron allí para ti, puede quedar un vacío profundo en tu corazón que podría influir en cómo crías a tus propios hijos. Para la mujer cuyo esposo la ha abandonado, mi corazón está contigo. He aconsejado a innumerables mujeres que han sido descartadas sin piedad por su cónyuge. A veces, el abandono es por otra mujer. A veces es por la recaída en una adicción. Y, tristemente, más a menudo de lo que quisiera recordar, a veces el abandono se debe al suicidio, la forma máxima de rechazo a la que una esposa debería enfrentarse y, en especial, para los hijos.

Si te estás recuperando de la traición de una amiga, o te encuentras en un lugar recogiendo los pedazos después de un abandono, por favor, tienes que saber que no estás sola, amiga. Vivimos en un mundo roto. El pecado acecha a la puerta del corazón, listo para arruinar vidas y destruir familias. El dolor del rechazo cala profundamente. Jesús entiende tu aflicción. Él también la experimentó y está contigo en tu dolor. Para confortar tu corazón, tómate un momento para meditar en estas palabras de Hebreos 4:14-16:

> Por tanto, teniendo un gran sumo sacerdote que traspasó los cielos, Jesús el Hijo de Dios, retengamos nuestra profesión. Porque no tenemos un sumo sacerdote que no pueda compadecerse de nuestras debilidades, sino uno que fue tentado en todo según nuestra semejanza, pero sin pecado. Acerquémonos, pues, confiadamente al trono de la gracia, para alcanzar misericordia y hallar gracia para el oportuno socorro.

Dios envió a Su Hijo a un mundo quebrantado por el pecado. Mientras Jesús vivía en la tierra, conoció el dolor. Experimentó el sufrimiento del rechazo, la pérdida y la tristeza. Fue incomprendido, se burlaron de Él y lo rechazaron. Cuando Dios te pide que tomes tu cruz y lo sigas, recuerda que Jesús camina contigo y te ayuda a llevar el peso.

En el Antiguo Testamento, cuando el rey David estaba en su punto más bajo, ¡describió su experiencia de una manera tan dulce! «Tú llevas la cuenta de todas mis angustias y has juntado todas mis lágrimas en tu frasco; has registrado cada una de ellas en tu libro» (Salmo 56:8, NTV).

Jesús te ve dar vueltas y vueltas, tratando de dormir. Conoce la profundidad de tu dolor. Y ninguna de tus lágrimas pasa desapercibida ante nuestro Salvador, que las recoge en Su botella. Y un día, en el tiempo de Dios, Él usará todo tu dolor para un bien mayor del cual no sabes nada aún. Pero te prometo que es bueno. Confía en el proceso. Apóyate en Cristo en medio de la agonía. Confía en Sus Palabras y deja que Su Espíritu sane tu alma herida.

A lo largo de los siglos, los siervos de Dios han soportado el rechazo y la tristeza. Cuando otros te vituperan, Su Espíritu está allí para consolarte. Y Dios, en Su bondad, envía a Su pueblo para confortarte, ofrecerte Su sabiduría y llorar contigo.

Me encantan las palabras escritas por el apóstol Pablo para animar a un afligido Timoteo: «Deseando verte, al acordarme de tus lágrimas, para llenarme de gozo» (2 Timoteo 1:4). A veces, la mejor manera de consolar a un amigo herido es decir: «Te veo. Recuerdo tus lágrimas. Estoy llorando contigo».

MARÍA NECESITABA UNA AMIGA

María no era diferente. Necesitaba una amiga, una confidente, una mentora piadosa que le brindara apoyo amoroso. Y me imagino que María necesitaba a alguien que le creyera. En Su plan providencial, Dios ya había preparado a Elisabet como la persona a quien usaría para levantar el ánimo de la joven María en su momento de necesidad.

Leamos el relato de esta bendita ocasión. Lucas comienza diciendo: «En aquellos días, levantándose María, fue de prisa a la montaña, a una ciudad de Judá; y entró en casa de Zacarías, y saludó a Elisabet» (Lucas 1:39-40).

Un poco de contexto por si no lo sabes: Zacarías, el sumo sacerdote, había sido informado por un ángel que su esposa estéril, Elisabet, concebiría un hijo. Al responder Zacarías al principio con incredulidad, el ángel le dijo que quedaría mudo hasta que naciera el bebé.

Esto significa que la pareja de edad avanzada había tenido recientemente su propio encuentro con el anuncio angelical de la concepción milagrosa inminente de Elisabet. El ángel se apareció a Zacarías, no a Elisabet. Por lo tanto, me imagino que ella tuvo que elegir creer la historia de su esposo, aunque el ángel nunca se le apareció a ella. Algo similar a cómo, al principio, Gabriel se apareció solo a María y no a José, ¿verdad?

Aunque la Biblia nunca dice que Elisabet tuviera dificultad en creer lo que Zacarías había dicho, supongo que tuvo que ejercer fe para creer que su cuerpo envejecido fuera capaz siquiera de concebir.

Observa lo que sucedió cuando María entró en casa de Elisabet:

> Y aconteció que cuando oyó Elisabet la salutación de María, la criatura saltó en su vientre; y Elisabet fue llena del Espíritu Santo, y exclamó a gran voz, y dijo: Bendita tú entre las mujeres, y bendito el fruto de tu vientre. ¿Por qué se me concede esto a mí, que la madre de mi Señor venga a mí? Porque tan pronto como llegó la voz de tu salutación a mis oídos, la criatura saltó de alegría en mi vientre. Y bienaventurada la que creyó, porque se cumplirá lo que le fue dicho de parte del Señor. (Lucas 1:41-45).

¿Puedes imaginar el alivio y la alegría que sintió María cuando Elisabet la recibió con esas palabras de confirmación? ¡Elisabet sabía la verdad! Amaba a María, creía en su historia y celebraba lo que el Señor había hecho.

Después de escuchar las palabras de aliento de Elisabet, María pronunció en oración un glorioso cántico de alabanza conocido como el Magníficat de María. Estas son las palabras iniciales:

> Engrandece mi alma al Señor; y mi espíritu se regocija en Dios mi Salvador. Porque ha mirado la bajeza de su sierva; pues he aquí, desde ahora me dirán bienaventurada todas las generaciones. Porque me ha hecho grandes cosas el Poderoso; Santo es su nombre, y su misericordia es de generación en generación a los que le temen (versículos 46-50).[4]

La Biblia afirma que María se quedó con su prima aproximadamente tres meses.¡Qué dulce tiempo debieron de disfrutar juntas mientras sus bebés crecían en sus vientres!

Tengo quince nietos. Ya lo sé. ¡Somos bendecidos! De todos modos, con tantos nietos naciendo en nuestra familia en un período tan corto, en varias ocasiones dos o más de nuestras hijas y nueras estaban embarazadas al mismo tiempo. Era divertido escucharlas compartir sus experiencias de embarazo, hacer preguntas y comparar notas sobre el desarrollo de sus bebés.

Elisabet y María no habrían sido diferentes. Ambas mujeres estaban embarazadas por primera vez, así que sin duda habrían disfrutado dulcemente de la compañía y de las experiencias compartidas. ¡Imagina a Elisabet tomando la mano de María y permitiéndole sentir el pie del bebé Juan pateando en su vientre! ¡Qué alegría debieron de compartir ambas mujeres durante esos tres meses juntas!

Probablemente oraban juntas. Y no tengo duda de que lo hacían por sus bebés.

Cuando se acercaba el momento de que Elisabet diera a luz a su hijo Juan el Bautista, María regresó a su casa. Y Dios, en Su perfecto tiempo, también envió un ángel a visitar a José. Mateo 1:20-21, 24-25 da los detalles:

> Y pensando él en esto, he aquí que un ángel del Señor le apareció en sueños y le dijo: José, hijo de David, no temas recibir a María tu mujer, porque lo que en ella es

> engendrado, del Espíritu Santo es. Y dará a luz un hijo, y llamarás su nombre JESÚS, porque él salvará a su pueblo de sus pecados... Y despertando José del sueño, hizo como el ángel del Señor le había mandado, y recibió a su mujer. Pero no la conoció hasta que dio a luz a su hijo primogénito; y le puso por nombre JESÚS.

Y ahí lo tienes. La prueba de que Dios es realmente Aquel que puede convertir lo que parece imposible en algo posible. En el momento adecuado, Dios obró en el corazón de José. Esto nos recuerda que, a veces, la mejor respuesta en nuestras circunstancias dolorosas es esperar y confiar en Dios. Esperar y apartarse de la situación, pasar tiempo con una mujer mayor piadosa en oración, reflexión y consejo bíblico, podría muy bien hacer mucho más para resolver tus circunstancias aparentemente imposibles que cualquier cosa que puedas hacer por ti misma.

Sé que esto es difícil de escuchar. Esperar a que el Señor obre en el corazón de otra persona significa soltar la situación. Si intentas tomar el control haciendo comentarios manipuladores o llevando a cabo actos de coerción, no cambiarás el corazón de la otra persona. De hecho, actuar así empeorará sin duda la situación. Solo Dios puede transformar un corazón. Así que la próxima vez que estés lidiando con sentimientos de rechazo o con una injusticia, recuerda el ejemplo de María. Confía en que Dios obre en tu circunstancia aparentemente imposible. Busca a una mujer mayor y piadosa, y acude a ella en busca de consuelo, oración y consejo.

LAS MUJERES MAYORES SABEN COSAS

Siempre digo: «Las mujeres mayores saben un montón de cosas», y este es, por cierto, el nombre de mi podcast.[5] La sabiduría que las mujeres mayores pueden ofrecer es precisamente la razón por la que Dios les da instrucciones de entrenar a las más jóvenes.[6] Cree a esta mujer mayor: nuestra generación ha aprendido un par de cosas en el camino. Hemos visto a Dios obrar cuando las circunstancias parecían imposibles. Hemos aprendido a reconocer Su mano providencial en los altibajos de la vida. Y hemos descubierto Su carácter de maneras que nunca habríamos conocido de no haber experimentado nuestras luchas.

¿He cometido errores? Por supuesto que sí. Pero esos errores solo son útiles si permito que Dios los use para humillarme, moldear mi carácter y entrenar a la próxima generación. Enseño de manera más poderosa a partir de mis fracasos que de mis éxitos. El deseo de Dios es que las mujeres mayores sean semejantes a Cristo y estén ansiosas por verter su sabiduría en las mujeres más jóvenes, en lugar de conformarse con pasar sus años de retiro en placeres egoístas.

Si necesitas mujeres mayores así en tu vida, existen. Y así como María acudió a Elisabet, tú tienes la responsabilidad de ir y buscar una mentora piadosa. Únete a los estudios bíblicos con las abuelitas de cabello canoso. Escucha cómo comparten lo que Dios les está enseñando. Aprende de ellas cuando reflexionan sobre sus arrepentimientos. Conviértete en su amiga.

Mientras escribo esto, mi amiga y mentora de toda la vida, Gayle, acaba de llamar para preguntar si ella y su esposo pueden pasar el fin de semana con nosotros. Conocí a Gayle cuando tenía veintitantos años. Era una joven esposa que necesitaba una consejera piadosa. Gayle se convirtió en mi amiga. Luego se convirtió en mi mentora cuando me invitó a estudiar la Biblia con ella. Cuando me convertí en madre, Gayle fue mi madre en la fe. Ahora que es octogenaria (¡seguro que le encanta que les haya dicho su edad!), Gayle sigue siendo una guerrera de oración para mí y mi familia, una amiga profundamente amada y una confidente que ofrece consejos piadosos cuando necesito a alguien que me escuche.

Nunca subestimes el valor de una amiga mayor. En nuestra cultura enfocada en la juventud, es común, incluso en las iglesias, que las mujeres jóvenes se separen de las mayores. A menudo, hay más mujeres mayores que asisten a las clases de escuela dominical que jóvenes. Créeme, amiga: el plan de aprendizaje de Dios para ti es aprender de mujeres que van por delante de ti en el camino de la vida. Apóyate en su sabiduría. Al hacerlo, crecerás de maneras que nunca imaginaste.

Las amistades que hice con las mujeres mayores que me guiaron como joven esposa y madre me expusieron a un entrenamiento que no se encuentra en un libro de autoayuda ni en una clase de crianza. Y sé que esto también será cierto para ti. Pero, como dije, no esperes que estas mujeres mayores vengan a buscarte. Convierte en tu misión acercarte a mujeres que amen a Jesús y Su Palabra. Observa cómo aman a sus esposos, escucha cómo hablan a sus hijos y aprende de sus valiosas experiencias. Serás inspirada, desafiada y fortalecida de maneras que no puedo describir ni por asomo.

MÁS SOBRE MARÍA

¿Qué movió a Dios a confiarle a María el ministerio de ser la madre de Su Hijo unigénito? La Biblia revela mucho sobre esta joven mujer; veamos más de sus cualidades y cómo podemos aplicarlas a nuestra propia vida.

María era virgen

María vivió en obediencia a la ley de Dios manteniéndose sexualmente pura. Cientos de años antes, el profeta Isaías había proclamado que el Mesías prometido sería concebido milagrosamente por una virgen. Cuando se acercó el momento del nacimiento del Hijo de Dios, la pureza de María la convirtió en una mujer que Dios podía escoger para cumplir Su gran plan. Es increíble considerar cómo María podría haber perdido este honorable llamado si hubiera perdido su pureza por indiscreciones juveniles.

¿Alguna vez has pensado en cómo la inmoralidad podría impedirte ser un instrumento de honor para el uso del Maestro? La pureza sexual siempre ha sido el deseo de Dios para quienes lo siguen. Como lo era en los tiempos antiguos, sigue siendo así hoy: caminar en pureza es un componente vital para convertirse en una mujer que Dios pueda usar para influir poderosamente en su generación para Cristo.

> Caminar en pureza es un componente vital para convertirse en una mujer que Dios pueda usar para influir poderosamente en su generación para Cristo.

Dios te salvó para buenas obras que Él preparó de antemano, y nada le gustaría más a Satanás que robar, matar y destruir los buenos planes que Dios tiene para tu vida (ver Efesios 2:10 y Juan 10:10). Al pedirle al Señor que te guíe en tu ministerio de maternidad, es absolutamente esencial que te mantengas sexualmente pura. En otro capítulo hablaremos más sobre el valor que Dios otorga a la pureza; por ahora, veamos otra de las valiosas cualidades del carácter de María.

María conocía la Palabra de Dios

Tras el anuncio del ángel, me asombra lo rápido que María eligió obedecer al Señor. ¿Qué la preparó para dejar de lado voluntariamente la seguridad de su vida ordenada a cambio de obedecer a Dios?

María y la mayoría de las jóvenes judías habrían conocido la profecía de Isaías de que un día una virgen concebiría y daría a luz a un hijo (Isaías 7:14). La capacidad de María para reconocer el llamado de Dios probablemente provino de su conocimiento de las Escrituras.

> Como madre, si deseas que tus decisiones estén guiadas por el Señor, debes estar familiarizada con Su Palabra. Es esencial que decidas ser una mujer que estudia la Biblia para desarrollar el valor de seguir la guía del Señor: «Lámpara es a mis pies tu palabra, y lumbrera a mi camino».[7]

María ejemplificó una confianza valiente en Dios que nos invita a reflexionar sobre nuestra propia vida de fe. Dio un paso audaz hacia lo desconocido cuando valientemente dijo sí a la invitación de Dios de ser la madre de Jesús. Su confianza inquebrantable en Su plan demostró un coraje profundo que hoy sigue resonando.

Al afrontar los desafíos de la vida y dar pasos de fe, inspírate para responder con coraje y confianza similares en Dios. Recuerda que Sus propósitos y Sus planes no pueden ser frustrados. Inspírate para dar pasos de confianza y total dependencia de Dios, quien te equipará para el llamado que susurra a tu corazón. De esta manera, te convertirás en un vaso de honor, de esperanza y de fe transformadora que hace posible lo aparentemente imposible.

LECCIONES DE VIDA

¿Qué es lo que más te ha llamado la atención de la vida de María?

Si alguna vez has sido mal juzgada por un ser querido o por una amiga, puedes comprender las heridas de ser ignorada o dejada de lado. Para recibir ánimo, busca las siguientes Escrituras y escribe lo que aprendes sobre el corazón de Dios por ti cuando te sientes sola y desanimada:

Salmo 27:10

Isaías 49:15-16

Romanos 8:38-39

Para ver las enseñanzas de Rhonda sobre este capítulo, usa el siguiente código QR o enlace:

https://www.rhondastoppe.com/moms-of-the-bible-book/

CAPÍTULO 4

LA INFLUENCIA INESPERADA DE UNA MADRASTRA

Ester

ESTER 2-4

Ester se encontró en el último lugar donde esperó encontrarse ese día: la arrancaron de las calles y la subieron a un carro. Se vio hombro con hombro con otras mujeres que no conocía de nada, y estaban allí apretadas como sardinas. Había salido a recoger un pan para que su amado tío lo disfrutara junto con la cena, y entonces ocurrió. ¿Por qué había sido interrumpida tan abruptamente? ¿Y cómo iba a liberarse de su situación?

Me pregunto si pensaría: *Mi tío Mardoqueo no tendrá ni idea de a dónde he ido. ¿Cuánto tiempo pasará antes de que se dé cuenta de que quizá no vuelva nunca*?

Las demás mujeres persas en el carro real parecían más informadas sobre su destino. Una susurró: «Escuché que el rey está buscando una nueva esposa. ¿Creen que estamos entre las que él elegirá?».

«¿Esposa? Espera, ¿qué?». A Ester le habría resultado difícil comprenderlo. Jerjes era un rey persa. Seguramente estaría buscando una esposa persa para llevar la corona de la reina Vasti. Quizá pensó: *Él quiere una esposa persa, no una judía, ¿verdad?*

Todo el reino había oído cómo Vasti había sido destronada. Cuando la noticia llegó a Ester, ¿sentiría lástima por la reina? Por los chismes del pueblo, Ester debió de enterarse de que, al final de un banquete de seis meses de borracheras, el rey Jerjes había exiliado a la reina Vasti por negarse a presentarse ante él y sus amigos. ¿Se sonrojaría Ester cuando alguien le explicó: «Escuché que el rey Jerjes quería que Vasti apareciera desnuda, portando solo su corona»?[1]

Si esto fuera cierto, Ester podría haber admirado el valor de Vasti al enfrentarse a su esposo borracho y enfurecido. Sin embargo, Vasti no solo se opuso a Jerjes; defendió a todas las esposas representadas por sus maridos ebrios en la fiesta del rey. De hecho, fue la presión de esos mismos hombres la que llevó al rey a firmar un edicto irrevocable para desterrar a la reina para siempre. Los hombres afirmaron: «No solamente contra el rey ha pecado la reina Vasti, sino contra todos los príncipes, y contra todos los pueblos que hay en todas las provincias del rey Asuero. Porque este hecho de la reina llegará a oídos de todas las mujeres, y ellas tendrán en poca estima a sus maridos… y habrá mucho menosprecio y enojo» (Ester 1:16-18).

Como el rey Jerjes era notoriamente cruel y malvado, la gente del reino podría haberse sorprendido cuando se limitó a desterrar a Vasti, en lugar de ordenar su ejecución. *¡Qué lío!*, podría haber pensado Ester. *Con todos los lujos y la autoridad que disfrutaba esta pareja poderosa, sus vidas eran demasiado tumultuosas.* Ester también habría estado al tanto de la cruel y asesina reputación del rey y no habría podido ignorar su notoriedad como mujeriego implacable.

¿Por qué querría alguna mujer casarse con él? Ester no querría formar parte de ese drama.

En los tiempos en que Ester soñaba con su futuro, verse atrapada en un retorcido concurso de belleza para beneficio del rey estaba muy lejos de su mente. Ni siquiera era persa; era judía. Seguramente los oficiales del rey la dejarían regresar a casa una vez que se dieran cuenta de que era israelita. ¿O no?

¡Oh, cómo deseaba Ester poder consultar a su sabio y querido Mardoqueo! Lo llamaba tío, pero en realidad era su primo y su tutor. Cuando era joven, ambos progenitores de Ester habían muerto. Mardoqueo la acogió y la crio como a su propia hija. Era su padre adoptivo, uno amoroso y atento. Confiaba en Mardoqueo y lo amaba profundamente. En Ester 2:20 se nos revela que, incluso siendo adulta, «Ester hacía lo que decía Mardoqueo, como cuando él la educaba».

¿Cómo podría Ester avisar a Mardoqueo que no regresaría a casa esa noche, o probablemente ninguna otra noche? Una gran angustia debió de invadirla mientras viajaba en el carro lleno de bellezas persas.

Las noticias viajaban rápido en el reino, así que cuando se vio a Ester siendo secuestrada por los hombres del rey, alguien se apresuraría sin duda en dar la noticia a Mardoqueo. Él estaría al tanto de que el rey buscaba nueva esposa. ¿Habían visto a su hermosa Ester y se la habían llevado? Podemos estar seguras de que estaba extremadamente preocupado, y su mente debió de llenarse de pensamientos sobre cómo podría ayudarla.

Mientras el carro se dirigía hacia el palacio, Mardoqueo se apresuró hacia el patio del rey, esperando poder verla. ¡Si tan solo pudiera aconsejarla! ¿Se recriminaba a sí mismo, pensando: *¿Por qué no la preparé para esta posibilidad? Debí de haberle aconsejado mantener en secreto su herencia judía. Debo advertir a Ester.*

Los historiadores revelan que este período de la historia registra las primeras actividades antisemitas reales llevadas a cabo por los persas, quienes despreciaban a los judíos.[2] En tiempos antiguos, los israelitas se habían enfrentado a ataques y a la esclavitud por parte de las naciones gentiles circundantes. Pero, por lo general, esas naciones estaban motivadas por la codicia de conquista, privilegio y poder. No sentían afecto por el pueblo que conquistaban, y mucho menos por los judíos. Si la verdadera identidad de Ester se descubría, a Mardoqueo no le resultaría difícil imaginar lo que estaría en juego.

En ese momento de la historia, los persas mantenían fuertes prejuicios contra los judíos que permanecían en Persia después de que muchos hubieran regresado a su tierra natal. Tras años de cautiverio babilónico y luego persa, los judíos que se quedaron disfrutaban de relativa comodidad, con cierta libertad y algunos incluso acumulaban una riqueza significativa. Aunque habrían tenido más libertad en Israel, su tierra natal, para muchos, su comodidad y sus posesiones acumuladas hacían que la perspectiva de abandonar Persia fuera poco atractiva, de modo que se quedaron.

Sin embargo, los judíos que permanecieron en Persia pagaron un precio:

> En el siglo V a.C., algo insidioso se estaba gestando en el reino más poderoso del mundo de la época, que tendría un impacto continuo y duradero sobre el pueblo, la nación y la tierra de Israel. Surgió el primer intento registrado de aniquilar al pueblo judío mediante un genocidio sistemático en el Imperio Persa. Nació el antisemitismo, el odio hacia los judíos por ser judíos, que incluye toda hostilidad, prejuicio y discriminación hacia ellos.[3]

Celosos de la creciente riqueza y del estatus del pueblo judío, los persas eran, cuando menos, poco amistosos con sus vecinos hebreos. Aunque el rey parecía tener menos prejuicios, había altos funcionarios que despreciaban a los judíos. Un hombre en particular tenía la atención del rey: Amán. Él no ocultaba su odio hacia Mardoqueo. De haber sabido Amán que Ester era su amada sobrina, no podía imaginar siquiera la crueldad de la que habría sido objeto. Para ayudarte a comprender la gravedad del prejuicio de Amán hacia Mardoqueo, a continuación tienes el extracto de una conversación entre Amán, su esposa y sus amigos:

> [Y Amán añadió:] «Sin embargo, nada de esto me satisface mientras vea al judío Mardoqueo sentado a la puerta del rey». Su mujer Zeres y todos sus amigos le dijeron: «Haz que se prepare una horca de 50 codos (22.5 metros) de alto, y por la mañana pide al rey que ahorquen a Mardoqueo en ella; entonces ve gozoso con el rey al banquete». Y el consejo agradó a Amán, y mandó preparar la horca (Ester 5:13-14, NBLA).

EL ANTIGUO PROBLEMA DEL RACISMO

¿Has experimentado tú o tu familia algún tipo de prejuicio? Tristemente, el corazón del ser humano es capaz de actos atroces hacia otros, simplemente por sus diferencias raciales.

Mi primera percepción del impacto que el prejuicio puede tener en un niño llegó después de que nos mudáramos recientemente a un estado del sur. Crecí en un estado con gran diversidad cultural y tenía muchas amigas de diferentes orígenes raciales. Mi hija era la única niña caucásica en su clase del jardín de infancia, así que también disfrutaba de amistades diversas.

Al mudarnos, mi esposo consiguió trabajo como pastor de jóvenes. Una noche, organizamos una búsqueda del tesoro llamada *Bigger and Better* [Más grande y mejor]. Antes de enviar a los adolescentes a jugar, expliqué: «Cada equipo debe tocar la puerta de alguien, mostrarles el objeto que tienen y ver si están dispuestos a cambiarlo por algo más grande o mejor».

En uno de los equipos había tres hermanos grandes, jugadores de fútbol americano, que comenzaron a reír. Uno dijo: «¿Quieres que llamemos a la puerta de la gente y les pidamos cosas?».

Respondí: «Sí, así es como funciona el juego».

Los chicos señalaron: «¡Somos negros!».

Yo contesté: «Lo sé. ¿Qué tiene eso que ver?».

Uno de los hermanos explicó: «Si los tres nos acercamos juntos a una puerta pidiendo cosas, ¡van a llamar a la policía!».

Intenté tranquilizarlos, pero nuestro hijo Tony, que era el mejor amigo de estos chicos, me detuvo para confirmar sus preocupaciones. Tony me aconsejó: «Dividamos los equipos para que sean más diversos».

Me quedé perpleja al darme cuenta de que estos chicos siempre debían ser conscientes de cómo otros podrían malinterpretarlos simplemente por el color de su piel. Me sentí avergonzada al comprender que no había entendido del todo la profundidad del prejuicio que algunos de nuestros estudiantes experimentaban a diario.

Steve y yo nos propusimos enseñarles a nuestros adolescentes que todos somos portadores de la imagen de nuestro Creador. Trabajamos para que nuestro grupo, diverso en raza y cultura, comprendiera cuánto los valora Dios, enfatizando que Él los ama a todos. A través de nuestro ejemplo y de la enseñanza de las Escrituras, procuramos demostrar que el amor de Dios, derramado en nuestros corazones, debe reflejar Su amor incondicional por cada persona, «porque en Dios no hay acepción de personas» (Romanos 2:11, NBLA).

NO HAY NADA NUEVO BAJO EL SOL

El hombre más sabio que haya existido jamás afirmó: «¡No hay nada nuevo bajo el sol!» (Eclesiastés 1:9, NVI).

A lo largo de los siglos, Satanás ha trabajado incansable para sembrar el prejuicio entre las distintas personas creadas a imagen de Dios. Las Escrituras nos advierten que debemos estar alerta ante las artimañas del enemigo, porque «[nuestro] adversario el diablo, como león rugiente, anda alrededor buscando a quien devorar» (1 Pedro 5:8).

El racismo es una injusticia maligna y satánica que solo puede ser derrotada por el poder del Espíritu de Cristo que habita en nosotras. «Cada día, en una multitud de frentes de batalla, Satanás despliega armas de corrupción masiva contra nuestros hijos. La cultura moderna ha sido sistemáticamente diseñada con una agenda agresivamente anti-Dios, anti-Cristo y anti-Escritura, con la intención de corromper y consumir los corazones y las mentes jóvenes y moldeables».[4]

Para enseñar a tus hijos a rechazar los valores injustos basados en distinciones culturales o raciales, que otorgan menor valor a ciertas personas, sé tú misma un ejemplo. Pídele a Dios que te ayude a reconocer tus propios prejuicios. Arrepiéntete de las actitudes equivocadas y comprométete a amar a los demás con Su amor incondicional.

Un pastor infantil declaró: «Cada uno de estos temas es complejo y los padres y quienes sirven en el ministerio infantil tienen mucho que considerar. Pero quiero enfatizar una verdad: si queremos que nuestros hijos rechacen el pecado de la parcialidad, debemos guiarlos hacia su Salvador imparcial».[5]

Considera lo verdaderamente imparcial que es tu Salvador:

> Porque el Señor su Dios es Dios de dioses y Señor de señores; él es el gran Dios, poderoso y terrible, que no actúa con parcialidad ni acepta sobornos (Deuteronomio 10:17, NVI).

> Por eso, teman al Señor y tengan cuidado con lo que hacen, porque el Señor nuestro Dios no admite la injusticia ni la parcialidad ni el soborno (2 Crónicas 19:7, NVI).

> Dios no ve como el hombre ve, pues el hombre mira la apariencia exterior, pero el Señor mira el corazón (1 Samuel 16:7, NBLA).

Esta profunda imparcialidad se cumple maravillosamente a través de la obra consumada de Cristo en la cruz y se aplica a tu vida mediante el increíble ministerio del Espíritu Santo. ¿Puedes imaginar lo que sucede cuando realmente reconoces y te rindes a esta realidad? ¡Este entendimiento transformará tu forma de vivir y amar!

La forma en que Dios nos ve transforma nuestro modo de ver y de tratar a los demás sin importar la raza (Hechos 10:34-43; Romanos 2:9-11), el estatus económico (Santiago 2:1-10), las discapacidades (Juan 9) o cualquier influencia social o espiritual (Gálatas 2:6).

Cuando tus hijos observen cómo tu relación con Jesús te impulsa a vivir sin prejuicios hacia los demás, estarás dando un ejemplo que ellos podrán imitar, para ser también conformados a la imagen incondicionalmente amorosa de Cristo. Jesús dijo: «El discípulo no es superior a su maestro; pero todo el que haya completado su aprendizaje será como su maestro» (Lucas 6:40, NVI).

Nota que Jesús no dijo que tus hijos se convertirán en lo que tú les *digas* que sean. Más bien, al vivir mostrando amor hacia las personas y sin prejuicios, influirás en ellos para que hagan lo mismo.

Para que tus hijos vivan sin parcialidad ante su Salvador imparcial y hacia quienes los rodean, primero deben ser reconciliados con Cristo mediante Su obra redentora en la cruz. Solo entonces podrán realmente ser conciliadores con los demás. Cuando tus hijos lleguen a conocer a Jesús como su Señor y Salvador, Su Espíritu Santo morará en ellos y les enseñará a amar humildemente a otros sin favoritismo.

Piénsalo: el Espíritu del Dios Altísimo, que ama con amor perfecto, puede llenar los corazones de tus hijos tan plenamente que Su amor incondicional fluya de ellos hacia quienes los rodean.

Y este tipo de amor, hecho posible por el cambio de corazón milagroso que Dios produce en ti, sirve como evidencia de *tu* genuina relación con Cristo. Imagina cómo tus acciones sin prejuicio afectarán profundamente no solo a tus hijos, sino también a aquellos en quienes ellos influyan. Así es como se produce el verdadero cambio: un corazón, una vida a la vez transformada por el amor de Cristo.

¿NO ES PRECIOSA?

En los días de Ester, Satanás estaba ocupado provocando en los persas un odio profundo hacia el pueblo escogido de Dios, porque quería que fuera aniquilado. Si se había prometido que un Salvador vendría por medio de la descendencia de Abraham, Satanás estaba decidido a destruir el linaje del Mesías a cualquier precio. Cuando el diablo provocó el racismo contra los judíos, Ester y Mardoqueo quedaron en el punto de mira de su plan. Sin embargo, como pronto verás en la historia de Ester, lo que Satanás quiso para mal, Dios lo usó para bien, para que muchos fueran preservados con vida (ver Génesis 50:20).

Después de haber vivido toda su vida en Persia, Ester podría haber sido confundida con uno de ellos. No tendría un acento que delatara su herencia judía. Su apariencia probablemente habría sido similar a la de las demás mujeres a su alrededor. Lo que la hacía destacar era su belleza. La Biblia indica que el carácter de Ester era agradable y dice que la joven «tenía una figura atractiva y era muy hermosa» (Ester 2:7, NVI).

Las mujeres hermosas suelen saber que lo son, y Ester probablemente era consciente de su belleza. Sin embargo, su encanto no la llevó a tratar a otros como inferiores a ella. Desde luego no habría sido bienvenida en el «club de las chicas malas» del campus. La Biblia revela la humildad de Ester en cómo su amabilidad ganó el favor de Hegai, el hombre encargado de las vírgenes: «La joven le agradó a Hegai y se ganó su simpatía» (versículo 9, NVI). Incluso cuando se encontró en una situación fuera de su control, Ester nunca usó su belleza para manipular o conseguir un trato preferencial.

Un poco de contexto sobre las «reglas» del concurso de belleza: a cada mujer que era secuestrada se le daba todo lo que pidiera para hacerse atractiva al rey. Cada virgen pasaría una noche con el rey Jerjes. Pero aquí está la parte difícil: fuera o no elegida como reina, su vida dejaría de ser suya para siempre. Se convertiría en propiedad del rey, obligada a vivir el resto de su vida en la «casa segunda» del monarca (versículo 14). Imagina lo que esto significaba para las jóvenes que no eran escogidas como reina: ya no se les permitía volver con sus familias. ¿Y si algunas de estas jóvenes ya estaban comprometidas? En un solo día, sus esperanzas de «ser felices para siempre» se habían desvanecido.

Aunque pueda resultar tentador romantizar la idea de ser elegida para el harén del rey, muchas de esas mujeres pasaban solo una noche con él. Después de ese encuentro, la mayoría nunca volvía a ver al rey, después de que él les robara su virginidad. Como madre de dos hijas hermosas, me hierve la sangre al pensar en un rey que secuestra egoístamente a una de ellas, le arrebata su pureza y luego la descarta como si fuera un adorno usado.

Imagina los pensamientos que pasaban por la mente de Mardoqueo. Él conocía el ritual y era dolorosamente consciente de lo permanente que sería este secuestro en la vida de Ester. No es de extrañar que Mardoqueo caminara de un lado a otro cada día frente al patio del harén, esperando cualquier noticia sobre el bienestar de su amada sobrina. Y, al mismo tiempo, buscaba una oportunidad para enviarle un mensaje que probablemente la mantendría a salvo: «No le digas a nadie que eres judía».

LA PROVIDENCIA DE DIOS

Si nunca has leído el libro de Ester, te ruego que lo hagas. La increíble historia de cómo Dios hizo que el rey Jerjes se enamorara de Ester es un ejemplo profundamente revelador del cuidado providencial que nuestro Dios muestra hacia su pueblo.

¿Te encuentras en medio de unas circunstancias que parecen fuera de control? En distintas etapas de la vida, todas hemos pasado por ello. Incluso cuando la vida parece caótica, anímate con este recordatorio de cómo el Señor obra detrás de escena. Ester fácilmente pudo haber sentido que Dios no estaba en control.

Dios no espera que Su pueblo confíe en Él a ciegas. Más bien, a lo largo de todas las Escrituras, ofrece ejemplos de Su cuidado providencial y de Sus planes que nunca pueden ser frustrados. Cuando la vida no tiene sentido, busca consuelo y valor en la Palabra de Dios. Allí te mostrará cómo orquesta las cosas para bien. Si pudo obrar a través de las circunstancias de Ester, puede obrar también a través de las tuyas.

Cuando la vida no tiene sentido, busca consuelo y valor en la Palabra de Dios.

PARA UN MOMENTO COMO ESTE

Mientras Ester esperaba con temor su noche con el rey, no podía saber cómo Dios la estaba poniendo estratégicamente en una posición de influencia sobre un gobernante impío.

Cuando el rey Jerjes quedó cautivado por la belleza y el espíritu apacible de Ester, se sintió impulsado a convertirla en su nueva reina. Esto confirma cómo «el corazón del rey es como un arroyo dirigido por el Señor, quien lo guía por donde él quiere» (Proverbios 21:1, NTV).

Podrías pensar que la coronación de Ester como reina marcaría el final de sus problemas, pero no fue así. Poco después, el principal consejero del rey, Amán, manipuló a Jerjes para que firmara un decreto ordenando la aniquilación de los judíos. El odio de Amán hacia Mardoqueo lo consumía, y su retorcido plan para destruirlo creció hasta convertirse en un complot para exterminar a todo el pueblo de Dios: hombres, mujeres y niños, en todo el imperio.

Después de enterarse del horrible decreto, Mardoqueo hizo lamento en público, cubriéndose con cilicio y ceniza. Ester se sintió profundamente angustiada al conocer la triste muestra de dolor de Mardoqueo, por lo que envió a un siervo para indagar por su amado tío.

Cuando Mardoqueo envió un mensaje a Ester sobre la desesperada situación de su pueblo, le pidió que reuniera el valor para acudir al rey en busca de ayuda. Al principio, Ester tuvo miedo y se negó a intervenir. Pero Mardoqueo había llegado a un entendimiento claro del propósito providencial de Dios al poner a Ester en una posición real.

Me encanta cómo inspiró Mardoqueo a su joven protegida con este mensaje:

> No te imagines que por estar en la casa del rey serás la única que escape con vida de entre todos los judíos. Si ahora te quedas absolutamente callada, de otra parte vendrán el alivio y la liberación para los judíos, pero tú y la familia de tu padre perecerán. ¡Quién sabe si precisamente has llegado al trono para un momento como este! (Ester 4:13-14, NVI).

Para un momento como este. Estas poderosas palabras habrían llegado directamente al corazón de Ester. Y no solo al de ella, sino que a lo largo de los siglos el Señor ha usado la profunda declaración de Mardoqueo para penetrar en los corazones de muchos otros, inspirándolos a actuar con una fe intrépida. En los años que he seguido a Cristo, el Espíritu ha traído este versículo a mi mente incontables veces. ¿Y tú?

¿Puedes imaginar el poderoso impacto que la declaración de Mardoqueo debió de tener sobre el temeroso corazón de Ester? Qué bondadoso fue el Señor al enviar a un mentor mayor para ayudar a Ester a obtener la perspectiva de Dios sobre por qué Él la había hecho reina. De la misma manera, cuando Dios te llama a hacer cosas que dan miedo por Su reino, a menudo enviará mentores piadosos para darte una visión más clara de Su plan providencial. Y a veces, Él puede llamarte a *ti* para que seas la voz de una perspectiva piadosa para otra persona. ¿Serás tú esa voz?

La exhortación de Mardoqueo a su amada sobrina fue el llamado de atención que ella necesitaba. Su sabio consejo calmó los temores de Ester y la llenó de valor. Después de llamar a sus doncellas para ayunar y orar con ella, resolvió: «me presentaré ante el rey, por más que vaya en contra de la ley. ¡Y si perezco, que perezca!» (versículo 16, NVI).

SI MUERO, MUERO

Impresionante, ¿verdad? «Si muero, muero». ¿Cuántas de nosotras tenemos el valor de hacer una proclamación así? Aquellas a quienes el Señor inspira a andar de una manera digna de su llamamiento.

> Considera cómo la Biblia habla de otros siervos fieles de manera similar: los describe como aquellos que por la fe conquistaron reinos, hicieron justicia, alcanzaron promesas, cerraron bocas de leones, apagaron fuegos impetuosos, escaparon del filo de la espada, fueron hechos fuertes en su debilidad, se hicieron poderosos en la guerra, pusieron en fuga ejércitos extranjeros... Anduvieron cubiertos con pieles de ovejas y de cabras, pobres, afligidos, maltratados, de los cuales el mundo no era digno.[6]

¡Si tan solo obedeciéramos el llamado de Dios sobre nuestras vidas con una resolución tan inquebrantable! ¡Cómo resonará este tipo de valentía en la vida de nuestros hijos! Cuando tus hijos vean tu fe intrépida en medio de circunstancias difíciles, Dios puede inspirarlos a tener también una fe valiente, cuando llegue el momento de que ellos sean valientes para el Señor.

VALENTÍA SILENCIOSA

Patty, una querida amiga mía, falleció recientemente. «Señorita Patty», como la llamaban los niños en nuestra iglesia, era la mujer

> Cuando tus hijos vean tu fe intrépida en medio de circunstancias difíciles, Dios puede inspirarlos a tener también una fe valiente.

más dulce, tranquila y generosa. Era una mujer soltera con un presupuesto ajustado, y eligió trabajar en dos empleos para poder bendecir con generosidad a otros con regalos y apoyo. En los *baby showers* de nuestra iglesia, todos aplaudían cuando la nueva mamá abría la «Bolsa de la Señorita Patty», que solían ser varias bolsas grandes llenas de muchas cosas que el bebé necesitaba.

Todos amaban a la Señorita Patty. En su funeral, innumerables personas se levantaron para compartir historias de su amable generosidad detrás de escena. Cuando me tocó hablar, terminé diciendo: «La Señorita Patty fue verdaderamente una heroína de la fe, de quien este mundo no era digno».

A veces, la fe intrépida se manifiesta de manera silenciosa, como preparar una comida extra para un amigo enfermo cuando apenas tienes suficiente para alimentar a tu propia familia. O posiblemente, la convicción valiente se muestra en la anciana guerrera de oración que pasa noches intercediendo por personas que necesitan oración. Probablemente Dios no te llamará a hablar con reyes como lo hizo Ester, pero sí te llamará a vivir tu fe de maneras que desafíen tu zona de confort. Cuando tus hijos vean tu disposición a decir sí con valentía en momentos en los que preferirías retroceder por miedo, se inspirarán a vivir con una fe audaz.

Dios honró la valentía de Ester. El Señor preservó a Su pueblo, y el giro de los acontecimientos fue nada menos que milagroso. ¿Quieres los detalles? Lee el libro de Ester. Te digo, ¡este relato de la providencia de Dios te inspirará y transformará tu vida!

MADRASTRA, TE VEMOS

Aquí está la parte interesante, que encaja la historia de Ester en este libro sobre madres de la Biblia: la Escritura no registra que Ester haya tenido hijos propios. Sin embargo, los historiadores coinciden en que lo más probable es que Ester fuera la madrastra de Artajerjes, hijo de Jerjes, quien algún día sería su sucesor. Artajerjes habría sido criado en el mismo palacio donde vivía la reina Ester.

Esto es significativo cuando se sabe cómo, años después, el rey Artajerjes mostró compasión hacia su copero, Nehemías, cuando este pidió permiso para regresar a Sion y reconstruir Jerusalén. Artajerjes fue tan comprensivo con la situación de la tierra de Nehemías que incluso proporcionó grandes recursos para ayudar a reconstruir sus muros.

¿Fue la relación personal de Artajerjes con Nehemías lo que motivó su compasión hacia los judíos o hubo algo más? Muchos historiadores coinciden en que la influencia de Ester sobre su hijastro, Artajerjes, probablemente lo movió a sentir compasión por el pueblo hebreo de Ester. La historia del valor y amor de Ester por su pueblo no habría pasado desapercibida para su hijastro, Artajerjes.

Quise incluir en este libro la historia de Ester como madrastra valiente porque ser madrastra viene con su propio conjunto de complicaciones y desafíos intimidantes. Cuando tu hijastro no te respeta, puede ser doloroso. ¡Qué devastador es cuando le dices que haga su tarea, y él te grita en la cara: «Tú no eres mi mamá»!

Si has tenido dificultades así, no estás sola, amiga. Muchos padrastros y madrastras terminan trabajando arduamente para ganarse el amor y respeto de sus hijastros. Tengo muchas amigas que han estado en tu sitio, y he llorado con ellas mientras intercedíamos para que Dios ablandara el corazón de sus hijastros.

El mejor consejo que puedo ofrecerte es aprender del ejemplo de Ester. Su vida fue difícil; su esposo era un tirano severo, y su matrimonio no era en absoluto un cuento de hadas. Sin embargo, Ester eligió vivir una vida encantadora de obediencia a Dios. Siguió el consejo de su mentor piadoso, Mardoqueo, y se caracterizó por una integridad que su hijastro no pudo ignorar.

> Recuerda constantemente que vives para una audiencia cara a cara: Dios ve, Dios escucha, Dios tiene un plan.

Así es como puedes influir en tus hijastros. Aférrate a tu integridad, nunca hables negativamente de la madre biológica del niño. Recuerda siempre que vives para una audiencia cara a cara: Dios ve, Dios escucha, Dios tiene un plan. Él es el único que puede penetrar en el corazón de un niño resentido simplemente porque eres la esposa de su padre, sobre todo cuando ese niño desearía que sus padres biológicos siguieran todavía juntos.

Estoy segura de que ya has comprendido que no puedes obligar a tu hijastro a amarte o respetarte. Sin embargo, sí puedes mostrar cómo es amar a Dios con todo tu corazón. Puedes vivir tu fe valiente de una manera que Dios pueda usar para que ellos lleguen a respetarte. Y un día, Dios puede usar el tiempo que tu hijastro pasó contigo para influir en él o ella de maneras que superen con creces todo lo que puedas pedir o imaginar.

A lo largo de la historia, Dios ha levantado innumerables madrastras que han influido en sus hijastros para Cristo. Tu llamado es seguro: sigue a Cristo. Tu fe viene por escuchar la Palabra de Dios, lo que fortalecerá tu valor. Y sé que lo he dicho antes, pero vale la pena repetirlo: construye relaciones con mentores mayores, tal como Ester lo hizo con Mardoqueo.

Como los consejeros piadosos no están emocionalmente involucrados en tu vida, pueden ver lo que tú no ves. Las mujeres piadosas que han recorrido el camino antes que tú son una poderosa fuente de sabiduría y fortaleza.

¿Dónde las encontrarás? Únete a estudios bíblicos en tu iglesia. Escucha mientras las mujeres comparten lo que están aprendiendo. Pídele a Dios que te guíe hacia tu propio Mardoqueo, quien pueda recordarte que naciste para «un momento como este».

LECCIONES DE VIDA

¿Cuál es tu conclusión de la historia de Ester? ¿Y qué papel tan importante tuvo Mardoqueo en la vida de Ester?

Lee Tito 2:3-5. ¿Qué importancia tiene para ti tener mentores piadosos en tu propia vida?

Piensa en mentores pasados o actuales que el Señor haya puesto en tu camino. ¿Cómo te han inspirado, animado o desafiado?

La mentoría es el plan de Dios para entrenar a los creyentes más jóvenes. ¿De qué maneras estás dispuesta a asumir tu papel como mentora?

Madrastra, te vemos. Conocemos el difícil camino que recorres. Encontrar tu lugar en la vida de tu hijastro puede ser una curva de aprendizaje desafiante. Pídele a Dios que te guíe hacia una mujer mayor que haya recorrido antes que tú este rol de madrastra. ¿Qué pasos podrías tomar para encontrar a un mentor así?

Para ver las enseñanzas de Rhonda sobre este capítulo, usa el siguiente código QR o enlace:

https://www.rhondastoppe.com/moms-of-the-bible-book/

PARTE 2

MADRES IMPERFECTAS

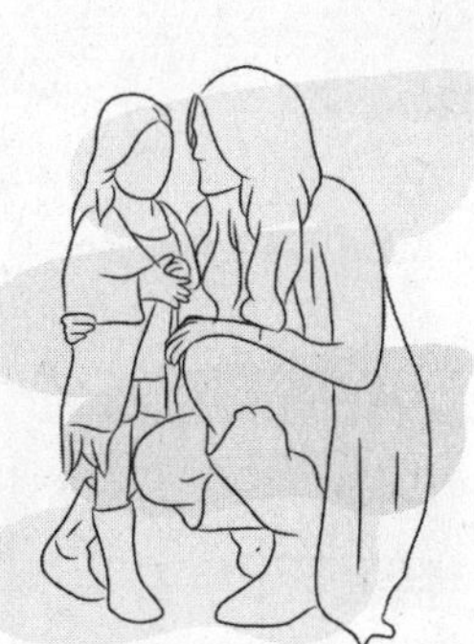

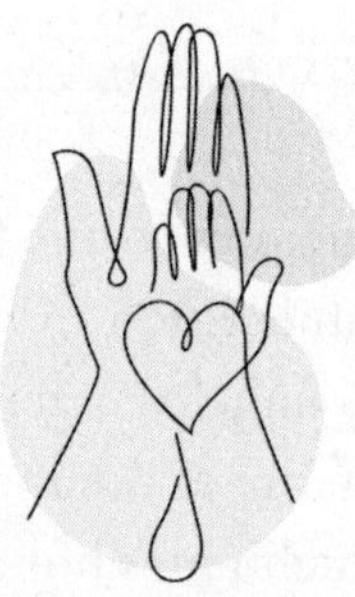

CAPÍTULO 5

LA VENGANZA QUE CONDUCE AL ARREPENTIMIENTO

Herodías

MARCOS 6:14-27

«Su cabeza en una bandeja. Pídele que te traiga la cabeza de Juan en una bandeja».

¿De verdad había aconsejado la madre de Salomé que hiciera semejante petición a su padrastro? Apenas unos momentos antes, todas las miradas estaban puestas en Salomé mientras bailaba con todo su corazón. Cada movimiento coreografiado que había ensayado fluía perfectamente de sus extremidades. A medida que la música crecía, ella misma se dejaba llevar por el ritmo. Su cuerpo se elevó a nuevas alturas en el crescendo final de la canción. Cuando Salomé mantuvo su pose final, ¿habría un momento de silencio en la sala antes de que su padrastro comenzara a aplaudir y a vitorear con fuerza? De ser así, la multitud habría seguido su ejemplo con un glorioso aplauso. ¡Sabía que lo había logrado! ¿Habría dirigido Salomé su mirada hacia Herodías, su madre, en busca de su aprobación? Si su madre había asentido con un gesto, ¿habría sentido alivio? Tal vez pensó: *Bien, mamá está complacida. No queremos disgustar a mamá.*

Lo más probable es que, desde que Salomé tuviera memoria, complacer a su madre hubiera sido su motivación principal. Los niños suelen crecer con el anhelo insaciable por la aprobación de su madre. Cuando una madre es dura, controladora o abusiva, el deseo de afirmación es mucho más hondo que la necesidad natural de seguridad del niño. Conozco a niños que huyeron de hogares de acogida seguros solo para regresar con su madre abusiva. Tal vez creciste bajo uno u otro progenitor duro y controlador. Quizás desarrollaste tendencias de agradar a la gente, impulsadas por los métodos manipuladores de tu madre. Me he preguntado qué poder tenía Herodías sobre Salomé que le daba tanta influencia sobre las decisiones de su hija.

¿Anhelaba Salomé la aceptación de su madre? ¿Había aprendido hacía tiempo que el amor de su madre dependía de su desempeño? Tal vez, cuando cumplía, su madre se mostraba complacida y llegaban las bendiciones. Pero cuando no seguía la línea trazada, las consecuencias de la ira de su madre podían ser devastadoras.

Las mujeres que han crecido bajo una madre desagradable y dominante te dirán cómo, extrañamente, las palabras de su madre dolían tanto como un maltrato físico, palabras que podían cortar hasta el alma. Y para muchos niños, recibir el trato silencioso era, de alguna manera, más doloroso que una bofetada.

Imagina a Salomé sosteniendo todavía su pose final con una sonrisa en los labios. ¿Se reprendía en secreto por haber permitido, una vez más, que la mirada controladora de su madre le robara la gloria de su momento?

El rey Herodes Antipas estaba orgulloso de la joven que lo llamaba padre. Aunque técnicamente era su tío porque el padre biológico de Salomé era medio hermano del monarca, Herodes Felipe, otro hijo de Herodes I el Grande.

El rey Herodes Antipas estaba complacido al ver la aceptación de la multitud por el baile de su hija. Era un hombre poderoso, pero su miedo y su desconfianza hacia los demás estaban tan arraigados que la historia registra la rapidez con que sus inseguridades le impulsaban a castigar y a matar brutalmente a cualquiera que percibiera como una amenaza.

Pero en ese momento, el rey Herodes estaba tan complacido con su hijastra que profirió un juramento vinculante para que todos lo escucharan: «Pídeme lo que quieras, y yo te lo daré... Todo lo que me pidas te daré, hasta la mitad de mi reino» (Marcos 6:22-23).

Salomé debió de pensar: *¿Hasta la mitad de su reino? ¿He oído bien?* Ella sabía que el rey estaba obligado a cumplir su promesa, sobre todo porque lo había jurado ante sus nobles, sus altos oficiales y los principales hombres de Galilea.

Era una oferta increíble, que Salomé no querría desperdiciar en frivolidades juveniles. Instintivamente, supo qué hacer con exactitud. Se excusó ante el rey para buscar el consejo de su madre: «¿Qué debo pedir?».

Si tú hubieras estado en la posición de Salomé, ¿qué le habrías solicitado al rey? ¿Riquezas? ¿Fama real? Si el cielo hubiera sido el límite, solo puedo imaginar lo que yo habría pedido.

En la imaginación más salvaje de Salomé, me pregunto si alguna vez esperó escuchar la macabra respuesta de su madre: «La cabeza de Juan el Bautista». La Biblia no nos dice cómo se sintió Salomé respecto a la petición de su madre. Sin embargo, sí muestra cómo ella fue de inmediato al rey y le pidió: «Quiero que ahora mismo me des en un plato la cabeza de Juan el Bautista» (Marcos 6:25).

Me he tomado cierta libertad creativa al imaginar los detalles de la relación entre Salomé y su madre. Comprender la relación maternofilial ayuda cuando intentamos entender por qué esta joven pudo haber confiado en su madre hasta el punto de pedir su opinión sobre qué solicitar al rey.

La historia registra lo malvada que era Herodías.[1] Es imposible que Salomé desconociera la reputación malvada de su madre. Herodías era una mujer corrupta que se había divorciado de su esposo, el rey Herodes Felipe, para casarse con el hermano de este, el rey Herodes Antipas.

Denominar esta indiscreción como acto pecaminoso es lo que llevó a Juan el Bautista a la cárcel. La osadía de Juan al predicar contra el pecado de Herodes y Herodías enfureció a la pareja. Es interesante observar cuánto se puede enojar una persona cuando se la enfrenta con su pecado. Si el individuo no está dispuesto a arrepentirse y entregarse a Jesús, quienes se atrevan a oponerse a sus decisiones impías se perciben con frecuencia como enemigos. Aunque la persona culpable podría reflexionar sobre su pecado y sentirse convencida, también puede hacer lo contrario y dirigir su ira hacia quien señaló su pecado. Así respondió Herodías a Juan el Bautista.

Quizás te hayas encontrado en una situación similar. Como esposa de pastor, ha habido ocasiones en las que necesitaba explicarle a una joven cómo su pecado sexual es una ofensa a su Salvador. En algunos casos, la persona se siente aliviada de que alguien se haya preocupado lo suficiente como para abordar su estado pecaminoso, y se siente deseosa de dar pasos hacia el arrepentimiento. Sin embargo, otros se ofenden, aunque se aborde el asunto con amor; se sienten atacados y responden con resentimiento, incluso con ira.

PREOCUPARSE LO SUFICIENTE COMO PARA CONFRONTAR

Antes de confrontar a alguien, es buena idea considerar tus palabras en oración. ¿Has establecido una relación de amor con esa persona? Cuando te preocupas lo suficiente como para confrontar, hazlo de manera amable y llena de gracia. Pero incluso cuando lo hagas, no te sorprendas si tus palabras no son bien recibidas.

Es desgarrador ver a alguien que amas rechazar un consejo piadoso que podría evitar que continúe por un camino autodestructivo. Es más agonizante cuando la persona se vuelve contra ti, alegando que tu confrontación fue cruel y juzgadora. Incluso puede bloquearte de su vida, y esto duele profundamente.

Confrontar la inmoralidad sexual no es fácil, especialmente en la cultura permisiva de hoy. Cuantas más perversiones sexuales acepta la cultura, más tentados están los padres a racionalizar: «Bueno, solo están teniendo relaciones entre ellos. Al menos no participan en todas esas otras cosas perversas que hay por ahí».

Incluso dentro de la iglesia hoy en día, se nos dice que confrontar la infidelidad es juzgar, lo que lleva a algunos cristianos a permanecer en silencio. Por miedo a ser anulados o a perder amistades, algunos creyentes se callan cuando alguien a quien aman está inmerso en la inmoralidad.

El apóstol Pablo es nuestro ejemplo de cómo debemos instar a los creyentes a la pureza. Por ejemplo, consideremos cómo los cristianos en Corinto habían tolerado el comportamiento inmoral de un miembro. Eso hizo necesario que Pablo escribiera una carta de firme reprensión y corrección (ver 1 Corintios 5:1).

A veces, una persona que está en pecado está más dispuesta a escuchar a alguien que no conoce. Cuando hablo en colegios cristianos e imparto conferencias para jóvenes adultos, soy una persona externa que no sabe nada de sus vidas. De algún modo, esto puede motivar a los jóvenes a escuchar con más atención cuando enfatizo cómo Dios desea que Sus seguidores caminen en pureza sexual.

Cuando describo cómo las decisiones tomadas durante esta etapa de la vida tendrán consecuencias duraderas, los jóvenes parecen dispuestos a escuchar. Al hablar de pureza sexual, explico con urgencia: «Si estás teniendo relaciones sexuales con alguien y te llamas cristiano, estás ahogando la obra del Espíritu Santo en tu vida». En 1 Tesalonicenses 5:19 se nos advierte: «No apaguen el Espíritu» (NVI).

Los cristianos llenos del Espíritu Santo reciben celo, pasión y poder para caminar en obediencia en los mandamientos de Dios.

Sin embargo, debemos tener cuidado de no apagar este fuego sagrado. De la misma manera que podrías apagar una fogata cuando estás a punto de irte, tú y yo podemos sofocar al Espíritu si no tenemos cuidado. Entregarse a deseos carnales y afectos mundanos o centrar nuestra mente en placeres terrenales ciertamente apagará al Espíritu Santo.

Bien, acompáñame ahora. Sé que esta ha sido una explicación extensa, pero vale la pena comprenderla claramente: un cristiano que elige entregarse al pecado sexual (o a cualquier otro pecado habitual) pierde los beneficios de estar lleno del Espíritu.

No estoy diciendo que el Espíritu Santo abandone a la persona; eso no ocurre con alguien verdaderamente salvo. Sin embargo, elegir rebelarse contra Dios por medio de la infidelidad es como echar agua sobre el fuego dentro de tu alma. Esto significa que no solo se suprimirá su pasión por Cristo, sino que su pecado desenfrenado avivará aún más los deseos mundanos.

Como explica el comentario, Dios ilumina y guía a Sus seguidores por el camino que Él ha planeado para ellos, un camino que conduce a la vida y a la paz. Lee cómo lo expresa el apóstol Pablo: «Porque el ocuparse de la carne es muerte, pero el ocuparse del Espíritu es vida y paz» (Romanos 8:6).

MOTIVACIÓN QUE IMPORTA

¿Cómo puedes tú, como madre, enseñar a tus hijos la importancia de la pureza sexual? Tomemos un momento para sentar las bases de esta conversación. Cuando le adviertes a tu hijo sobre las consecuencias de la inmoralidad sexual, entiende que no solo estás tratando de motivarlo a comportarse por el bien de su reputación o la tuya.

Intentar cambiar el comportamiento de tu hijo basándote en el temor al hombre solo lo llevará a la rebelión. Y aunque la obediencia al plan de Dios para el sexo dentro del pacto del matrimonio ayudará a tu hijo a evitar cicatrices emocionales, un embarazo no planeado o enfermedades de transmisión sexual, tampoco es el motivo supremo para la obediencia.

Más bien, quieres ayudar a tu hijo a darse cuenta de que su pecado le costará la dirección misma del Espíritu de Dios. Considera esto: si tu hijo apaga al Espíritu participando en la inmoralidad sexual, su cuerpo y sus deseos guiarán su proceso de toma de decisiones.

Apagar al Espíritu significa renunciar a la sabiduría necesaria para discernir si la persona de la que cree estar enamorado es alguien con quien Dios querría que se casara. Ser dirigido por el Espíritu en una de las decisiones más importantes de la vida es el modo en que tu hijo o hija puede saber si la persona que le atrae es un/a verdadero/a creyente capaz de amar con el amor incondicional de Dios, porque solo los creyentes nacidos de nuevo pueden amar con el amor desinteresado de Dios, el amor ágape.

Cuando los niños son pequeños, no suelen comprender cómo tener una relación con un cónyuge piadoso puede ser el pegamento que mantiene unido su matrimonio en medio de los altibajos de la vida. Como progenitora, eres responsable de enseñarles a tus hijos el *porqué* del subyacente al mandato de Dios de vivir rectamente en sus relaciones amorosas. Aunque este consejo no siempre sea bien recibido y tus amonestaciones puedan generar resentimiento, amar a tus hijos significa ayudarlos a comprender cómo el Señor los está protegiendo al llamarlos a vivir moralmente puros en todos los aspectos de sus vidas.

Amar a tus hijos significa ayudarlos a comprender cómo el Señor los está protegiendo al llamarlos a vivir moralmente puros en todos los aspectos de su vida.

NO MATEN AL MENSAJERO

El odio de Herodías contra Juan el Bautista surgió porque Juan le decía a Herodes: «"No te es lícito tener a la mujer de tu hermano".

Y Herodías le guardaba rencor y quería matarlo. Pero no podía, porque Herodes temía a Juan y lo protegía, pues sabía que era un hombre justo y santo» (Marcos 6:18-20, NVI).

A partir de entonces, Herodías esperó el momento oportuno para forzar la mano de Herodes y ejecutar a Juan el Bautista. ¿Ya le habría comunicado a su hija cuán profundamente despreciaba la condena y el juicio que había recibido de él? ¿Sería esto lo que llevó a Salomé a responder con tanta facilidad al impulso de su madre?

Cuando Salomé buscó el consejo de su madre sobre qué pedirle al rey, Herodías se dio cuenta de que era la oportunidad que había estado esperando. Sin vacilación ni consideración de cómo esta solicitud egoísta y malvada podría privar a su hija de cualquier otra recompensa que pudiera obtener del rey, Herodías proclamó: «¡La cabeza de Juan el Bautista!».

Las Escrituras registran que Salomé corrió de inmediato junto al rey para exigir la decapitación con este grotesco ultimátum: «Quiero que ahora mismo me des en un plato la cabeza de Juan el Bautista» (versículo 25).

La rápida respuesta de Salomé da la impresión de que no tenía reservas al hacer esta macabra petición. No mostró preocupación por la injusticia cometida contra Juan ni vergüenza al declarar semejante petición horrenda frente a todos en la sala. De hecho, no sintió vergüenza en absoluto.

La Biblia revela que, al oír su petición, «el rey se entristeció mucho; pero a causa del juramento, y de los que estaban con él a la mesa, no quiso desecharla. Y en seguida el rey, enviando a uno de la guardia, mandó que fuese traída la cabeza de Juan» (versículos 26-27).

Lo que sucedió después es verdaderamente perturbador. Cuando el verdugo llevó la cabeza de Juan el Bautista a Salomé en un plato, ella instintivamente la aceptó y se la llevó a su madre.

Imagina el horror de esta escena. ¿Estaba Salomé tan acostumbrada a las maldades de su madre que imitó su degenerado comportamiento? ¿Era la reputación vengativa de su madre una fuerza impulsora detrás de los intentos de Salomé por complacerla a cualquier precio? ¿O estaba tan arraigada en Salomé la naturaleza violenta de la familia que no sintió remordimiento por sus acciones?

La Biblia no proporciona estos detalles, pero sabemos que, en torno al tiempo del nacimiento de Jesús, el abuelo de Salomé, el rey Herodes el Grande, ordenó la matanza de los niños varones de dos años o menos en la región de Belén (Mateo 2:16-18). La inmoralidad y la brutalidad de Herodías y su familia tuvo efectos de gran alcance sobre Salomé y su generación. La influencia de Herodías dejó una marca negra indeleble en la reputación de su hija.

En la literatura bíblica se recuerda a Salomé como el agente inmediato en la ejecución de Juan el Bautista. El gran historiador Josefo registró que Salomé se casó dos veces y nunca tuvo hijos propios. ¡Qué historia tan dolorosa de una madre imperfecta de la Biblia! No sé tú, pero aún me resulta difícil asimilar tales atrocidades malvadas.

UNA HISTORIA DOLOROSA DE UNA MUJER

Resulta tentador dejar de lado esta historia como algo que ocurrió hace mucho tiempo y pensar que tales atrocidades nunca podrían ocurrir en nuestro mundo hoy. Aunque ninguna de nosotras haya sido criada por una reina vengativa que nos persuadiera para quitar la vida a un alma piadosa, sí nos enfrentamos a brutalidades similares en nuestra cultura actual.

Por ejemplo, recuerdo la conversación que tuve con una mujer en un retiro de damas donde yo era la oradora. Enseñé sobre cómo las mujeres pueden liberarse de la esclavitud del rencor y de la amargura. Pasé un tiempo hablando de cómo el resentimiento hacia la propia madre puede crear una atadura que solo Dios puede ayudar a romper, pidiéndole la fuerza para perdonar.

Cuando la mujer, a quien llamaré Sue, se acercó a mí en la cafetería, pude ver que estaba visiblemente alterada. Tomamos nuestro café y nos escabullimos a un rincón de la sala donde pudiéramos hablar en privado. Mientras sorbía mi café, noté que las manos de Sue temblaban al verter la crema y revolver su café. Me senté en silencio, orando para que tuviera el valor de compartir lo que le preocupaba.

Sue comenzó: «Tengo casi la misma edad que tú. Nunca me he casado, y nunca he tenido hijos. Bueno, supongo que debería decir que no tengo hijos. Estuve embarazada una vez, pero...». Bajó la mirada, respiró hondo y confesó: «Cuando tenía quince años, tuve un aborto. No quería, pero mi madre me obligó».

Sue continuó describiendo las circunstancias que llevaron a su embarazo adolescente y a la decisión de abortar. Su madre soltera la amenazó con que, si no ponía fin al embarazo, no sería bienvenida en su casa. Su madre temía la opinión de la gente al ver que su hija adolescente estaba embarazada. Finalmente, Sue accedió al aborto. Su madre la llevó a la clínica, esperó en el auto, y después la llevó de regreso a casa. Luego le aconsejó que descansara uno o dos días, afirmando que pronto estaría como nueva.

Pero Sue nunca volvió a estar bien. De hecho, con el paso de los días, cayó gravemente enferma. Cuando comenzó a sangrar, su madre la llevó de nuevo a la clínica, donde descubrieron que había otro bebé dentro de Sue. El doctor explicó: «Aparentemente, Sue estaba embarazada de gemelos. Perdimos a uno de ellos, y por eso está experimentando complicaciones».

Sue continuó: «Esto fue en la década de 1970, cuando los abortos acababan de ser legalizados. En ese tiempo no había ultrasonidos, así que no sabían lo que estaba pasando en mi cuerpo hasta que me llevaron de urgencia a cirugía».

Trágicamente, cuando Sue despertó de la cirugía, no solo le habían sacado al otro bebé, sino que también le habían practicado una histerectomía completa por las complicaciones que había tenido. Sue explicó: «Yo no les di permiso para la histerectomía. Mi madre lo hizo. *Mi madre lo hizo*».

La historia de Sue no termina allí. Continuó: «Un año después, mi hermanita quedó embarazada. Mi madre tuvo miedo de llevarla a abortar, así que, en lugar de eso, permitió que mi hermana tuviera al bebé. Luego, mi madre me obligó a dejar la escuela para cuidar al bebé de mi hermana, para que ella pudiera volver a terminar la secundaria».

Finalmente, los ojos de Sue se encontraron con los míos. Concretó: «Mi hermana se graduó, fue a la universidad, se casó y ahora tiene otros dos hijos. Yo nunca me gradué, nunca me casé y no tengo hijos. Nunca podré perdonar a mi madre por lo que hizo con mi vida».

Cuando hablo en algún evento, a menudo se me acercan mujeres que necesitan procesar algo que alguno de mis mensajes podría haber despertado en su corazón. He hablado con muchas mujeres, pero esta visita con Sue es una que nunca olvidaré. ¡Estaba tan profundamente atrapada en el odio hacia su madre, fallecida hacía tiempo! Tal vez tú o alguien que conoces pueda identificarse.

PERDÓN: EL CAMINO DE DIOS HACIA LA LIBERTAD

Aprender a perdonar es el camino que Dios te da para liberarte de una infancia dolorosa. Esto no significa que quien te lastimó merezca perdón; solo significa que Dios nos llama a perdonar. Cuando aprendes a dejar en las manos de Dios los daños que alguien te causó, estás en el camino hacia la libertad.

Centrarse en los agravios de los que has sido objeto tiene el potencial de destruirte. Y puede paralizar tus relaciones con los demás. O podrías terminar desarrollando tú misma los mismos comportamientos dañinos. La Biblia dice: «Porque cual es su pensamiento en su corazón, tal es él» (Proverbios 23:7).

Así que considera cómo obsesionarte con las formas en que tu madre u otra persona te hizo daño podría imprimir esas mismas características impías en ti como mujer, o como madre.

Podrías enfocarte tanto en el tipo de madre que no quieres llegar a ser, que termines convirtiéndote en la misma persona que has llegado a despreciar. O quizá tu péndulo se mueva tan lejos en la dirección opuesta a la forma en que fuiste criada que te conviertas en una madre demasiado permisiva. De cualquier manera, el resentimiento te robará la alegría, te quitará la paz y te hará menos efectiva para el reino de Dios. Satanás sabe esto, así que siempre está listo para recordarte razones por las que no puedes perdonar a alguien que te ha lastimado.

Incluso los psicólogos seculares reconocen que perdonar a un padre es nuestro camino hacia la paz.[2] Pero limitarte a decirte a ti misma que perdones no tiene el poder de deshacer años de dolor en tu corazón roto. Tirarte de los pelos y esforzarte más solo te hará sentir culpable cuando descubras que perdonar es difícil.

Aquí es donde los mentores piadosos y la consejería bíblica pueden ayudarte a experimentar un cambio verdadero. Dios sabe que somos humanos caídos. Él reconoce que no tenemos poder para romper las cadenas del resentimiento. Por eso provee Su Espíritu para ayudarte a romper los grilletes del rencor. Porque es Cristo en ti, la esperanza de gloria, quien puede liberarte de la ley del pecado y de la muerte (ver Colosenses 1:27 y Romanos 8:2).

El Señor conoce el dolor que has experimentado. Está contigo incluso cuando te sientes sola. Recuerda, Jesús experimentó una traición inimaginable, así que Él sabe cómo enseñarte a perdonar. «Por tanto, teniendo un gran sumo sacerdote que traspasó los cielos, Jesús el Hijo de Dios, retengamos nuestra profesión. Porque no tenemos un sumo sacerdote que no pueda compadecerse de nuestras debilidades, sino uno que fue tentado en todo según nuestra semejanza, pero sin pecado. Acerquémonos, pues, confiadamente al trono de la gracia, para alcanzar misericordia y hallar gracia para el oportuno socorro» (Hebreos 4:14-16).

El Señor conoce el dolor que has experimentado. Está contigo incluso cuando te sientes sola.

Me encanta cómo David explicó la cercanía de Dios en un tiempo de traición: «Tú llevas la cuenta de todas mis angustias y has juntado todas mis lágrimas en tu frasco» (Salmo 56:8, NTV).

Me reconforta saber cómo Dios tomó nota de todos los agravios de David. Cuando era un forastero injustamente acusado y dañado por el odio irracional del rey Saúl, halló gran consuelo al saber que no estaba solo porque Dios vio sus lágrimas y registró su dolor y sus pasos cansados. Dios sabía cuán injustamente Saúl estaba tratando a David. Y, en Su tiempo, Dios corregiría esas injusticias.

Las palabras de David son un buen recordatorio de cómo, cuando estamos afligidos, Dios nos observa con compasión y cuidado tierno. Él escucha nuestras oraciones y toma nota de cada una de nuestras lágrimas (ver 2 Reyes 20:5).

Y Dios no solo observa con tierna misericordia, sino que, como explica un comentarista, promete actuar en favor de Sus hijos: «Dios no olvidará las aflicciones de Su pueblo. Las lágrimas de Su pueblo perseguido están embotelladas y selladas entre los tesoros de Dios, y cuando estos libros sean abiertos… Dios ciertamente tomará en cuenta todas las lágrimas que han forzado salir de los ojos de Su pueblo…».[3]

Querida amiga, si este capítulo ha despertado recuerdos dolorosos de tu infancia, oro para que acudas a Dios en busca de ayuda. Solo puedo compartir contigo desde mi propia experiencia y ofrecerte apoyo bíblico. Cuando el dolor de tu infancia corta profundamente es prudente buscar ayuda calificada porque probablemente no puedas romper la atadura por tu cuenta. En lugar de intentar procesar sola tu dolor, busca a alguien que pueda ayudarte. ¿No sabes por dónde empezar? Considera estas opciones:

- Pregunta a tu pastor.
- Busca una mentora piadosa.
- Toma una cita con un consejero bíblico.[4]

- Únete a un estudio bíblico para mujeres donde puedas conocer a otras que quizá hayan recorrido un camino similar al tuyo. A veces, encontrar consuelo de alguien que ha pasado por una prueba semejante es el primer paso para liberarse verdaderamente. En 2 Corintios 1:4 leemos que Jesús «nos consuela en todas nuestras tribulaciones, para que podamos también nosotros consolar a los que están en cualquier tribulación, por medio de la consolación con que nosotros somos consolados por Dios».
- Lee libros escritos por consejeros certificados.[5] En su libro *From Forgiven to Forgiving* [De perdonado a perdonar], Jay Adams, padre del movimiento moderno de consejería bíblica, declara: «Comprender lo que la Biblia enseña sobre el perdón, entre aquellos a quienes se les ha perdonado mucho, es esencial para unas relaciones que honran a Dios».[6]

NO LO HAGAS SOLA

La Dra. Michelle Bengtson, neuropsicóloga clínica certificada y autora del libro *Sacred Scars* [Cicatrices sagradas], ofrece este consejo:

> Aquellos que pueden identificarse a nivel personal con nuestro sufrimiento suelen ser los que están en mejor posición para consolarnos en nuestras tribulaciones. Por eso podemos ofrecer ese don a otros... Es en la espera, el dolor, el duelo y el anhelo que buscamos la seguridad de que alguien nos entiende, para saber que no estamos solos. Cuando no tenemos eso, Dios a menudo parece ausente y silencioso... Anhelamos evidencia de que Dios lucha a nuestro favor, nos rescata, nos defiende, nos consuela, nos sana. Nuestra visión espiritual es limitada respecto a lo que Él está haciendo en lo sobrenatural, así que muy a menudo

escuchamos las mentiras del enemigo y presumimos que Dios no está haciendo nada.[7]

APRENDE DE LOS DEMÁS

Soy una firme defensora de aprender de las experiencias de otras personas. Tal vez esto se deba a que fui la hija del medio invisible, que observaba atentamente las consecuencias que sufrían mis hermanos mayores y menores cuando se metían en problemas. Observar la conducta de otros y obtener conocimientos de sus experiencias ha sido una fuente valiosa de aprendizaje de vida para mí.

Por ejemplo, aprendí a perdonar observando cómo mi padre perdonaba a su propio padre. Mi padre, que fue criado en un hogar duro y abusivo, entregó su corazón a Jesús cuando yo tenía aproximadamente cuatro años. La transformación en mi papá y en nuestra vida familiar fue profunda, ya que la paz de Dios reinó de una manera que nunca había experimentado antes.

Sin embargo, mi padre recuerda que, incluso con su fe recién encontrada, una nube oscura colgaba sobre su alma. Un día, su padre lo llamó para decirle que él también había llegado a conocer a Jesús como su Señor y Salvador personal. Luego, mi abuelo le pidió a mi papá que lo perdonara por la forma abusiva en que lo había criado. Mi papá confesó que, al principio, simplemente no podía perdonar a su padre, y se lo expresó tal cual.

Pero aquí es donde la historia se pone interesante: un día, mientras mi papá se dirigía al trabajo con un hombre cristiano mayor, compartió con este caballero cómo su padre le había pedido perdón. Cuando mi papá reconoció: «Simplemente no puedo perdonarlo», el hombre cristiano mayor le explicó con amabilidad cómo Dios podía darle la fuerza para perdonar y enfatizó que aferrarse al rencor lo esclavizaría durante el resto de su vida.

Mi papá admitió: «Realmente no quería escuchar eso. Esperaba que mi amigo validara mis razones para no poder perdonar a mi padre».

El consejo de este mentor piadoso permaneció en la mente de mi papá hasta que, un día, decidió llamar a su padre. Sin estar seguro de lo que diría, mi papá oró pidiendo la dirección del Señor. Cuando mi abuelo contestó al teléfono, mi papá dijo: «Papá, quiero pedirte perdón. ¿Me perdonas por no haberte perdonado?».

No puedo contar esta historia sin emocionarme, porque lo que sucedió después fue simplemente milagroso. Mi abuelo comenzó a llorar. Los dos hombres compartieron sus corazones y se ofrecieron mutuamente un perdón que solo puede surgir del alma de una persona que tiene al Espíritu del Dios Altísimo habitando en ella, el Dios que perdona.

Esta es mi parte favorita de esta historia. Ojalá pudieras ver cómo se iluminan los ojos de mi papá cuando relata lo sucedido. Lo cuenta así: «Cuando colgué el teléfono, fue como si una nube oscura se levantara de mí; una nube que había estado sobre mí toda la vida. La oscuridad se elevó al cielo y salió de mi vida para siempre».

Si pudieras conocer a mi padre, entenderías por qué digo que es la persona más amable y perdonadora que conozco. Nunca más quedó atrapado en la esclavitud del rencor hacia su padre. Desde ese momento, mi abuelo se convirtió en parte de nuestras vidas como nunca antes.

¡Por primera vez desde que era una niña pequeña, el abuelo vino de visita a nuestra casa! Cada vez que venía, lo único de lo que quería hablar era sobre lo que estaba aprendiendo de la Biblia. Asistió a mi graduación de la escuela secundaria y estuvo presente en mi boda; los momentos que pasó con nosotros fueron maravillosos.

Sí, aprendí a perdonar a los demás observando cómo mi papá vivía su fe a través del acto lleno de gracia del perdón.

TENER UNA MALA MAMÁ NO SIGNIFICA QUE TÚ LO VAYAS A SER

La historia informa de Herodías como una mala madre sin cualidades redentoras. Ella entrenó a su hija, Salomé, para seguir sus viles caminos. Sin embargo, tener una mala madre no te condena a seguir sus pasos. Alabado sea el Señor, Él ofrece nueva vida en Cristo. Siéntete alentada al saber que, si has acudido a Jesús como tu Señor y Salvador, Su Espíritu Santo te ha hecho una nueva creación capaz de amar a tus hijos con Su amor desinteresado.

A lo largo de los tiempos, numerosas personas criadas por malas madres han encontrado nueva vida en una relación personal con Jesús. La historia habla de muchos héroes de la fe que no tuvieron grandes madres.

Al cerrar este capítulo, aférrate a esta verdad: nuestros caminos están tejidos por el hilo de la fe, la gracia y las decisiones que tomamos cada día. Espero que las historias que hemos explorado en este capítulo te recuerden que, aunque puedas haber heredado patrones de comportamiento negativos de una madre poco amable, no estás encadenada a ellos.

En Cristo, el Espíritu Santo te ha equipado para liberarte del dominio del pecado y trazar un nuevo rumbo para ti y tu familia. Sé valiente y ten esas conversaciones difíciles con tus hijos. Esfuérzate por buscar responsabilidad en tus relaciones y crea un ambiente en tu hogar donde abunden la gracia, la compasión y el amor.

Recuerda, criar bien no significa ser perfecta; más bien, se trata de ser una seguidora genuina de Cristo que busca la dirección del Señor mientras anima a sus hijos a perseguir la pureza y el propósito. Puedes convertirte en una mujer que perdona, dando un poderoso ejemplo a las generaciones venideras y transmitiendo un legado de esperanza, perdón, fortaleza y fe inquebrantable en Cristo. Que sigas adelante con confianza, sabiendo que en cada decisión tienes la oportunidad de reflejar el corazón de tu Salvador y de guiar a otros hacia la verdadera libertad que se encuentra en Él, empezando por tus propios hijos.

LECCIONES DE VIDA

¿Te estás aferrando a la falta de perdón o al resentimiento hacia un padre o madre severo/a, controlador/a o hiriente? ¿Cómo te ha ayudado este capítulo a comprender la importancia de aprender a perdonar a tu padre o madre, incluso si él o ella nunca te pide perdón?

¿Cómo te ayudaría aprender a perdonar a un padre o madre abusivo/a, severo/a o hiriente en tu propio camino como madre o padre?

Recuerda, no estás sola. Jesús ve tus lágrimas. Conoce tus desvelos y tus inquietudes. Pídele que te ayude a encontrar el apoyo y la guía en otros que han aprendido a ser libres.

Si este capítulo ha sacado a la luz recuerdos dolorosos de tu infancia, escribe los pasos que tomarás para encontrar el apoyo que puedas necesitar. Después de hacerlo, pídele ayuda al Señor y escribe aquí tu oración.

Para ver las enseñanzas de Rhonda sobre este capítulo, usa el siguiente código QR o enlace:

https://www.rhondastoppe.com/moms-of-the-bible-book/

CAPÍTULO 6

CUANDO TUS POSESIONES IMPORTAN MÁS QUE OBEDECER A DIOS

La esposa de Lot

GÉNESIS 19

Mirando hacia atrás. ¿Por qué estaría TAN mal actuar así?, habría pensado la esposa de Lot mientras seguía a su esposo y a sus hijas lejos de su amada casa. ¿Estaría preocupada por el bienestar de sus queridos yernos que se negaron a huir con ellos? Puedo identificarme con el miedo contra el que sin duda luchaba. Cuando ocurre un desastre, la vida puede parecer irreal. ¡Pero qué difícil debió de ser creer de antemano que la ciudad que amaba profundamente pronto estaría envuelta en llamas de juicio!

A lo largo de la historia, se recuerda a la esposa de Lot como la mujer que desobedeció la orden de Dios de no mirar atrás hacia la ciudad de Sodoma mientras caía fuego y azufre del cielo. En un instante, se convirtió en una estatua de sal. Desde nuestra perspectiva, podría parecer fácil juzgar a esta mujer que parecía tan atada al mundo que dejaba atrás, que no vio hacia dónde Dios la estaba guiando. Pero realmente entiendo lo difícil que debió de ser no mirar atrás.

Cuando el cañón donde vivimos fue consumido por un incendio forestal, las llamas nos rodeaban a ambos lados del camino mientras intentábamos escapar. Steve y yo nos sentimos como si estuviéramos viviendo en medio de una película sobre el apocalipsis. Cuando recibimos la orden de evacuación, solo contamos con una hora aproximadamente para reunir nuestras pertenencias. Estábamos limitados a llevar lo que cupiera en nuestros autos. Mientras nos tomábamos unos momentos para considerar qué tenía valor, qué debía quedarse atrás y cómo acomodar nuestras pertenencias en los vehículos, la escena que nos rodeaba nos parecía absolutamente irreal.

Vivimos en un rancho, así que uno de los dilemas más difíciles a los que nos enfrentamos fue cómo rescatar a nuestros animales del incendio. Steve estaba esperando la llegada de un amigo con un remolque para poder evacuar a un toro premiado. Todos los postes eléctricos, las torres de telefonía móvil y las líneas terrestres habían sido destruidos, por lo que no había forma de que el amigo de Steve le avisara que los bomberos no le permitirían subir la montaña con el remolque.

Después de empacar mi auto, Steve insistió en que me fuera para poder escapar a salvo hacia el pueblo. Él se quedaría atrás esperando a su amigo. Steve y yo nos abrazamos y nos besamos para despedirnos. Le supliqué que no se quedara demasiado tiempo esperando la llegada de Ken. Mientras conducía por nuestro camino de entrada, con las llamas a ambos lados, me giré para echar una última mirada a Steve, que estaba de pie cerca del corral del toro. Nuestras miradas se cruzaron, le lancé un beso, hice una oración por su seguridad y luego comencé mi trayecto montaña abajo.

Desde nuestro rancho en el cañón, hay tres caminos distintos que bajan por la montaña hacia el pueblo. No llevaba mucho en una de las direcciones cuando me encontré frente a una densa nube de humo negro y un fuego furioso, lo que hacía imposible salir por allí. Di la vuelta al auto y regresé al rancho para explicarle a Steve que el camino por el que se esperaba que subiera nuestro amigo estaba envuelto en llamas. Le rogué a Steve que dejara al toro y se pusiera a salvo, pero él estaba decidido a esperar a que su amigo subiera por una ruta diferente.

Mientras conducía, oré: «Señor, por favor, mantén a Steve a salvo. Y, por favor, no permitas que nuestra casa se queme». Cada vez que oraba, me sentía más desesperada porque Dios escuchara mi súplica. Finalmente, extendí mis manos, con las palmas abiertas hacia el Señor, y oré: «Dios, por favor, trae a Steve sano y salvo al pueblo. Pero nuestro hogar es tu casa. Si crees que lo mejor es que se queme, que se queme. Te confío a ti el resultado».

No puedo ni empezar a describir la sensación de paz que me invadió después de pronunciar esta oración. Durante todo el día había estado luchando con el Señor, intentando convencerlo de que lo mejor era salvar nuestra casa. En mi momento de rendición, creo que Él me recordó lo que había estado tratando de mostrarme todo el tiempo: Sus caminos están por encima de los nuestros. Él es bueno, aunque no salve nuestro hogar. Puedo confiar en Él sin importar el resultado.

Las llamas rugían a ambos lados mientras bajaba por el sinuoso camino de la montaña. Cuando llegué al pueblo, vi a nuestro amigo con el remolque para caballos, esperando que le permitieran subir la montaña. Como su licencia de conducir no mostraba que era residente, el oficial en el punto de cierre del camino no le permitía pasar. Con algo de insistencia y pruebas de que yo sí era residente, el oficial permitió que nuestro amigo pasara. Al final, Steve y su amigo lograron bajar de la montaña con el toro a salvo. Como podrás imaginar, me sentí tremendamente aliviada al verlos llegar sanos y salvos. ¡Tan aliviada!

Durante mi huida del incendio forestal, no había *nada* en este mundo que me hubiera impedido echar una última mirada a Steve mientras me alejaba. Por supuesto, el Señor había ordenado a la esposa de Lot que *no* mirara atrás. Mi mirada no fue pecaminosa, pero, siendo sincera por completo, de haber estado yo en el lugar de la esposa de Lot, sin la ayuda de Dios, no estoy muy segura de haber sido lo bastante fuerte como para no mirar atrás.

En retrospectiva, la perspectiva siempre es más clara. No nos cuesta imaginar que, de alguna manera, habríamos sido más obedientes que la esposa de Lot. Nos gusta pensar que habríamos tenido la fortaleza para obedecer a Dios mientras el infierno se desataba literalmente en nuestra ciudad natal detrás de nosotros. Si el corazón de la señora Lot idolatraba la vida que dejó atrás más de lo que amaba a Dios, ¿cómo podría no mirar atrás?

Como hablamos en el capítulo anterior, aprender de los errores de otros es una excelente manera de evitar cometer los propios. La señora Lot cometió grandes errores. Entonces, ¿qué podemos aprender de sus fallos? De manera más específica, dado que estamos analizando a las madres de la Biblia, ¿cómo afectaron sus pasiones mundanas a su forma de criar a sus hijos? ¿Qué influencia tuvo su perspectiva impía sobre sus hijos y sus nietos? Acompáñame mientras estudiamos más de cerca los indicios que se nos han proporcionado sobre esta mujer a quien se le dijo: «Es hora de irse. Toma tus cosas. Lleva a tus hijas. Sigue a tu esposo. Pero no mires atrás».

OBSERVACIONES SOBRE LA ESPOSA DE LOT

Era una idólatra

Cuando conocemos a esta mujer sin nombre en las Escrituras, vemos que estaba casada con Lot, sobrino de Abraham. También era madre de dos hijas adultas.[1] La Biblia no especifica dónde conoció Lot a su esposa. Los historiadores afirman que pudieron haberse conocido en Harán o en Egipto, pero lo más probable es que Lot la conociera cuando se mudó a Sodoma. Esto significa que la esposa de Lot creció en un contexto politeísta, en una cultura que creía en múltiples dioses. Por el contrario, la fe de Lot estaba en el único Dios verdadero de Abraham. Es posible que la señora Lot venerara a los dioses de Egipto o a los ídolos de Sodoma, y esto habría influido en su forma de pensar.

En su libro *Idols of the Heart* [Ídolos del corazón], la autora Elyse Fitzpatrick hace esta observación sobre la esposa de Lot:

> A veces, una simple acción puede decir mucho sobre el carácter. En este caso, una mirada reveló un corazón. Sodoma era el lugar donde la esposa de Lot vivía físicamente, pero también era donde residía su corazón. Ella la amaba, y su corazón idólatra se aferraba a ella porque allí estaba su tesoro. ¿Recuerdas las palabras de Jesús: «Porque donde esté vuestro tesoro, allí estará también vuestro corazón» (Mateo 6:21)? Había algo en Sodoma que ella valoraba, estimaba, apreciaba y amaba más de lo que valoraba a Dios.[2]

Fitzpatrick continúa:

> La esposa de Lot era una idólatra, pero su idolatría no comenzó cuando se volvió para mirar la ciudad que amaba. Su idolatría comenzó cuando valoró más a Sodoma que a Dios, cuando su corazón quedó atado a su vida anterior tal como la había conocido y amado. Su idolatría provocó su caída.[3]

El Sr. y la Sra. Lot eligieron criar a su familia en la depravada ciudad de Sodoma. Allí se sentían en casa. Decidieron criar a sus hijas en una cultura llena de desenfreno y desvergüenza. Si te preguntas cuán malvada era Sodoma, la gravedad de su perversión quedó demostrada la misma noche en que dos ángeles de Dios entraron en la ciudad, donde no había ni siquiera diez personas justas (ver Génesis 18:32). Parece que el único hombre justo en la ciudad era Lot.[4]

Dios, en Su misericordia, envió a dos ángeles para advertir a Lot y a su esposa sobre la inminente destrucción de la ciudad. El Señor envió a dos de Sus guerreros celestiales para rescatarlos antes de derramar juicio sobre su malvada ciudad. ¡Qué maravillosa muestra de la misericordia y la gracia de Dios! Aun cuando Lot y su esposa estaban profundamente arraigados en la mundanalidad, el Señor los alcanzó para salvarlos antes de que fuera demasiado tarde.

¿Puedes imaginar cómo podría haber reaccionado la Sra. Lot? Probablemente estaba ocupada atendiendo sus tareas cotidianas en casa cuando su esposo llevó a dos visitantes inesperados. La tradición judía sugiere que la esposa de Lot no quiso recibir a los visitantes. Tal vez no le agradó la llegada imprevista, o quizás, solo quizás, sabía los problemas a los que ella y Lot podrían enfrentarse con la comunidad si hospedaban a los forasteros aquella noche.

Cuando Lot vio llegar a los ángeles a la puerta de la ciudad, rápidamente los invitó a hospedarse en su casa. Cuando ellos respondieron que preferían dormir en la plaza del pueblo, Lot insistió con fuerza para que se hospedaran en su casa. ¿Por qué? Porque Lot conocía la maldad de los hombres de la ciudad. Era plenamente consciente de que los depravados habitantes de Sodoma querrían abusar sexualmente de los visitantes.

Tal como Lot sospechaba, en cuanto los ángeles estuvieron a salvo dentro de su casa, una multitud de hombres, jóvenes y viejos rodeó la vivienda exigiendo que Lot sacara a sus huéspedes para tener relaciones con ellos. Esa turba de hombres quería violar en grupo a los dos visitantes de Lot.

Lo que ocurrió después es verdaderamente espantoso, pero el incidente revela cómo vivir en una cultura aberrante puede afectar las sensibilidades de una persona. En lugar de clamar a Dios pidiendo ayuda, Lot tomó el asunto en sus propias manos. Salió a hablar con los hombres, cerró la puerta detrás de él y dijo: «Os ruego, hermanos míos, que no hagáis tal maldad» (Génesis 19:7).

¿Lot llamó hermanos a aquellos hombres? ¡Increíble! ¿Acaso Lot y su esposa consideraban a esos hombres perversos como parte de su familia? ¿O intentaba Lot persuadirlos apelando a la razón al llamarlos hermanos? Cualquiera que haya sido el motivo de Lot, al menos tuvo el valor de calificar su comportamiento de malvado. Pero entonces Lot ideó un plan horrible: ofreció a sus dos hijas vírgenes a la multitud en lugar de a los visitantes. Dijo: «He aquí ahora yo tengo dos hijas que no han conocido varón; os las sacaré fuera, y haced de ellas como bien os pareciere; solamente que a estos varones no hagáis nada, pues que vinieron a la sombra de mi tejado» (versículo 8).

Ella no reconoció la intervención de Dios

Allí estaban, con guerreros celestiales en su propio hogar, y aun así no reconocieron el poder y la protección que podrían haber tenido. Lot y su esposa perdieron la seguridad que habrían experimentado si tan solo se hubieran vuelto a Dios en lugar de confiar en sus propios intentos deformes de resolver su dilema.

No había forma de que la Sra. Lot pasara por alto la increíble manifestación del poder de Dios cuando la turba enfurecida irrumpió en el umbral de su casa y los ángeles tiraron de Lot para ponerlo a salvo, cegando a todos los hombres. La esposa de Lot fue testigo ocular de la intervención divina del Señor de una manera maravillosa. Y esta no fue la primera vez que había experimentado personalmente la poderosa mano protectora de Dios.

Para comprender cómo la esposa de Lot llegó a experimentar a Dios, retrocedamos un poco. ¿Recuerdas la historia de Lot? Él era el sobrino que viajó con Abraham cuando Dios llamó a su tío a la Tierra Prometida.

Mientras Lot aún vivía con Abraham, surgieron disputas entre sus siervos. Así que ambos acordaron separarse. El tío Abraham permitió que Lot eligiera qué parte de la tierra quería. La codicia de Lot quedó expuesta en la rapidez con que escogió la mejor parte para sí mismo. Y su inclinación hacia la mundanalidad se reveló en que trasladó sus tiendas hasta llegar a la ciudad de Sodoma (ver Génesis 13:11-12). El corazón dividido de Lot lo hizo tan inestable que se casó con una mujer que no conocía a su Dios.

Aunque la esposa de Lot quizá nunca llegó a conocer al único Dios verdadero, en su historia vemos evidencias de que el Señor se le mostró de maneras maravillosas. Por ejemplo, mucho antes de la visita de los ángeles a Sodoma, Lot y su esposa experimentaron de primera mano la protección de Dios a través de Su siervo Abraham.

El capítulo 14 de Génesis relata la historia de cómo reyes enemigos secuestraron a Lot y a su familia, con todas sus posesiones. Ser tomada prisionera por esos reyes habría significado para la esposa de Lot perder todo lo que amaba: su libertad, sus bienes y su familia. ¿Puedes imaginar el miedo que habría sentido? Toda esperanza se habría perdido sin la intervención de Dios en Su misericordia, que envió al tío Abraham a rescatarlos. Con solo 318 hombres, Abraham derrotó milagrosamente a un vasto ejército perteneciente a los reyes enemigos y recuperó a Lot, a su esposa, a sus hijas y todas sus posesiones terrenales. A través de esta experiencia, la esposa de Lot fue testigo de una gloriosa manifestación del poder y de la bondad de Jehová.

Después de aquello, podrías pensar que el señor y la señora Lot habrían decidido dejar Sodoma y establecerse cerca del tío Abraham. Pero no, regresaron directamente a su hogar en Sodoma. El secuestro debería de haber sido una advertencia para que la pareja considerara las consecuencias de su estilo de vida impío, pero no prestaron atención.

Ignorando el ejemplo de Abraham, quien demostró que una vida justa es bendecida por el Señor, la familia de Lot volvió a Sodoma. ¿Fue decisión de Lot regresar allí? ¿O prevaleció sobre la conciencia conflictuada de Lot el deseo de su esposa de volver a su ciudad natal?

Aunque la esposa de Lot podía sentirse cómoda en la cultura familiar de su amada Sodoma, la Biblia nos muestra lo angustiado que estaba su esposo: «... Lot, que se encontraba abrumado por la vida desenfrenada de esos perversos; pues este justo, que convivía con ellos y amaba el bien, día tras día sentía que se le despedazaba el alma por las obras malvadas que veía y oía» (2 Pedro 2:7-8, NVI).

¡Qué diferente podría haber sido su historia si, después de su secuestro, nunca hubieran regresado a Sodoma! La decisión de Lot y su esposa de vivir en medio de un entorno injusto solo serviría para traerles aflicción y consecuencias que cambiarían sus vidas para siempre.

Ella resistió la advertencia de Dios

Aun después de la noche horrenda en Sodoma, cuando la multitud quiso atacar a los huéspedes angélicos de Lot, la familia de Lot dudaba en marcharse. En un momento dado, la familia tardó tanto en salir que los ángeles, en un acto de misericordia, «asieron de su mano, y de la mano de su mujer y de las manos de sus dos hijas» y los sacaron de la ciudad. Fue entonces cuando los ángeles les advirtieron claramente: «Escapa por tu vida; no mires tras ti, ni pares en toda esta llanura; escapa al monte, no sea que perezcas» (Génesis 19:16-17).

Ahora bien, antes de pensar demasiado bien de nosotras mismas creyendo que no habríamos dudado en huir de la ciudad, consideremos lo que la esposa de Lot pudo haber estado pensando. No solo estaba luchando con tener que dejar su amado hogar, sino que también podía estar batallando con que sus queridos yernos se negaban a escapar con ellos. Yo adoro a mis yernos, Estevan y Jake, así que comprendo perfectamente que ella se mostrara reacia a dejarlos atrás. Tal vez pensó que, si se quedaban un poco más, sus familiares reacios se convencerían de unirse a ellos. Algunos estudiosos piensan que los yernos eran los prometidos de las dos hijas vírgenes mencionadas en el capítulo 19 de Génesis, mientras que otros creen que el señor y la señora Lot tenían cuatro hijas, lo que significaría que dejaron atrás a dos hijas casadas con sus maridos. Cualquiera que fuera el caso, puedo identificarme con la resistencia de la esposa de Lot a marcharse. ¿Y tú?

Los yernos de Lot tenían tan poco respeto por él que pensaron que estaba bromeando cuando avisó que el Señor estaba a punto de destruir la ciudad. Qué triste es que Lot y su esposa hubieran vivido de tal forma que su testimonio sobre el juicio inminente de Dios fuera motivo de burla y desdén.

EL TIEMPO ESTÁ CERCA

¿Tu familia creería tus advertencias sobre la destrucción venidera? De manera similar al juicio al que se enfrentaron Sodoma y Gomorra, se acerca un día de rendición de cuentas para toda la humanidad. ¿Has considerado alguna vez la urgencia a la que nos enfrentamos a la luz de la segunda venida de Cristo? Tus familiares incrédulos no tienen ni idea de la condena que aguarda a la humanidad sin Cristo.

¿Vives de tal manera que tus hijos y tus familiares te tomen en serio cuando les adviertes de las profecías bíblicas sobre la venida de Cristo para juzgar a quienes se niegan a arrepentirse y seguirlo? Puede parecer un momento extraño para introducir este concepto, pero eso fue exactamente lo que hizo Jesús cuando enseñó a Sus discípulos sobre Su regreso:

> Porque como el relámpago que al fulgurar resplandece desde un extremo del cielo hasta el otro, así también será el Hijo del Hombre en su día. Pero primero es necesario que padezca mucho, y sea desechado por esta generación. Como fue en los días de Noé, así también será en los días del Hijo del Hombre. Comían, bebían, se casaban y se daban en casamiento, hasta el día en que entró Noé en el arca, y vino el diluvio y los destruyó a todos. Asimismo como sucedió en los días de Lot; comían, bebían,

> compraban, vendían, plantaban, edificaban; mas el día en que Lot salió de Sodoma, llovió del cielo fuego y azufre, y los destruyó a todos. Así será el día en que el Hijo del Hombre se manifieste. En aquel día, el que esté en la azotea, y sus bienes en casa, no descienda a tomarlos; y el que en el campo, asimismo no vuelva atrás. *Acordaos de la mujer de Lot.* Todo el que procure salvar su vida, la perderá; y todo el que la pierda, la salvará (Lucas 17:24-33, énfasis añadido).

Mamá, tus hijos tienen que verte viviendo con un sentido de urgencia. ¿Vives esperando el regreso de Jesús? La profecía bíblica revela que el tiempo es corto antes de que Cristo regrese. Como en el día en que Dios rescató a Lot, aquellos que le pertenecen a Él serán protegidos misericordiosamente de Su ira. Por lo tanto, no hay necesidad de vivir con miedo. Sin embargo, la aterradora realidad del juicio al que se enfrentarán nuestros seres queridos sin Cristo debería motivarnos a compartir con ellos la esperanza que tenemos en nuestro Salvador Jesucristo. Y vivir recordando el pronto regreso de Cristo puede poner muchas cosas en perspectiva y ayudarte a confiar en Dios a través de los altibajos de la vida.

En su libro *One Day Nearer* [Un día menos], el autor Steve Miller ofrece esta observación:

> Cuanto más en serio tomemos las promesas proféticas de Dios, más viviremos cada día con una perspectiva eterna, una que nos permita perseverar a través de los desafíos de la vida, vivir anticipando el regreso de Cristo y regocijarnos en las maravillas del cielo y la eternidad.[5]

AFRONTANDO LAS GUERRAS CULTURALES

Considera la cultura injusta en la que la esposa de Lot eligió criar a sus hijos. Y recuerda, *fue* una elección. El tío Abraham había permitido que Lot seleccionara la mejor parte de la tierra como su posesión. En cualquier momento, el señor y la señora Lot podrían haber trasladado a su familia fuera de Sodoma, de regreso al campo, bajo la protección y la influencia piadosa del tío Abraham y la tía Sara. Sin embargo, establecieron su hogar en pleno centro de una ciudad tan malvada, con un pecado tan grave, que el clamor contra su gente había llegado hasta Dios (ver Génesis 18:20; 19:13).

En la historia de la señora Lot, la Biblia expone la cultura pervertida en la que crio a sus hijas. Esta exposición influyó tanto en la perspectiva de sus hijas que, más tarde, tras escapar de Sodoma, no les pareció nada extraño emborrachar a su padre para que cada una pudiera tener relaciones incestuosas con él con el fin de concebir hijos. Su plan injusto produjo hijos nacidos del incesto, quienes acabaron convirtiéndose en los padres de los moabitas y los amalecitas. Ambas naciones se convertirían en enemigos brutales de los descendientes de Abraham, el pueblo elegido por Dios.

Ahora bien, no estoy afirmando que una madre que cría a sus hijos en medio de una cultura injusta sea una mala madre. Por el amor de Dios, yo crie a mis hijos en el centro de California, un estado conocido como precursor de políticas injustas que tienen el potencial de influir en otros estados para que sigan el mismo camino. Steve y yo nacimos y crecimos en California, así que siempre hemos estado familiarizados con la cosmovisión injusta de la cultura. Nuestros progenitores hicieron esfuerzos deliberados para exponernos a enseñanzas bíblicas con la esperanza de proteger nuestras mentes y corazones de la mundanalidad. Cuando tuvimos nuestros propios hijos, sabíamos que necesitaríamos seguir el ejemplo de nuestros padres enseñándoles a desarrollar una cosmovisión bíblica contracultural. Con mucha oración y gran temor, criamos a nuestros hijos en medio de una cultura decidida a celebrar sin vergüenza unas prácticas impías. Defender la verdad es un componente vital para mantener a tu familia a salvo de los engaños culturales. Un experto en ministerio infantil explica:

> Necesitamos la verdad de Dios para poder tener claridad sobre lo que Él dice, discernir las mentiras que la cultura nos presenta, tratar a los demás con dignidad incluso cuando creemos que están equivocados, y ser liberados de la culpa y la vergüenza.[6]

Mientras nuestros hijos crecían en una cultura que intentaba seducirlos para alejarlos de Cristo, tuve que involucrarme a diario en la batalla para enseñarles a evaluar la verdad de Dios frente a los planes del enemigo. Y lo mismo te ocurrirá sin duda a ti. A veces, las conversaciones serán difíciles y sentirás que no estás a la altura de la tarea. Cuando no estaba segura de cómo responder a las preguntas de mis hijos, me vi impulsada a recurrir a la Palabra de Dios en busca de Sus respuestas. Esta práctica también será de gran ayuda para ti.

Cuando no tengas respuestas, tu mejor opción es ser sincera con tu hijo. Pero prométele que harás todo lo posible por encontrar una respuesta en la Palabra de Dios y de maestros o consejeros piadosos.

Pide a Dios sabiduría (ver Santiago 1:5). Investiga y luego haz un seguimiento. Es vital que regreses con tu hijo para discutir con él las respuestas a su pregunta. Ten el valor de entablar discusiones difíciles, amiga mía. Puede que te cueste, pero el esfuerzo vale muchísimo la pena. Ten cuidado: si eludes las conversaciones difíciles, puedes estar segura de que Google, Siri o Alexa estarán más que felices de responder a las preguntas de tu hijo. Y estoy convencida de que sus respuestas no estarán bañadas en la sabiduría de Dios.

Cuando mi hijo Brandon, un músico talentoso, tenía 15 años, me preguntó por qué no le permitía escuchar música secular, señalando cómo su hermana mayor tenía algunos «privilegios» en ese aspecto. Desearía haber podido decir simplemente: «Porque yo lo digo», pero no lo hice, porque sabía que esta conversación sería importante para su desarrollo hacia la madurez espiritual.

Permíteme aclarar la razón del doble estándar al permitir que nuestra hija mayor, por un tiempo, escuchara algunos álbumes de música secular. Esto nos brindó oportunidades de conversar con ella sobre el significado de algunas letras antes de que dejara nuestro hogar, al mismo tiempo que la alentábamos a proteger su corazón con discernimiento. En lugar de limitarnos a decirle que no, elegimos involucrarnos en el proceso de enseñar a Meredith cómo pensar sobre la influencia que ciertos tipos de música tendrían en su cosmovisión.

Sin embargo, dado que Brandon amaba la música y estaba profundamente influenciado por ella, lo sujetamos a un estándar diferente. Sabía que esta conversación podría desencadenar un debate acalorado, así que le pedí al Señor sabiduría sobre qué decir y que preparara el corazón de Brandon para recibir la verdad. Resultó que hablé con él mientras estábamos en el auto familiar, de camino a casa. Una nota al margen: a menudo tenía las conversaciones más significativas con mis hijos durante los largos viajes en auto. Que esto te recuerde aprovechar el tiempo en el auto para conectarte con tus hijos. Aunque pueda parecer más fácil dejarlos con pantallas durante el viaje, no subestimes el valor de las conversaciones en el auto.

Comencé diciendo: «Brandon, eres un músico. Dios te ha bendecido con un talento increíble desde muy joven. La música te afecta profundamente. Sé que tu deseo es crecer y convertirte en un pastor de adoración que escribe canciones de alabanza. Mi objetivo es ayudarte a alcanzar ese sueño. Con eso en mente, quiero que consideres dos versículos de la Biblia. En Proverbios 23:7 leemos: "Porque cual es su pensamiento en su corazón, tal es él". Y Mateo 12:34 dice: "Porque de la abundancia del corazón habla la boca"».

Hice una pausa para permitir que esos dos pasajes se asentaran en la mente de Brandon. Continué: «Brandon, en Jeremías 29:11, Dios promete que conoce los planes que tiene para ti: planes de esperanza y de un futuro. Pero Satanás es un ladrón que viene a robar, matar y destruir lo que Dios quiere lograr en ti y a través de ti. Estás en un momento en el que debes llenar tu corazón con música que glorifique al Señor, para que las canciones que escribas también lleven a otros a adorar a Cristo».

Proseguí: «En esta etapa de tu vida, si tu papá y yo te permitimos llenar tu mente con música secular, esto es lo que saldrá de tu corazón. El resultado será que la música que escribas y las canciones que cantes no harán más que entretener a las personas. Pero tu papá y yo podemos ver el hombre en el que quieres convertirte: un hombre que glorifique a Cristo con tu talento. Mientras todavía eres joven, es nuestro trabajo ayudarte a proteger tu corazón y guiar tu mente hacia una música que honre al Señor».

Brandon no dijo nada. Estuvo callado y pensativo mientras conducíamos el resto del camino a casa. Tuve que obligarme a dejar de hablar y permitir en silencio que el Espíritu trabajara en su corazón. Muy a menudo, como madres, podemos terminar hablando hasta el cansancio tratando de convencer a nuestros hijos de ver las cosas a nuestra manera. Con los años, he aprendido la importancia de guardar silencio y orar después de expresar mi punto de vista.

Años después, cuando Brandon se había convertido en pastor de adoración, me hizo saber cuán profundamente había impactado nuestra conversación en su manera de pensar. Durante una entrevista que Brandon y yo realizamos para un episodio de radio de *Focus on the Family* [Enfoque en la familia] compartió con los oyentes lo poderosa que había sido esta conversación para él. Comentó: «Si mi mamá hubiera dicho simplemente: "No. Somos cristianos, así que no escuchamos música secular", no habría comprendido su corazón. Necesitaba entender el *porqué*, y la Palabra de Dios reforzó el punto de vista de mi mamá de una manera que no podía ignorar».

Tener conversaciones difíciles con tus hijos requiere un esfuerzo decidido. Para ser sincera, a veces podemos sentir que no vale la pena invertir el tiempo. Pero sí lo vale. Y pueden pasar años antes de que tu hijo regrese para contarte cuán profundamente se vio afectada su cosmovisión cuando invertiste tiempo en ayudar a alinear su corazón con la Palabra de Dios.

Cuando te encuentres luchando contra las influencias de una cultura impía, recuerda que no estás sola. A lo largo de los siglos, Dios ha levantado madres piadosas que se han comprometido en esta lucha crucial. El momento es ahora, mamá. Es *tu* turno de ayudar a moldear la próxima generación. ¿Cómo responderás al llamado? ¿Tomarás el camino fácil de adaptarte a las normas culturales? ¿O decidirás involucrarte en la batalla por los corazones y las almas de tus hijos?

En medio de la lucha, recuerda: la batalla no es contra tu hijo, sino contra los dardos encendidos de Satanás mismo. «Porque no tenemos lucha contra sangre y carne, sino contra principados, contra potestades, contra los gobernadores de las tinieblas de este siglo, contra huestes espirituales de maldad en las regiones celestes» (Efesios 6:12).

LA APATÍA NO ES UNA OPCIÓN

Criar a mis hijos en un estado donde la oscuridad es tan profunda terminó siendo una buena experiencia porque reforzó mi determinación de guiar intencionalmente sus corazones y mentes hacia la verdad. La apatía no era una opción.

No importa dónde vivas en el planeta Tierra, estás criando hijos en un mundo empeñado en odiar la causa de Cristo. Entonces, ¿qué debe hacer una madre? Piensa en cómo el corazón de Jesús se afligía por Sus discípulos antes de partir para regresar a Su Padre. Antes de la cruz, Jesús sabía cómo lobos voraces se infiltrarían en Su amada grey. ¿Qué hizo Él? Los advirtió y oró por ellos. Pidió a Dios que los apartara con la verdad. De la oración de Jesús, estas son las palabras que he orado sobre mis hijos cada… día… sin falta. Y ahora, pronuncio estas mismas palabras en oración sobre mis hijos adultos, sus cónyuges y nuestros nietos:

> Yo les he dado tu palabra; y el mundo los aborreció, porque no son del mundo, como tampoco yo soy del mundo. No ruego que los quites del mundo, sino que los guardes

> del mal. No son del mundo, como tampoco yo soy del mundo. Santifícalos en tu verdad; tu palabra es verdad (Juan 17:14-17).

Aunque es importante proteger a tus hijos de las perversidades del mundo y de los engaños de Satanás, no caigas en el extremo de resguardarlos obsesivamente. Quieres darles oportunidades, en el momento adecuado, para aprender a discernir entre lo correcto y lo incorrecto. También debes pedirle a Dios sabiduría mientras entrenas a tus hijos con urgencia basada en la Escritura. Solo conociendo la verdad, tus hijos aprenderán a reconocer las seducciones del mundo y a discernir el camino de Dios para sus vidas. Para entender mejor el impacto que la Palabra de Dios puede tener en tus hijos en medio de una generación torcida y perversa,[7] considera los siguientes puntos:

Su Palabra es su arma de guerra

«Porque las armas de nuestra milicia no son carnales, sino poderosas en Dios para la destrucción de fortalezas, derribando argumentos y toda altivez que se levanta contra el conocimiento de Dios, y llevando cautivo todo pensamiento a la obediencia a Cristo» (2 Corintios 10:4-5).

Su Palabra los separará

«Bienaventurado el varón que no anduvo en consejo de malos, ni estuvo en camino de pecadores, ni en silla de escarnecedores se ha sentado; sino que en la ley de Jehová está su delicia, y en su ley medita de día y de noche. Será como árbol plantado junto a corrientes de aguas, que da su fruto en su tiempo, y su hoja no cae; y todo lo que hace, prosperará. No así los malos, que son como el tamo que arrebata el viento. Por tanto, no se levantarán los malos en el juicio, ni los pecadores en la congregación de los justos. Porque Jehová conoce el camino de los justos; mas la senda de los malos perecerá» (Salmo 1:1-6).

Su Palabra los hará sabios

«¡Oh, cuánto amo yo tu ley! Todo el día es ella mi meditación. Me has hecho más sabio que mis enemigos con tus mandamientos, porque siempre están conmigo. Más que todos mis enseñadores he entendido, porque tus testimonios son mi meditación» (Salmo 119:97-99).

Su Palabra iluminará su camino

«Lámpara es a mis pies tu palabra, y lumbrera a mi camino» (Salmo 119:105).

Su Palabra los mantendrá sin extraviarse

«Con todo mi corazón te he buscado; no me dejes desviarme de tus mandamientos. En mi corazón he guardado tus dichos, para no pecar contra ti» (Salmo 119:10-11).

Su Palabra los ayudará a purificar sus caminos

«¿Con qué limpiará el joven su camino? Con guardar tu palabra» (Salmo 119:9).

MIRANDO HACIA ATRÁS

Que la mujer de Lot volviera la mirada no fue lo que la convirtió en una madre imperfecta. Más bien, su desobediencia reveló su idolatría. Sus acciones mostraron cuán profundamente su corazón idólatra permanecía conectado a una cultura injusta. Y un corazón idólatra es la raíz de las malas decisiones que una persona toma. Esa verdad se aplica a todas nosotras.

Recuerda, Dios exige nuestra devoción completa. Él desea que lo valores más que todo lo que este mundo tiene para ofrecer. En una cultura que mide tu valor personal basándose en tu portafolio, Dios quiere mostrarte cuánto vales simplemente porque Él te ama. De la misma manera en que Dios mostró la profundidad de Su cuidado por Lot enviando ángeles para rescatar a su familia, Él muestra la profundidad de Su amor por ti al enviar a Jesús para rescatarte del juicio eterno que se avecina.

> En una cultura que mide tu valor personal basándose en tu portafolio, Dios quiere mostrarte cuánto vales simplemente porque Él te ama.

Al enfrentar grandes pérdidas, confía en Dios. Recuerda que tus luchas pueden llevarte a desviar tu mirada de las cosas terrenales a la esperanza en Cristo. Cuando haces esto, una oscuridad sobrenatural cubrirá todo lo que está separado de Él.

A veces, una enfermedad amenaza con arrebatar todo lo que amas. Cuando nuestra hija menor, Kayla, sufrió un aborto espontáneo que puso en riesgo su vida, Steve y yo estábamos fuera de cobertura durante un viaje. Cuando por fin encendimos nuestros teléfonos, una gran cantidad de mensajes en los grupos familiares iluminó nuestras pantallas, con mensaje tras mensaje entre nuestros hijos adultos. La hermana mayor, Meredith, y su esposo Jake dijeron: «Estamos orando por ustedes. Podemos ir ahora». El hermano Brandon y su esposa Jessy enviaron oraciones de intercesión. Y el hermano mayor Tony y su esposa Kylene ofrecieron oración, consejos médicos y apoyo.

Después de que Steve y yo procesamos lo ocurrido en nuestra ausencia, nos detuvimos a reflexionar sobre cómo nuestros hijos habían crecido y actuado exactamente como esperábamos en este tipo de situación. Se habían vuelto unos hacia otros y alentaron a Kayla y Estevan a fijar su mirada en Cristo. ¡Qué glorioso fue para nosotros observar esta increíble interacción entre ellos! Y qué alegría sentimos al saber que nuestros hijos continuarán apoyándose mutuamente después de que Steve y yo regresemos al Señor.

Cuando sientas que a tu alrededor caen fuego y azufre, volver tus ojos hacia Dios te aportará una paz suprema. Usa la adoración para ayudarte a redirigir tu visión. Como dice el viejo himno:

Fija tus ojos en Cristo,
tan llenos de gracia y amor,
y lo terrenal sin valor será
a la luz del glorioso Señor.[8]

LECCIONES DE VIDA

¿Qué fue lo que más te llamó la atención de la historia de la esposa de Lot?

Mirar atrás acabó revelando su corazón idólatra. ¿De qué podría estar pidiéndote Dios que te apartes en tu vida?

¿Qué pasos vas a tomar para alejarte de los tesoros de este mundo y seguir a Cristo de todo corazón?

Después de considerar lo que has aprendido en este capítulo, escribe una oración. Pide a Dios que te ayude a vivir tu fe con tal entrega que tus hijos se sientan inspirados a seguir tu ejemplo.

Para ver las enseñanzas de Rhonda sobre este capítulo, usa el siguiente código QR o enlace:

https://www.rhondastoppe.com/moms-of-the-bible-book/

CAPÍTULO 7

FAVORECER A UNO TRAE DESASTRE

Rebeca

GÉNESIS 27

«¡Lo voy a matar! ¿Dónde está? Mamá, ¿a dónde se escapó Jacob?».

Por el fuego en los ojos de Esaú y la ira en su voz, Rebeca sabía que su hijo no lanzaba amenazas vacías. Nunca había visto a Esaú tan enfurecido. No es que no se enfadara nunca; su hijo era rudo y temperamental, y su ira se encendía fácilmente cuando se sentía irrespetado. Pero esto era diferente. Esta traición a la confianza provocó en Esaú una furia que asustó tanto a Rebeca que temió por la vida de Jacob. ¿Mataría Esaú realmente a su hermano? Rebeca estaba convencida de que sí.

¿Qué llevó a este conflicto explosivo entre los gemelos? Bueno, si conoces su historia, recordarás que, mientras Rebeca aún estaba embarazada, Dios reveló que había ordenado que su hijo mayor, Esaú, sirviera algún día a su hermano menor, Jacob: «Dos naciones hay en tu seno; dos pueblos se dividen desde tus entrañas. Uno será más fuerte que el otro y el mayor servirá al menor» (Génesis 25:23, NVI).

La forma de responder Rebeca a esta revelación divina fue lo que le valió un lugar como madre con defectos en la Biblia. Era una buena mujer que amaba a Dios, pero tomó algunas malas decisiones. En realidad, por el pecado, todos somos imperfectos, ¿verdad? Así que puedo identificarme con la historia de Rebeca. Veamos ahora cómo favoreció a uno de sus hijos, engañó a su esposo, impuso su propia agenda y transmitió su comportamiento divisivo a sus hijos.

OBSERVACIONES SOBRE REBECA

Tuvo un favorito

Poco después de que nacieran los chicos, las señales de favoritismo empezaron a florecer en la familia de Rebeca. Su hijo menor, Esaú, era un diestro cazador preferido por su padre, Isaac. Jacob era, desde luego, el niño de mamá. Tal vez el favoritismo de Rebeca hacia Jacob nació de lo mucho que tenía en común con él. Esaú era un hombre rudo del campo mientras que Jacob era de piel suave y un hombre tranquilo que prefería quedarse en casa y ayudar en la cocina. Tal vez Jacob y Rebeca pasaban tiempo juntos preparando las comidas.

Puedo entender la inclinación de Rebeca por favorecer a su hijo menor. Después de todo, Dios mismo le había revelado lo especial que llegaría a ser Jacob. En su cultura, los hijos menores no recibían la primogenitura ni la autoridad que acompañaba a esa posición honorable. Sin embargo, Dios le había dicho a Rebeca que eso ocurriría con Jacob. Esta revelación pudo haber contribuido a su vínculo maternofilial; no es de extrañar que ella tuviera una conexión más profunda con Jacob que con Esaú. Sin embargo, como veremos enseguida, esta tendencia le costaría muy cara.

El favoritismo parental trae problemas inevitablemente. Yo lo experimenté en mi propia crianza. Tenía una hermana catorce meses mayor que yo. Nuestra madre había crecido en un hogar disfuncional, de modo que le agradezco el esfuerzo que hizo para criarnos mejor de lo que ella lo había sido. Y, como mencioné antes, estoy agradecida porque nuestro padre entregó su corazón a Jesús, porque esto nos acarreó una seguridad que no habíamos conocido hasta entonces.

Al compartir esto, no estoy intentando echar a mi madre, entonces joven, a los pies de los caballos. Más bien quiero proporcionarte un vislumbre de lo que experimenté. Al crecer, era evidente que mi madre me prefería a mi hermana. Ella y yo éramos muy parecidas. Disfrutábamos yendo de compras y compartíamos conversaciones relevantes sobre los helados cubiertos de crema. Por otra parte, mi hermana prefería no pasar tiempo con nuestra madre, y se aseguraba de que ella lo supiera. De modo que no es de sorprender que mi madre se inclinara hacia mí y no hacia mi hermana.

Pero, aunque a mi hermana no le interesara pasar tiempo con nuestra madre, le afectó profundamente observar el estrecho vínculo que compartíamos. Nunca admitió estar celosa, pero reaccionaba tratándome de forma dolorosa.

De jovencitas, yo tenía un conflicto. Por un lado, mi hermana y yo lo hacíamos todo juntas. Ambas éramos animadoras y compartíamos las mismas amigas. Ella decía que yo era su mejor amiga. Sin embargo, minaba mi carácter con regularidad, me hacía sentir inferior y me trataba de maneras pasivas-agresivas que me confundían. No fue hasta la adultez cuando entendimos que la rivalidad que había entre nosotras estaba arraigada en el favoritismo de nuestra madre. ¿Te suena?

Pero Dios es fiel y toma las experiencias de nuestra infancia y las usa para bien si se lo permitimos. Creo que Dios usó mis experiencias personales para bien cuando me ayudó a comprender cómo el favoritismo había abierto una brecha entre mi hermana y yo. Esta toma de conciencia me ayudó a protegerme de mostrar favoritismo cuando fuera madre.

Es fácil quedarnos enganchados a los problemas de nuestra niñez. Si has tenido problemas con tus hermanos durante tu crianza, aprende del ejemplo de José en la Biblia. No se aferró al enojo contra sus padres o sus hermanos por su infancia disfuncional. En su lugar, confió en que, de algún modo, Dios sacaría algo bueno de su dolor y de sus circunstancias. De la misma manera, si guardas resentimientos hacia uno de tus progenitores por actos de favoritismo, es hora de dejar esos pensamientos destructivos a un lado.

Dios es capaz de usar cualquier cosa que permita en tu propio viaje para generar un bien mayor. No tienes que ser el producto de cómo fuiste criada. Si la inclinación hacia el favoritismo de tu crianza se ha abierto camino en tu forma de ser madre, ahora es el momento de cambiar esta conducta divisiva. Con la ayuda de Dios puedes crecer para no tener preferencia por ninguno de tus hijos.

Volvamos a la comprensión que podemos extraer de las malas elecciones de Rebeca.

Engañó a su esposo

En Génesis 27 leemos cómo Isaac, ya anciano y ciego, quería impartir la bendición de primogenitura sobre Esaú. ¿Entró en pánico Rebeca cuando oyó sobre la intención de Isaac? Siento curiosidad por saber si le explicó alguna vez a su esposo el plan que Dios le había comunicado respecto a que Jacob recibiera los derechos del primogénito.

En vez de sentarse con su maridito para razonar juntos cómo podría cumplir Dios Su voluntad para con Jacob, Rebeca ideó una forma de «ayudar a Dios» a cumplir su plan predeterminado.

Cuando Rebeca oyó las instrucciones que Isaac le daba a Esaú para que fuera a cazar, involucró a Jacob en su plan de engaño. El significado del nombre Jacob es «suplantador» o «timador», por lo que estoy pensando que no le costaría mucho convencerle de seguir la elaborada astucia de su madre. Aunque sí preguntó la lógica del plan materno cuando alegó: «Si mi padre me toca, se dará cuenta de que quiero engañarlo y esto hará que me maldiga en vez de bendecirme» (Génesis 27:12, NVI).

La observación de Jacob debería de haber encendido una alarma para que Rebeca recuperara el juicio antes de seguir adelante con su plan de engaño. Pero no. En su lugar, ella respondió: «Hijo mío, ¡que esa maldición caiga sobre mí! —le contestó su madre—. Tan solo haz lo que te pido y ve…» (versículo 13, NVI).

Aquí es donde aparece el pensamiento equivocado de Rebeca. Sabía que Isaac no lo aprobaría, pero dio instrucciones a Jacob de seguir adelante de todos modos. Lo envió a matar dos cabras y cubrir sus manos y cuello con la piel para que, cuando Isaac palpara sus brazos, pensara que su hijo mayor Esaú, robusto y velludo, había ido a visitarlo. Rebeca se apresuró y cocinó la carne de manera que tuviera el sabor del guisado que Esaú habría preparado con las piezas cazadas.

La trama iba según lo planeado. Jacob mintió por completo a su padre cuando le dijo que era Esaú. Isaac, engañado, ungió a Jacob con todas las promesas y bendiciones que había impartido sobre Esaú.

Lo que ocurrió a continuación es desgarrador. Tan pronto como Jacob abandonó la tienda de Isaac, Esaú regresó de cazar. El padre comprendió de inmediato que Jacob lo había engañado, y a Esaú le amargó en gran manera cómo su hermano le había robado su bendición. Desde ese día en adelante, «aborreció Esaú a Jacob por la bendición con que su padre le había bendecido, y dijo en su corazón: Llegarán los días del luto de mi padre, y yo mataré a mi hermano Jacob» (versículo 41).

Una vez que Rebeca escuchó la intención de Esaú de matar a Jacob, envió lejos a su hijo menor, a casa de su hermano Labán. Y aquí llegó la parte más triste de la historia. Transcurrieron muchos años antes de que Jacob regresara a casa. La Biblia no nos dice en ningún lugar si Rebeca volvió a verle. Lo más probable es que muriera antes de su regreso. También es muy posible que no conociera jamás a la familia de Jacob. No meció nunca a sus bebés en su regazo. ¡Cómo me duele el corazón por esta buena mujer que sufrió consecuencias dolorosas por sus acciones equivocadas!

Ella impuso su agenda

En este drama familiar explosivo, vemos a Rebeca viviendo las consecuencias de una mala decisión. Sin embargo, si consideramos su historia, ella fue una buena mujer que actuó de forma necia. Los resultados trágicos tenían sus raíces en una mala acción que le costó cara. Cuando nos encontramos con Rebeca en las Escrituras por primera vez, se la describe como una mujer buena, temerosa de Dios y valiente, que estuvo dispuesta a dejar a su familia y su entorno familiar para viajar a una tierra lejana a casarse con Isaac, un hombre al que no había visto nunca. Es una historia de amor muy bonita. Si no has leído nunca el capítulo 24 de Génesis, te ruego que te tomes el tiempo de leerlo. La implicación de Dios al unir a Isaac y Rebeca es uno de mis relatos bíblicos favoritos. En Génesis 24:67 se explica cómo, desde el momento en que Isaac puso sus ojos sobre Rebeca, la amó profundamente. Todo el trasfondo de Rebeca en Génesis 24 revela que era realmente hermosa y humilde, y que confió con valentía en Dios respecto a su futuro.

Yo puedo identificarme con la historia de Rebeca, ¿y tú? Amo al Señor. Confío en Él y quiero obedecerle. Sin embargo, a menudo caigo en la categoría de mamá imperfecta, cuando impongo mi propia agenda en lugar de esperar en Dios.

Por ejemplo, cuando mis hijos eran más pequeños, Steve nos advertía cuando estábamos demasiado ocupados en actividades familiares. Señalaba razones válidas por las que yo tenía que «bajar el ritmo», como decía él. Yo le escuchaba, y hasta podía estar de acuerdo con sus observaciones, pero una y otra vez reincidía en añadir *solo una actividad más* a la ya apretada agenda de mis hijos. ¿Lo haces tú también?

De la manera más sencilla, tal vez no te des cuenta de que tener una agenda apretada le roba a tu familia tiempo precioso de estar juntos. ¿Por qué las mamás nos sentimos obligadas a extender demasiado nuestro horario? Podría ser porque otras familias que conocemos viven a un ritmo frenético. Otra razón podría ser que pensamos que una «buena madre» involucra a sus hijos en cualquier actividad que los ayude a desarrollar su potencial.

Cuando consideras el potencial de tus hijos, resulta tentador hacer lo posible por empujarlos hacia el éxito. En la historia de Rebeca, ella conocía el potencial ordenado por Dios que alcanzaría su hijo Jacob. El Señor ya se lo había dicho: «El mayor servirá al menor». Por tanto, para Rebeca tendría mucho sentido ocupar a Jacob con actividades que en su opinión provocarían ese resultado.

Como padres, tenemos que asegurarnos de no dejarnos atrapar en la cautividad de la actividad: hemos de asegurarnos de que los programas apretados no acaben introduciendo peleas en el hogar. Los expertos concuerdan en que existe un efecto poco favorable sobre los niños que llevan un horario con estructuras densas. La reducción del tiempo libre para el juego y el ocio puede tener un efecto negativo en el desarrollo cognitivo y en el desempeño académico.[1]

Como padres, tenemos que asegurarnos de no dejarnos atrapar en la cautividad de la actividad.

Normalmente, los niños sobrecargados muestran niveles más altos de ansiedad y conflicto entre ellos. Y esto parece extraño, porque podríamos suponer que las actividades extraescolares ayudan a mantener a los niños demasiado ocupados como para pelearse o sentirse ansiosos. Me convertí en una mamá imperfecta cuando ignoré el consejo de mi esposo con respecto a reducir nuestras actividades. No respetar sus advertencias creó tensiones en nuestro matrimonio y acabamos teniendo más conflicto entre nuestros hijos.

Un director de ministerio infantil señala: «Los padres pueden cuestionar cada actividad porque no existe obligación de conformarse a las expectativas culturales. Semejante planteamiento de rechazar las expectativas culturales y confiar en el criterio de Cristo respecto a cómo invierte su tiempo una familia abre la puerta a una nueva forma».[2]

Considera estos efectos negativos que una agenda apretada puede tener sobre tu hijo:

- conversaciones menos relevantes
- menos comidas familiares juntos
- altos niveles de tensión familiar
- reducción del tiempo de juego no estructurado
- menos oportunidades de desarrollar habilidades sociales naturales
- desarrollo creativo entorpecido
- capacidad disminuida de entretenerse solo

Siempre he querido apoyar los sueños de mis hijos. Así que no era inusitado que lo dejara todo para llevarlos de una actividad a la siguiente. Sin embargo, si dedicas demasiadas horas a estos eventos extraescolares, te quedará menos tiempo para las cenas en familia o las mañanas tranquilas de sábado todos juntos. Para muchas familias, las actividades deportivas se convierten en una pasión absorbente. Y, tristemente, los acontecimientos deportivos pueden provocar que las familias falten a la iglesia durante semanas, lo que dará a tus hijos la impresión de que ser parte de una familia de la iglesia tiene una prioridad inferior a las aspiraciones deportivas. No hay segundas oportunidades si haces esto mal.

El pastor y autor Barry Bandara sugiere establecer vallas protectoras contra nuestras agendas: «Todos tenemos un recurso limitado conocido como tiempo. Sin embargo, ninguno de nosotros sabe con exactitud cuánto tiempo le queda. Todos deseamos poder tener segundas oportunidades, pero esto suele ser poco realista. Por consiguiente, debemos valorar nuestro tiempo y hacer elecciones sabias que conducen a una vida satisfactoria y no a consecuencias dañinas».[3]

No estoy diciendo que no debas permitir que tu hijo se involucre en el deporte u otras actividades. Pero con cada oportunidad, pídele sabiduría a Dios. Y cuando tu esposo intervenga para rescatarte de una agenda agobiante que resulta estresante, sería prudente prestar atención a su consejo y reducir el ritmo.

Consideremos otra consecuencia de la mala decisión de Rebeca.

Transmitió una conducta divisiva a sus hijos

La tendencia de Rebeca a la parcialidad se transmitió a sus nietos a través de Jacob. Años después, Jacob siguió el ejemplo de su madre mostrando preferencia por su hijo José. Es curioso cómo, aunque él había experimentado rivalidad con Esaú, como resultado del favoritismo parental, Jacob (a quien Dios le cambió más tarde el nombre por el de Israel) siguió el mismo patrón familiar de su crianza, al prodigar hacia José una parcialidad obvia. ¿Recuerdas lo ofendidos que se sintieron los hermanos mayores cuando el padre le regaló una túnica de colores? En Génesis 37:3 se señala el patente favoritismo de Jacob: «Israel amaba a José más que a sus otros hijos» (NVI).

¿Qué? Vamos, Jacob, ¿no has aprendido nada de tu experiencia? *No.* Otra generación de rivalidad entre hermanos discurrió por medio de los descendientes de Jacob. Los hermanos de José crecieron despreciándolo tan profundamente que lo vendieron como esclavo para deshacerse de él de una vez por todas… o eso creyeron.

> El perdón es verdaderamente el secreto para acabar con la rivalidad entre hermanos.

Tras ser vendido, llevado a Egipto y después de años de aflicción, José acabó con la rivalidad de su familia al perdonar a sus maltratadores hermanos. El ascenso de José por encima de la rivalidad quedó probado por el perdón que extendió a sus hermanos. El perdón es verdaderamente el secreto para acabar con la rivalidad entre hermanos.

LA RIVALIDAD ENTRE HERMANOS

Como mamá, nada me abrumaba más que ver a mis hijos pelearse. Un día de constantes disputas entre ellos bastaba para hacerme querer tirar la toalla. Tal vez sepas de lo que te hablo.

Unos días, los niños jugaban muy tranquilos y apenas había conatos de discordia. Otros días parecía que uno de ellos se había levantado con la frase «atormenta a tu hermano» escrita en el plan del día (¡Kayla, te estoy mirando a ti! Jajaja).

No sé tú, pero cuando mis hijos discutían yo me sentía una madre fracasada. Veía a los hijos de otros jugando juntos, la mar de bien, y pensaba *¿Qué pasa conmigo? ¿Por qué no puedo controlar las discusiones de mis hijos?* Y esto era antes de las redes sociales. Imagino la presión mucho mayor de las madres de hoy. En mi viaje parental, la única forma de saber cómo vivían otras familias era cuando estaba con ellas. Pero en la actualidad, las redes sociales te permiten ver posts de las lindas familias de tus amigas disfrutando de una paz y una armonía perfectas juntos todo el día, todos los días.

Por eso es importante recordar que las redes sociales solo presentan los momentos destacados de la vida de las personas. Puedes pensar para tus adentros: *Estoy segura de que también tienen sus días de discordia,* pero en el fondo de tu mente, sigues cuestionando tus métodos parentales y preguntándote si habría una forma mejor de detener los ciclos locos de la rivalidad entre hermanos.

Mi momento revelador se produjo un día cuando veía un documental sobre la rivalidad entre hermanos. Me gustaría recordar el nombre del programa, porque querría volverlo a ver, pero ese programa se emitió hace más de 30 años. Habían invitado a participar en el estudio a madres con hijos que se peleaban. El investigador pedía a un par de hermanos que se sentaran juntos en una sala con juguetes. Desde detrás de un espejo unidireccional, la madre y el investigador observaban lo bien que los niños jugaban juntos.

A continuación, el investigador envió a la madre con la simple directriz de sentarse en la mecedora que había. Momentos después de que la madre se instalara en su silla, los niños empezaron a discutir. Cada uno se volvió por turnos hacia donde estaba la madre para delatar al otro. Cada vez, la madre luchaba por arbitrar en el altercado, preguntando: «¿Quién lo tenía primero?».

Cada vez que los niños gritaban por la injusticia de su apuro, la madre intentaba ser juez y jurado en el conflicto. Unas veces se ponía de parte de uno de los hijos y otras defendía al otro. El conflicto siguió reinando en la sala hasta que el investigador hizo salir a la madre. Y entonces... ¡Adivina! Desde detrás del espejo unidireccional, la madre y el investigador observaban que los niños regresaban a un tiempo de juego en armonía.

Ahora bien, si esto hubiera sucedido solo una vez, con una mamá y un par de hermanos en particular, no me habría impresionado lo más mínimo. Pero un caso tras otro, los hermanos jugaban juntos y disfrutaban hasta que la madre entraba a la sala. Y cada vez que la madre en cuestión entraba, el conflicto se producía. De manera inevitable, la madre participaba en intentos de discernir de quién era la culpa. Una y otra vez, la discusión acababa en el momento en que la madre abandonaba la sala. Tal cual. Era como si se girara el botón de «conflicto» y los niños volvieran amablemente a sus juegos.

Esta es la parte interesante: el experto en investigación explicó por qué se producía la discordia. Cuando la madre entraba a la sala, los hermanos competían para conseguir su favor. Como si fuera un juego, cuando la madre juzgaba que uno de ellos era la víctima, el «punto» iba para ese. En el siguiente conflicto, si un hermano le quitaba el juguete al otro, la madre intervenía para devolverlo y el niño que conseguía el juguete de nuevo «ganaba un punto». ¿Tiene sentido?

Esos niños competían por la aprobación de su madre tratando de atraerla a su conflicto. Cuando ella participaba, ¡el juego comenzaba! Al final, la madre terminaba agotada y los niños entretenidos.

Ni te imaginas lo transformador que me resultó este descubrimiento como madre de un niño de dos años y una niña de cuatro. Por fin sentí que tal vez podría controlar la rivalidad entre hermanos. Pensé: *Quizás sin darme cuenta he estado participando en su competitividad. Tal vez haya esperanza de poder poner fin a sus peleas.*

Me senté con Brandon y Kayl y les expliqué que dejaría de involucrarme en su competitividad. Les dije: «Mamá ya no los ayudará a decidir de quién es la culpa, quién va a tener qué juguete o quién ha provocado el conflicto. De ahora en adelante, si no pueden resolver sus desacuerdos de manera amable y amorosa, sencillamente les quitaré aquello por lo que estén peleando… y no volverán a recuperarlo».

Con los ojos abiertos como platos, mis pequeños empezaron a protestar por lo injusta que sería la nueva regla. Pero me mantuve firme e implementé la nueva estrategia en ese mismo momento. Por supuesto, no tardaron en tantear el terreno. Con clemencia, antes de intervenir para confiscar un juguete les recordaba la nueva norma y les pedía que por favor fueran amables y lo resolvieran ellos.

Si no eran capaces de calmarse y resolver su contienda, simplemente les quitaba el juguete. No elegía bando ni pronunciaba palabras para avergonzarlos. No decía: «Les dije que esto ocurriría». Tan solo imponía la consecuencia prometida y seguía adelante con mi día. Al final, esta nueva forma de gestionar las peleas fue un modo eficaz para entrenar de nuevo a mis hijos y que resolvieran sus conflictos de una manera razonable.

Por supuesto, Steve y yo nos involucrábamos cuando los niños se hablaban o actuaban de manera áspera entre sí. Nuestro objetivo no se limitaba a detener sus peleas por las posesiones; más bien queríamos enseñarles a resolver sus conflictos de una manera que honrara a Cristo, prefiriendo al otro por encima de sí mismo.

Recuerdo que hubo muchas oportunidades para intervenir cuando se herían sentimientos o se producía una agresión. Por ejemplo, me acuerdo de un día cuando Brandon, a sus seis años, fue empujado contra el refrigerador por su hermana Kayla de tres. Le dijo: «Buandon, no me obligues a hacer que tu nariz sangüe. ¡Sabes que puedo!».

Un poco de contexto: a principios de esa semana, Kayla había golpeado accidentalmente la nariz de Brandon, haciendo que le sangrara. Supongo que eso le dio una especie de sensación de poder.

Cuando Steve y yo oímos la amenaza de Kayla, tuvimos que girarnos para que los niños no nos vieran aguantar la risa. Verdaderamente los niños dicen las cosas más disparatadas, ¿verdad? Tras recuperar nuestra compostura, disciplinamos a Kayla por tratar a Brandon con semejante agresividad. Y después Steve elogió a Brandon por contenerse y no vengarse de la provocación de su hermana. Le dijo: «Estoy tan orgulloso de ti, hijo. Sé que habrías vencido fácilmente a tu hermana, pero como hombre has demostrado mesura, y sabes que los hombres *nunca* golpean a las niñas. Buen trabajo, compañero».

Ahora nos reímos del incidente. La historia se ha convertido en un tema favorito de la familia para compartir con otros. Te alegrará saber que Brandon creció y jamás golpeó a una niña. Y Kayla se convirtió en una mujer amable y bondadosa que no ha hecho nunca que le sangre la nariz a nadie. ¡Cuento esto como victorias!

Y, ahora, disfruto observando cómo Kayla emplea las mismas prácticas para resolver conflictos con sus cinco pequeños. En realidad, todos nuestros nietos están siendo entrenados para solucionar sus diferencias sin hacer que los padres se involucren en la pelea. Por esto, Steve y yo solemos invitar a nuestros quince nietos a pasar fines de semana con nosotros porque saben llevarse bien. No quiero decir con esto que no tengan nunca conflictos, pero cuando esto ocurre, seguimos las mismas prácticas que usábamos cuando educábamos a nuestros propios hijos. ¿Ves cómo funciona?

El tiempo que inviertes en ayudar a tus hijos a aprender a resolver sus diferencias de un modo amoroso se impondrá un día en sus hijos y otros también disfrutarán de ello.

LAS LUCHAS SON REALES, PERO ¡MERECEN TANTO LA PENA!

Algunas veces, los niños no pelean por un juguete. Más bien se implican en temporadas de luchas de poder. Dulce y agotada mamá, conozco la pesada carga que llevas cuando tus hijos pelean unos con otros todo el tiempo. No me refiero al desacuerdo ocasional que tiene que resolverse. Más bien, hablo de esas temporadas que pueden ser incesantes y agotadoras. ¡Cómo recuerdo esos momentos difíciles!

Aunque te puedas sentir tentada a detener las peleas de tus hijos dejándolos distraerse con las pantallas, reconoce el valor de esas etapas, porque puedes aprovecharlas para enseñar y formar a tus hijos. Las luchas son reales, pero vale la pena enfrentarlas, porque resolver los juegos de poder son una forma valiosa de moldear el carácter de tus hijos. En Proverbios 27:17 leemos: «El hierro se afila con el hierro y el hombre en el trato con el hombre» (NVI). Es una imagen poderosa de lo que sucede cuando las personas viven en estrecha comunidad unas con otras. Cuando tus hijos experimentan conflictos, saltan chispas. Imagina dos espadas chocando entre sí: la fricción hace que ambas se vuelvan más afiladas y mejor preparadas para los propósitos con que fueron creadas.

¿Y si te dijera que las peleas de tus hijos en realidad pueden ser algo bueno? Tal vez preguntes: «¿Cómo puede ser eso posible?».

Porque cuando tus hijos son «empujados» o probados, lo que sale de ellos revela lo que hay en su corazón. Y eso te brinda la oportunidad de observarlos, de usar discernimiento y orar para que el Señor te ayude a guiar sus corazones hacia Cristo. Estas experiencias te darán buenas oportunidades para ayudarlos a examinar sus motivos y su propia participación cuando surjan los conflictos.

Dios te ha dado el privilegio de formar el carácter de tus hijos para Su gloria; ese es el resultado cuando los ayudas a aprender a resolver conflictos de una manera que honre a Cristo. Esta habilidad para la vida los preparará para resolver desacuerdos con sus amigos y con su futuro cónyuge, y también los ayudará a enseñar a sus propios hijos habilidades para hacer la paz.

> Se te ha dado el privilegio de formar el carácter de tus hijos para la gloria de Dios; ese es el resultado cuando los ayudas a aprender a resolver conflictos de una manera que honre a Cristo.

Para Steve y para mí, el trabajo involucrado en la formación de nuestros hijos para resolver bien los conflictos ha resultado en que hayan crecido siendo los mejores amigos. Nos sentimos honrados y bendecidos. No hay nada más dulce que tener a nuestros cuatro hijos adultos, sus cónyuges y a nuestros quince nietos juntos en nuestra casa porque todos han decidido amarse los unos a los otros de un modo que honre a Cristo.

La unidad no llega de manera natural. Un día sí y otro no, debe alimentarse. Cuando estás en lo más fuerte del conflicto, no olvides nunca las recompensas que pueden resultar cuando has hecho lo posible para establecer un hogar unido. Hazle caso a esta mujer mayor que ha pasado por lo mismo que tú: cuando te dedicas a entrenar a tus hijos para que resuelvan los conflictos de un modo sano, le estás haciendo el regalo más increíble a tu futuro. Tus esfuerzos tienen el potencial de repercutir en sus propias familias, y tú, amiga mía, serás bendecida.

¿CUÁL ES LA RAÍZ DEL PROBLEMA?

La rivalidad entre hermanos tiene sus raíces en mucho más que un simple intento de que uno de ellos se imponga sobre el otro; debemos abordar un problema más profundo. Separar a tus hijos o gritarles para que dejen de pelear no es la mejor solución. Más bien, reconoce esas disputas familiares como oportunidades para ayudar a tu hijo a desenmascarar el pecado del orgullo, del egoísmo o de los celos.

La mayoría de las personas no han sido entrenadas para tener autoconciencia, y eso puede causar todo tipo de problemas en sus relaciones. ¡Qué gran regalo te haces a ti misma —y a tus hijos— cuando les enseñas a detenerse y evaluar por qué se sienten provocados, por qué se aíslan o por qué se ofenden! Una vida sin reflexión es una vida descuidada. Si tus hijos crecen sin aprender a evaluar su propia participación en los conflictos, probablemente culparán a los demás por sus problemas y nunca aprenderán el secreto para disfrutar de relaciones amorosas y duraderas.

Usa las Escrituras para ayudar a tus hijos a entender su tendencia a jugar a culpar al otro. La Palabra de Dios es viva, eficaz y más cortante que una espada de dos filos. La Biblia promete revelar los pensamientos y las intenciones de nuestro corazón (ver Hebreos 4:12). Tus palabras persuasivas no tienen el mismo poder transformador que se encuentra en la Palabra de Dios.

Ayuda a tus hijos a entender cómo la naturaleza humana tiende a cegarnos ante nuestros verdaderos motivos. Todos luchamos con esa tendencia, pero tenemos esperanza gracias a Jesús, quien señaló la rapidez de las personas para notar las faltas ajenas, mientras son ciegas a sus propios problemas más grandes.

Para ayudar a tus hijos a reconocer la tendencia humana al autoengaño, aquí tienes algunos versículos bíblicos que puedes compartir con ellos, incluidos pasajes del libro de Proverbios que contrastan la sabiduría de quien acepta la corrección con la necedad de quien se niega a examinar sus motivos.

- Jeremías 17:9—«Nada hay tan engañoso como el corazón. No tiene remedio. ¿Quién puede comprenderlo?» (NVI).
- Mateo 7:3-5—«¿Y por qué miras la paja que está en el ojo de tu hermano, y no echas de ver la viga que está en tu

propio ojo? ¿O cómo dirás a tu hermano: Déjame sacar la paja de tu ojo, y he aquí la viga en el ojo tuyo? ¡Hipócrita! Saca primero la viga de tu propio ojo, y entonces verás bien para sacar la paja del ojo de tu hermano».

- Proverbios 21:2—«Todo camino del hombre es recto ante sus ojos, pero el Señor sondea los corazones» (NBLA).
- Proverbios 12:15—«El camino del necio es recto a sus propios ojos, pero el que escucha consejos es sabio» (NBLA).
- Proverbios 16:2—«Todos los caminos del hombre son limpios ante sus propios ojos, pero el Señor sondea los espíritus» (NBLA).

FORMAS PRÁCTICAS DE EVITAR EL FAVORITISMO

Antes de acabar este capítulo, extraigamos algunas formas intencionales de evitar imponer tu propia agenda o mostrar favoritismo mientras entrenas a tus hijos para que resuelvan bien los conflictos.

1. *Confía en el plan del Señor.* Al criar a tus hijos, a menudo resulta tentador ocuparte tú misma de los asuntos. Pero recuerda: los caminos de Dios siempre son mejores; Su tiempo siempre es perfecto; y esperar en Él siempre es el mejor curso de acción.
2. *Ajusta tu estado de ánimo.* Simple y llanamente, los niños tendrán conflictos. No esperes una armonía perfecta. Más bien, reconoce los momentos de conflicto como oportunidades de enseñanza.
3. *Celebra sus diferencias.* Reduce las rivalidades de tus hijos celebrando sus cualidades únicas. Evita hacer comparaciones. Esto ayudará a que tus hijos se sientan valorados por quienes son y a que su necesidad de competir disminuya.

4. *Entrénalos para resolver conflictos.* En lugar de intervenir siempre, entrena a tus hijos a resolver sus diferencias de maneras que honren a Cristo.
5. *Sé ejemplo de una conducta piadosa.* Sé modelo de amor incondicional para cada uno de tus hijos. Muestra bondad, perdón y amor en tus relaciones; empieza por tu cónyuge si estás casada.
6. *Pasa tiempo individual con cada uno.* Dedica momentos especiales a cada hijo para que se sienta seguro de tu amor y menos propenso a competir por tu atención.
7. *Pídele ayuda a Dios.* Si has tendido a mostrar favoritismo, arrepiéntete y pídele a Dios que te ayude a corregir tus caminos. Criar hijos es una tarea compleja que requiere la sabiduría de Cristo. Cuando te falte sabiduría, pídesela a Dios, pues Él promete dártela (ver Santiago 1:5).

APRENDER DE LOS ERRORES DE REBECA

No puedo evitar preguntarme si Rebeca puso alguna vez en práctica alguno de los pasos arriba mencionados con sus hijos. Cuando los hermanos peleaban, ¿se cansaba ella de intentar enseñarles a llevarse bien? ¿En algún momento simplemente se rindió? De ser así, lo entiendo. Nada me agotaba más que las discusiones de mis hijos. ¡Este tipo de comportamiento puede ser muy desgastante y desalentador!

Si Rebeca hubiera comprendido el caos que su favoritismo y su plan divisivo causarían, me pregunto si habría cambiado su manera de actuar. Aunque Rebeca no podía deshacer las consecuencias de lo que había hecho, tú si tienes la oportunidad de aprender de sus malas decisiones.

No te canses de hacer el bien. Recuerda: la rivalidad entre hermanos revela lo que está ocurriendo en el corazón de tus hijos. Tu tarea es desenmascarar su comportamiento y ayudarlos a discernir qué está motivando sus acciones pecaminosas. Recuerda, no solo estás atajando discusiones; estás formando a los adultos del futuro. Estás haciendo la obra del reino, amiga mía.

Cuando surjan peleas, considéralas oportunidades para enseñar a tus hijos sobre la gracia, el perdón y el amor genuino hacia los demás. Y, sobre todo, ora con tus hijos cuando estén teniendo dificultades para llevarse bien. Guiarlos hacia la oración en medio de los problemas relacionales puede convertirse en una disciplina espiritual que los acompañará durante el resto de sus vidas.

> Cuando surjan peleas, considéralas oportunidades para enseñar a tus hijos sobre la gracia, el perdón y el amor genuino hacia los demás.

No olvides cuánto importa tu ejemplo. Tus hijos observan cómo manejas los conflictos, cómo hablas de los demás y cómo demuestras el amor de Jesús en tus relaciones. Tu influencia será más poderosa cuando ellos vean cómo vives en paz con los demás. Deja que Dios te ayude a mostrar amor incondicional a cada uno de tus hijos; esto cultivará en ellos un profundo sentido de seguridad, del cual brotará un amor sincero entre hermanos que resonará por generaciones.

LECCIONES DE VIDA

¿Qué ha destacado más para ti en este capítulo?

¿Qué puede resultar de jugar a los preferidos con tus hijos?

¿Te has visto manipulando las circunstancias para lograr el resultado deseado para uno de tus hijos? Si es así, escribe una oración pidiéndole a Dios que te ayude a amar a tus hijos por igual, mientras confías en que Él llevará a cabo Su plan en su vida.

¿Has considerado alguna vez cómo los conflictos de tus hijos pueden ofrecerte oportunidades de enseñarles cómo evaluar su propia contribución a la disensión? ¿Cómo podrías explicar a tus hijos la importancia de examinar su propio corazón y motivaciones cuando surja problema entre ellos y sus hermanos o sus amigos?

¿Se encuentra tu familia atascada en el cautiverio de la actividad? ¿Qué pasos tomarás para ralentizar y disfrutar de tiempo juntos? Haz una lista de los cambios que te vengan a la mente.

Para ver las enseñanzas de Rhonda sobre este capítulo, usa el siguiente código QR o enlace:

https://www.rhondastoppe.com/moms-of-the-bible-book/

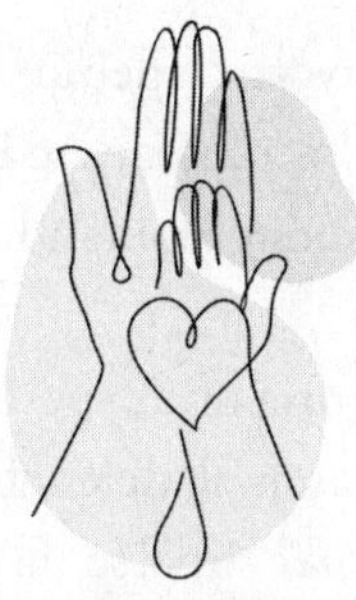

CAPÍTULO 8

LA MUJER PERFECTA QUE TOMÓ UNA DECISIÓN NO TAN PERFECTA

Eva

GÉNESIS 3

Si alguien te diera la oportunidad de convertirte en la mejor versión de ti misma, ¿cómo te lo tomarías? Al navegar por las redes sociales, es exactamente lo que ofrecen esos anuncios cebo con un *clic*. Sabes lo que quiero decir: *Haz clic para saber cómo ganar más dinero de lo que has soñado jamás. Este sérum te hará parecer diez años más joven. Duerme mejor con este colchón celestial.* Y mi favorito de todos los tiempos: *Pierde cinco kilos al descargar esta nueva aplicación.* Como nota aparte, he descargado esas aplicaciones de pérdida de peso, y por si acaso te lo preguntas, no se pierde ni un gramo a menos que *hagas* de verdad los ejercicios que te aconsejan. ¿Alguien me da la razón?

¿Cuándo decir *basta*? Una mamá de la Biblia lo tenía todo. Eva era la madre de toda la humanidad. Era la combinación perfecta. Tal vez hayas oído decir: «¿Te crees un regalo del cielo?». Bueno, Eva podría haber respondido con un rotundo sí, ¡porque fue el regalo perfecto de Dios para Adán! ¡Qué divertido debió de haber sido para Eva vivir cada día como la niña de los ojos de Adán! Él la amaría profundamente con abnegada devoción. Hablando de historias de amor con final feliz.

¿Puedes imaginar la euforia que experimentarían como marido y mujer? Cada día, la feliz pareja se deleitaba en el hermoso jardín de Dios. Eva no tendría que preocuparse si sus muslos eran demasiado gruesos para que Adán la viera desnuda. Adán habría estado completamente atento cuando ella le contara cómo había sido su día. Lo mejor de la jornada eran los paseos vespertinos que disfrutaban con su Creador. ¡Cuán glorioso debió ser! ¿Qué más podrían haber pedido? Literalmente, la vida no podía haber sido mejor para aquellos dos enamorados.

SOLO UN POQUITO MÁS

J. D. Rockefeller fue el fundador de la Standard Oil Company y el primer multimillonario del mundo, lo que lo convirtió en el hombre más rico de la tierra. En la década de 1920, un periodista le preguntó: «¿Cuánto dinero es suficiente?». A lo que Rockefeller respondió con calma: «Solo un poquito más».

Se supone que la contestación de Rockefeller fue una broma, pero sus palabras expresaron con gran profundidad la manera de pensar de muchas personas. La mentalidad de Eva no parecía ser distinta. La antigua serpiente logró desviar su mirada de las innumerables bendiciones que tenía hacia la promesa de cómo podría ser la vida si tan solo tuviera un poquito más.

Solo un pequeño mordisco. Un bocado diminuto. Quiero decir, ¿qué mal habría en probar un poco? Oh, Eva, ¡si hubieras podido imaginar las consecuencias tan profundas que resultaría de ceder a esa fruta prohibida! Su pecado tuvo un terrible efecto dominó. Pero en ese momento, Eva no pensaba en las consecuencias, a pesar de que Dios había dejado muy claro lo que sucedería si comían del fruto prohibido. «Y el Señor Dios ordenó al hombre: "De todo árbol del huerto podrás comer, pero del árbol del conocimiento del bien y del mal no comerás, porque el día que de él comas, ciertamente morirás"» (Génesis 2:16-17, NBLA).

Por si te lo preguntas, a Eva no «le rugía la tripa de hambre» cuando consideró comer aquella delicia prohibida. Dios ya le había provisto alimento de todos los árboles del jardín. De modo que no podemos culpar de su indiscreción a un bajón de azúcar o a una reacción de hambre.

Más bien, lo que sedujo realmente a Eva fue el deseo de «ser como Dios». Escucha cómo describió la astuta serpiente los supuestos beneficios de probar aquel apetitoso bocado: «Ciertamente no morirán. Pues Dios sabe que el día que de él coman, se les abrirán los ojos y ustedes serán como Dios, conociendo el bien y el mal» (Génesis 3:4-5, NBLA).

Mientras Satanás tejía sus mentiras, Eva contemplaba el fruto prohibido. Al observarlo, no vio apariencia alguna de maldad. Lo mismo suele ocurrir en nuestras propias batallas contra los impulsos injustos. La tentación es un fenómeno extraño que rara vez se presenta como una inclinación inmoral. Cada día, los impulsos suelen alimentarse al creer que ciertas decisiones son para nuestro propio bien. La mayoría de nosotros no sopesamos los pros y los contras de las acciones pecaminosas, y luego sucumbimos a lo que reconocemos como maldad. Es más, el atractivo del pecado se basa en nuestra creencia de que elegir el camino equivocado será para nuestro bien mayor, la ética situacional en su máxima expresión.

Como veremos en un momento, Eva se dejó seducir por este pensamiento del «bien mayor», y la forma en que actuó según su creencia le valió el temido título de madre imperfecta en la Biblia. Para ser clara, antes de la gran caída de Eva, aún no había dado a luz a sus hijos, pero ciertamente era la madre de toda la humanidad (ver Génesis 3:20). Y, tristemente, cuando Eva pasó el fruto a Adán y él comió, el pecado se transmitió desde Adán a todas las personas. Su fracaso, así como el de Adán, produjo resultados viciados que no solo resonaron en sus hijos, sino en cada persona nacida desde entonces. Cada ser humano ha sido afectado por la decisión rebelde de Adán y Eva de pecar contra Dios.

Eva nunca había conocido el mal ni había sido engañada, así que no le resultó difícil a Satanás confundirla con su plan engañoso.[1] En Génesis 3:6 se relata la entrada del pecado en la humanidad: «Y vio la mujer que el árbol era bueno para comer, y que era agradable a los ojos, y árbol codiciable para alcanzar la sabiduría; y tomó de su fruto, y comió».

EL ESCENARIO SEDUCTOR

Observa el orden de la caída de Eva. Primero, escuchó las mentiras de Satanás. Luego tuvo una conversación con él, en la cual citó erróneamente las palabras de advertencia de Dios. Cuando Eva fue engañada, dirigió sus ojos con anhelo hacia el fruto. Mientras lo contemplaba, la fruta se convirtió en un deleite para sus ojos, y creció en ella el deseo de volverse sabia como Dios. Fue su anhelo de ser como Dios lo que la llevó a extender su mano, arrancar el fruto del árbol, llevarlo a sus labios y dar el mordisco condenatorio.

Cuando la tentación nos llama, todos nos enfrentamos al mismo escenario seductor al que se enfrentó Eva: «Cada uno es tentado, cuando de su propia concupiscencia es atraído y seducido. Entonces la concupiscencia, después que ha concebido, da a luz el pecado; y el pecado, siendo consumado, da a luz la muerte» (Santiago 1:14-15).

Como si la rebelión de Eva no fuera lo bastante grave, fue y le dio también a Adán. Con un solo bocado, la muerte espiritual cayó sobre ellos. El mismo Espíritu de Dios que había soplado vida en ellos dejó ahora sus almas vacías de Su presencia y Su paz. Esta decisión catastrófica condujo a su muerte y a la muerte de todos sus descendientes: «Por tanto, como el pecado entró en el mundo por un hombre, y por el pecado la muerte, así la muerte pasó a todos los hombres, por cuanto todos pecaron» (Romanos 5:12).

Me pregunto cuánto tiempo le tomó a Eva darse cuenta de que había sido engañada por el diablo. Esperaba que su acción le aportara «solo un poco más», y acabó costándole mucho más de lo que hubiera podido imaginar jamás. ¿Puedes imaginar el remordimiento que debió de sentir al comprender las consecuencias de su pecado?

POR PRIMERA VEZ

En un momento, la pareja disfrutaba de una vida dichosa y despreocupada, libre de pecado y vergüenza. Al siguiente, todo el infierno se había desatado en el mundo que conocían. Sintiendo vergüenza por primera vez en sus vidas, se cubrieron con hojas de higuera. Por primera vez, experimentaron la discordia matrimonial mientras se culpaban el uno al otro, a la serpiente e incluso a Dios por sus decisiones pecaminosas. Por primera vez, Adán le echó la culpa a Eva, quien, por primera vez, se sintió traicionada y herida por su esposo (ver Génesis 3:12-13).

Imagina lo que debió de ser para ellos sentir miedo por primera vez en su vida. Cuando Dios vino a caminar con ellos como lo hacía cada día, estaban tan atemorizados que se escondieron de la presencia de Aquel que los amaba tan profundamente. Por supuesto, Dios sabía dónde y por qué se estaban ocultando, pero les hizo preguntas para hacerlos salir: «¿Dónde estás? ¿Quién te dijo que estabas desnudo? ¿Has comido del árbol del cual te mandé que no comieras?».

PATERNIDAD 101

¿Alguna vez has tenido una experiencia similar con tus propios hijos? Cuando te das cuenta de que se esconden de ti porque han hecho algo malo, ¿les haces preguntas para descubrir qué hicieron y por qué? Harías bien en aprender del ejemplo de Dios. Es una excelente manera de acercarte a tus hijos cuando han actuado mal. A veces parece más fácil gritarles: «¿Te das cuenta en el lío en que estás? Sabes que eso está mal. ¡Ve a tu cuarto!». Pero el método de Dios conduce a un diálogo abierto con tus hijos y brinda la oportunidad de ayudarlos a reconocer y admitir su pecado. Esta práctica puede guiar el corazón de tu hijo hacia el arrepentimiento y la obediencia futura.

Aunque Adán y Eva lamentaron profundamente su pecado, el remordimiento no pudo revertir los devastadores efectos de lo que habían hecho. Dios impuso consecuencias que cambiaron sus vidas. De la misma manera, aunque tu hijo exprese arrepentimiento, hacer preguntas profundas conectará tu corazón con el suyo. Y este proceso puede ayudarte a discernir si está mostrando remordimiento por su pecado o simplemente arrepentimiento por haber sido descubierto; ¡hay una gran diferencia entre ambas cosas! Tu tarea consiste en ayudarlos a comprender la diferencia y llegar a un punto de dolor piadoso que conduzca al arrepentimiento sincero.[2]

Tu disciplina piadosa debe imponer consecuencias apropiadas para su edad, equilibradas con la gravedad de su falta. En otras palabras, no castigues a tu hijo sin salir durante un mes si es la primera vez que toma una galleta sin pedir permiso. En cambio, considera negar el postre después de la cena. Sin embargo, si tomar una galleta sin permiso se ha convertido en una práctica habitual, presta atención. En Proverbios 22:6 se instruye a los padres a educar a sus hijos según su camino. Esta práctica implica reconocer sus inclinaciones y ayudarlo a romper hábitos pecaminosos antes de que se vuelvan parte de su naturaleza.

Como nota aparte, robar y mentir nunca son aceptables. Sea tu hijo un niño pequeño o un adolescente, no te rías ni mires hacia otro lado cuando sabes que ha tomado algo que no le pertenece, o cuando te ha mentido. No es gracioso cuando tu hijo de dos años miente, y sus mentiras serán mucho menos adorables cuando tenga doce. Así que disciplínalo mientras es joven. «Disciplina a tus hijos mientras haya esperanza; de lo contrario, arruinarás sus vidas» (Proverbios 19:18 NTV).

Un joven fue arrestado por robo. Cuando alguien le preguntó cuándo comenzó a robar contestó: «Cuando tenía cinco años robé una lata de refresco de la lonchera de un niño. Me salí con la mía. Y desde entonces, desarrollé el hábito de tomar lo que quería. Era sigiloso, así que rara vez me atrapaban. Y cuando mis padres me descubrían, mentía para salir de la situación».

Los hábitos de robo de este joven quedaron arraigados en su carácter, por lo que acabar participando en el robo de un supermercado no le pareció tan grave. Afortunadamente, el remordimiento que sintió tras las rejas lo llevó a reevaluar las decisiones de su vida, y comprendió su necesidad de escoger una senda mejor.

SIETE RAZONES POR LAS QUE EVA CAYÓ

La mejor manera de prepararte tú y a tus hijos para no caer es entender lo fácil que es hacerlo. Podemos aprender mucho de la historia de Eva; a continuación, siete razones de su caída:

1. Confió en sí misma

La primera señal de alerta que vemos en la historia de Eva es que confió en su propia capacidad para resistir a la tentación. Aprende de su error. Cuando algo te da mala espina, no confíes en ti misma para resolverlo.

Permíteme compartir una experiencia que tuve cuando, después de nacer mi primer hijo, me convertí en una madre que se queda en casa. Dejar atrás el mundo corporativo para cuidar a mi bebé fue un sueño hecho realidad… hasta que dejó de serlo. Mi hija tenía cólicos, y eran horas de llanto y noches sin dormir. Sus problemas estomacales hacían que vomitara todo el día, todos los días, sobre mí. También me sentía desaliñada por el peso extra que había ganado con el embarazo. Atrás quedaron los días de vestir mi mejor atuendo de oficina o de conversar con compañeros de trabajo con una taza de café. Me sentía abrumada y sola gran parte del tiempo. Pero los domingos, esperaba con ansias arreglarme, salir de casa para ir a la iglesia y visitar a mis amigas.

No es una razón muy espiritual para ir a la iglesia, lo sé. Pero también esperaba escuchar el sermón y adorar junto con nuestra familia de la iglesia. Durante ese tiempo, un domingo por la mañana, un hombre amable en la iglesia me hizo un cumplido. «Estás muy bonita hoy», fue todo lo que dijo. Sonreí y respondí: «Gracias». Pero por dentro, me sentí excesivamente complacida de que alguien hubiera notado el esfuerzo que había hecho por verme bien. El siguiente domingo, el mismo hombre me hizo otro cumplido. Y el tercer domingo por la mañana, mientras me arreglaba para ir a la iglesia, pensé: *Me pregunto si fulano me dirá que me veo bonita hoy.*

Ese pensamiento, *una mirada al fruto prohibido*, me detuvo en seco. Fui a contarle a Steve lo que había pensado. Steve respondió: «¿Me estás diciendo que sientes algo por fulano?».

Respondí: «No, en absoluto. Pero lo que sí te estoy diciendo es que me siento tan desaliñada y poco atractiva que empecé a esperar sus cumplidos. Necesito que *tú* notes cuando hago un esfuerzo. Quiero que me veas, que me halagues y me digas que piensas que estoy guapa».

Steve me miró con ternura compasiva en la mirada. «Cariño, siempre pienso que te ves bonita».

Le respondí: «Es amable de tu parte pensarlo así. Pero realmente necesito escuchártelo decir».

Ahora bien, ¿por qué te cuento esta historia, además de pintar un cuadro patético de mi «yo necesitada» del posparto? Te diré por qué. Porque este tipo de escenario es la forma en que muchas mujeres terminan teniendo aventuras, y Satanás sabe cómo engañarnos. Los cumplidos inocentes y las conversaciones agradables que pueden llenar el vacío de tu tanque emocional pueden ser *solo una mirada al fruto prohibido*. Es tentador creer que puedes confiar en ti misma para manejar una situación así. Pero cuando te das cuenta de esa mirada prohibida, no confíes en ti misma para gestionar las cosas por tu cuenta: no puedes.

Cuando me di cuenta por primera vez de mi pensamiento equivocado, supe que necesitaba correr y contarle a mi esposo lo que estaba pasando. ¿Vergonzante? Sí. ¿Humillante? Sin duda. Pero Proverbios 11:2 advierte: «Cuando viene la soberbia, viene también la deshonra; mas con los humildes está la sabiduría».

Prefería sentirme avergonzada al principio por compartir mi vulnerabilidad que afrontar la deshonra más adelante. Permíteme aclarar una vez más: no me sentía atraída *en absoluto* por aquel caballero. Era mi orgullo el que se sentía atraído por la atención. Y en lugar de decirme a mí misma: *No es para tanto. No es como si tuvieras sentimientos por ese hombre*, decidí hacerme responsable ante mi esposo contándole lo ocurrido.

Así que, amiga, si un exnovio de la secundaria comienza a enviarte mensajes por redes sociales: ¡CUIDADO! Cuando te dice lo bonita que sigues siendo: ¡alerta roja! Y cuando te descubres a ti misma yendo al buzón de entrada para ver si te ha escrito de nuevo, CORRE en busca de ayuda. No lo enfrentes sola. Si tu esposo no está emocionalmente preparado para manejar que le cuentes algo así, busca responsabilidad y la perspectiva bíblica de una amiga piadosa o una mentora mayor. Y ELIMÍNALO DE TUS AMIGOS. AHORA. DE INMEDIATO. Créeme. No dejes que una mirada se convierta en un mordisco que te seduzca a pecar.

¿Es vergonzoso contarle a alguien sobre tu fragilidad? Lo es. Pero ser sincera con las personas es la manera como Dios une nuestros corazones con los suyos. Las mujeres anhelan este tipo de conexión auténtica.

Por ejemplo, ahora te sientes probablemente más conectada a mí como persona, ¿verdad? Dios nos señala que confesemos nuestros pecados unos a otros para unir fuerzas contra los planes de Satanás. En Santiago 5:16 leemos: «confiésense unos a otros sus pecados y oren unos por otros, para que sean sanados. La oración del justo es poderosa y eficaz» (NVI).

2. Investigó el fruto prohibido

La curiosidad de Eva pudo más que ella cuando Satanás le aseguró cuánto podría ganar al comer del fruto. Ella sabía cómo Dios la había bendecido en abundancia, pero su anhelo de tener más fue su perdición. Yo lo he experimentado, ¿y tú? La Biblia declara: «Gran ganancia es la piedad acompañada de contentamiento» (1 Timoteo 6:6). Por el contrario, la falta de contentamiento puede ser la razón por la que tú o yo lleguemos a considerar probar frutos amargos. Ampliaremos esto más adelante.

Recuerdo cómo la decisión lamentable de una mujer la llevó a su ruina. Hace muchos años, esta mujer se vio atrapada en una aventura extramarital. Apenas podía respirar entre sollozos cuando su esposo se enteró. Ella lloraba: «Ni siquiera sé cómo pasó esto. Nunca tuve la intención de acostarme con mi compañero de trabajo. Simplemente empezamos a pasar largas horas trabajando juntos, y los coqueteos juguetones llevaron a fantasías y a caricias prolongadas, hasta que un día actuamos llevados por nuestros deseos. Después sentí mucha vergüenza. Me prometí a mí misma que nunca volvería a suceder, pero volvió a ocurrir… una y otra vez».

¡Cómo se me rompió el corazón por esta mujer! Había fijado su mirada en el fruto prohibido, fue seducida por el anhelo de algo más y, al final, su elección le costó todo: la pérdida de su matrimonio, el respeto de sus hijos, y su salud mental nunca volvió a ser la misma.

Satanás no sedujo a esta mujer mostrándole actos sexuales; más bien, comenzó mintiéndole. «Una se siente muy bien cuando alguien nota lo bonita que eres. No hay nada de malo en un pequeño coqueteo inocente». *Solo una mirada.*

Cuando las conversaciones coquetas se convirtieron en una parte habitual de sus interacciones, las miradas cruzadas en la habitación y las caricias inapropiadas alimentaron el fuego. *Solo un mordisco.*

En cualquier momento antes de acostarse con su compañero de trabajo, si la mujer hubiera pedido ayuda a una amiga piadosa, quizá habría despertado a los pensamientos engañosos que estaba albergando. En cambio, su mirada al fruto prohibido la llevó a un pequeño mordisco, abriendo la puerta a pasiones lujuriosas que arruinaron su vida. Me pregunto cómo habría sido su historia si hubiera huido hacia su esposo al primer signo de coqueteo con su compañero de trabajo. Solo me lo pregunto.

3. Cuestionó la bondad de Dios

La serpiente distorsionó el mandato de Dios al sembrar semillas de duda en la mente de Eva. El plan de Satanás era convencerla de que Dios no tenía en mente lo que era mejor para ella.

Una vez que Eva mordió el anzuelo, el enemigo de su alma se recostó para observar los efectos de su obra. Y mientras ella reflexionaba sobre si las intenciones de Dios hacia ella eran buenas, quizás pensó: *Tal vez Dios no quiere que seamos como Él. Tal vez Su motivo para negarnos este fruto es realmente egoísta y no para nuestro bien.*

Esta es también la estrategia del enemigo con nosotros. Una vez sembradas las semillas de duda en nuestra mente, ya ha comenzado a arrastrarnos por una pendiente resbaladiza hacia acciones pecaminosas de las que pronto nos arrepentiremos. Nuestra primera línea de defensa es combatir esas mentiras con lo que sabemos que es verdadero del buen carácter de Dios, tal como se revela en las Escrituras.

4. Ella comprometió la verdad

Estar dispuesta a dialogar con la serpiente fue el primer error de Eva. Hay una razón por la que Dios llama a Satanás «el padre de la mentira» (Juan 8:44). Es el maestro del engaño. Su primer comentario a Eva fue una mentira intencional y torcida para tergiversar lo que Dios había dicho originalmente. La autora Liz Curtis Higgs observa: «Fíjate: la serpiente no pronunció una palabra más. No necesitaba hacerlo. Su tentación fue completa. Las semillas de su engaño habían caído en tierra fértil. Ahora se apartó y observó cómo el fruto caía del árbol en las manos dispuestas de la mujer».[3]

A lo largo de los siglos, Satanás ha entretejido las Escrituras en sus mentiras. Muchas religiones falsas encuentran sus raíces en tergiversaciones de la Palabra de Dios. Estoy segura de que tú también has estado al otro lado de los planes engañosos de Satanás, como cuando surge en tu mente una idea que sabes que no está basada en la verdad. Tu pensamiento puede ser algo como: *Si Dios realmente se preocupara por mí, no permitiría esta circunstancia dolorosa.* Este pensamiento equivale a *solo una mirada* hacia una vida «mejor», si tan solo Dios hiciera lo que le pides.

Cuando Satanás susurra mentiras, debes aprender a huir en la dirección opuesta. Como José en Génesis 39:11-13, quien dejó su manto en las manos de la esposa de Potifar después de que ella intentara seducirlo: cuando la tentación llama a tu puerta, deja todo y escapa hacia el terreno más alto de la verdad de Dios.

5. Deseó el conocimiento

En lugar de desear a Dios, Eva deseó conocimiento. Desde el día fatídico de su caída, la madre de la humanidad dio origen a la condición humana que anhela conocimiento e iluminación, mientras persigue la seductora promesa de volverse «como Dios».

El conocimiento por el simple hecho de conocer envanece, pero el amor edifica (ver 1 Corintios 8:1). Leer la Biblia es mucho más que una búsqueda de conocimiento. Las Escrituras advierten a los cristianos que eviten a los falsos maestros que se aprovechan de las mujeres que buscan conocimiento en lugar del Dios del conocimiento: «De entre ellos son los que se meten en las casas y llevan cautivas a las mujercillas cargadas de pecados... que siempre están aprendiendo y nunca pueden llegar al conocimiento de la verdad» (2 Timoteo 3:6-7).

Amiga, ten cuidado: no solo Eva fue susceptible a las artimañas seductoras de Satanás, nosotras también lo somos. Eva conocía a

Dios mejor que cualquiera de nosotras, y aun así cayó en el engaño. Antes de creer la mentira de Satanás, ella disfrutaba de una comunión íntima con Dios en el jardín. Cuando se trata de evitar el pecado, no puedes confiar en los buenos tiempos pasados con el Señor. Cada día debes acercarte a Él, y Él se acercará a ti (véase Santiago 4:8).

Entonces, ¿qué puedes hacer?

En Juan 15, Jesús prescribe la manera de proteger tu corazón: debes permanecer en Cristo. Decide mantenerte devota a caminar en el Espíritu, quien te ayudará a discernir entre el bien y el mal, y te hará andar en Sus caminos. Como dice Gálatas 5:16: «Andad en el Espíritu, y no satisfagáis los deseos de la carne».

A partir del acróstico de la palabra **A-B-I-D-E** [«permanecer» en español], desglosamos cómo hacerlo:

- **Aguanta en Cristo (permanece en Cristo):** Cuando pasas tiempo estudiando y meditando en las Escrituras, estás permaneciendo con Jesús mismo. Nunca te vuelvas tan ocupada como para dejar de tener comunión con la Palabra viva de Dios.
- **Baja la cabeza (sé humilde):** Pídele regularmente a Dios que te muestre cualquier área de orgullo, arrogancia o autosuficiencia. Y prepárate para arrepentirte de los pecados que Él te revele.
- **Inspira:** Cuando otros observen cómo descansas en Cristo, se sentirán inspirados a aprender a descansar en Él también. Comparte lo que estás aprendiendo de la Biblia. Ora por los demás. Inspira a tus hijos a seguir a Cristo.
- **Determina:** Decide meditar y memorizar las Escrituras para mantenerte firme en tu caminar con Jesús.
- **Enfrenta (soporta):** Soporta las pruebas de la vida con los ojos puestos en Jesús, «quien comenzó y terminó la carrera

en la que estamos. Observa cómo lo hizo. Porque nunca perdió de vista hacia dónde se dirigía: ¡esa meta gloriosa en y con Dios!» (Hebreos 12:1-3, MSG).

Para permanecer en Cristo, debes pasar tiempo con Él, reflexionar sobre lo que lees y aplicar lo que aprendes. Pídele a Jesús que te ayude a conocerlo mejor y a ajustar tu vida a las verdades que te revela en la Biblia.

Cuando era una joven esposa y madre, sabía que necesitaba guía. Pero cuando algunas mujeres me invitaron a un estudio bíblico, pensé que estaba demasiado ocupada. No tenía idea del cambio transformador que experimentaría al estudiar las Escrituras con ellas —y lo mismo puede ser cierto para ti.

No creas que estás demasiado ocupada para pasar tiempo con Jesús mediante el estudio bíblico y la oración. Mantenerte distraída es parte del plan del diablo, al igual que seducirte para desperdiciar horas desplazándote por tu teléfono.

Dios está a tu favor

Te alegrará descubrir en las Escrituras cuánto está Dios a tu favor. Imagina esto: ¡Él está por *ti*! Saber esto te producirá seguridad, confianza y fe en Dios, y esto te protegerá de ser engañada. J. I. Packer, autor de *Knowing God* [Conociendo a Dios], afirma: «La declaración: "Dios está a mi favor" es la bisagra sobre la cual gira todo».[4]

Leer la Biblia sin profundizar en el conocimiento de Dios puede convertirse en una mera búsqueda de información. Cuando estudies la Biblia con tus hijos, recuerda permitir que te escuchen pedirle a Dios que te ayude a conocerlo mejor. Como madre, es tentador limitarte a ayudar a tus hijos con el aspecto académico del estudio bíblico sin involucrar sus corazones. «Un acto de adoración es vano y fútil cuando no procede del corazón».[5]

He conocido a incontables niños que crecieron con una gran cantidad de conocimiento bíblico que nunca transformó sus corazones. No queremos criar fariseos religiosos, ¿verdad? Así que asegúrate de que tus hijos vean tu amor por las Escrituras, porque se reflejará en tu adoración a Cristo.

Asegúrate de que tus hijos vean tu amor por las Escrituras, porque se reflejará en tu adoración a Cristo.

6. Ella se aisló

Satanás sabía que Eva sería vulnerable si lograba dejarla sola. Lo mismo ocurre contigo. Algunos estudiosos difieren sobre si Adán estaba o no al lado de Eva durante su encuentro con la serpiente. Pero muchos coinciden en que, al menos al principio, Eva estaba sola mientras Satanás la seducía.

Satanás es una serpiente engañosa que busca matar, robar y destruirte. Eso me recuerda una historia. Hace un tiempo, estaba sentada en mi silla cómoda junto a la chimenea. De repente, Steve gritó: «¡Cariño, ven!».

Yo estaba tan relajada, y levantarme significaba mover mi computadora portátil y los libros que había reunido a mi alrededor para un artículo que estaba escribiendo. Así que le respondí: «¿Qué ocurre?».

Steve gritó apurándome: «Corre, ven. Hay una serpiente».

A lo que yo respondí: «¿Una serpiente? Ya me conoces. ¡No pienso ir!».

Steve apremió: «¡Está dentro de la casa!».

Y yo grité: «¡*Por supuesto* que no voy a ir!».

Entonces Steve añadió: «Necesito que le eches un ojo mientras voy a buscar algo para matarla. Si no lo haces, se perderá en la casa».

Sabía que tenía que ayudar, aunque todo en mí quería correr en la dirección opuesta. Cuando me acerqué donde estaba Steve, vi la serpiente de cascabel más grande que había visto en mi vida, enrollada en la esquina. Vivimos en un rancho en el norte de California, así que he visto bastantes serpientes de cascabel, pero esta era gigantesca. Mientras su cascabel resonaba fuertemente contra el suelo de baldosas, un escalofrío me recorrió la espalda. Estaba aterrada.

Después de que Steve corriera a buscar sus armas de guerra, yo salté al sofá para mantener una distancia segura con el monstruo. Steve regresó, presionó la cabeza de la serpiente contra el suelo con una pala y le cortó la cabeza con un cuchillo de caza. Yo no dejé de animarle todo el tiempo… desde una distancia segura.

¿Sabías que las serpientes siguen moviendo la boca en un gesto de mordida incluso después de haber sido decapitadas? Súper espeluznante. ¡Parecía poseída! Después de que todo terminara, lancé mis brazos alrededor del cuello de Steve y le agradecí su valentía.

Esta historia de la «serpiente en casa» es una gran imagen de lo que ocurre cuando la serpiente antigua se cuela en nuestras vidas. La mejor manera de protegernos es clamar pidiendo ayuda. Y mientras una persona toma las armas de nuestra guerra espiritual, la otra intercede por la victoria.

Cuando Eva se encontró con la serpiente engañosa, debió llamar a Adán para que la ayudara. Lo mismo ocurre contigo. Cuando Satanás busca seducirte, acude a tu esposo o a una mujer piadosa para que te ayude en la batalla.

Dios nos llama a vivir en comunidad, llevando las cargas los unos de los otros y compartiendo lo que aprendemos de las Escrituras. Nunca estoy sola en mis batallas contra el pecado cuando me rodeo de una comunidad de mujeres que estudian la Palabra y oran juntas en los altibajos de la vida. Esas mujeres están a solo un mensaje de texto de distancia. Estoy profundamente agradecida por su apoyo, y cuando tú hagas lo mismo, te sentirás igual.

Cuando tus hijos te vean depender del amoroso apoyo del pueblo de Dios, descubrirán también el valor de las amistades cristianas.

Te advierto: ten cuidado con las señales de pensamiento equivocado cuando te hayas apartado de la comunión cristiana. Alejar tu mirada de Dios te hace vulnerable a la tentación de ofenderte fácilmente con los demás. Considéralo una bandera roja si llegas a ofenderte tanto que decidas desechar a una amiga cristiana que intenta ayudarte a alinear tu pensamiento con los principios bíblicos. Cuando alguien te confronte, en lugar de enojarte, escucha, reflexiona y corrige tu actitud si hay algo de verdad en su corrección.

Soy esposa de pastor. He conocido a algunas personas que se sienten demasiado complacidas al confrontar a otros. Y es doloroso ser reprendido por quienes no lo hacen con amor. Pero, como aconseja mi esposo: «Da un paso atrás. Reconoce que esa es su perspectiva. ¿Qué verdad puedes encontrar en sus preocupaciones? Sé humilde y ajústate en consecuencia».

Aunque ser confrontado nunca es fácil, que tus hijos te vean responder con humildad influirá en cómo gestionen sus propias relaciones. Si descartas a las personas al primer signo de desacuerdo, tus hijos aprenderán que las amistades son desechables y que no vale la pena mantenerlas. Amiga, créeme cuando te digo que, como dice el título del libro del autor Paul David Tripp, *Relationships Are a Mess Worth Making* [Las relaciones son un desastre que vale la pena construir].[6]

7. Ella subestimó las consecuencias

Imagina la profundidad del arrepentimiento que Adán y Eva debieron de sentir cuando Dios los exilió de su hermoso hogar en el jardín. Me pregunto cómo le hablarían a sus hijos sobre el paraíso perdido. ¿Se estremecerían al explicarles cómo cayeron en pecado? ¿Pudieron sus hijos aprender de las decisiones lamentables de sus padres? Tristemente, vemos el legado pecaminoso de Adán y Eva transmitido cuando su hijo mayor, Caín, asesinó a su hermano menor, Abel. De la misma manera que Adán y Eva fueron expulsados del jardín, Dios alejó a Caín como castigo por su crimen. ¡Qué pesar sentirían Adán y Eva al saber que su pecado fue el catalizador del asesinato de Abel y el exilio de Caín!

¿Alguna vez has hecho algo que te haya provocado un arrepentimiento inimaginable? Yo sí. Y si eres como yo, cuando cediste a aquello que te sedujo, nunca imaginaste las consecuencias tan profundas que tu pecado podría tener.

No estás sola, amiga mía. Todas hemos pasado por ello. Pero hay esperanza. En Génesis 3:15 se indica que después de que Adán y Eva pecaron, Dios prometió un redentor. Envió a Su Hijo, Jesús, para lavar nuestros pecados. «Vengan ahora, y razonemos, dice el Señor. Aunque sus pecados sean como la grana, como la nieve serán emblanquecidos» (Isaías 1:18, NBLA). (Si deseas saber más sobre cómo Jesús puede limpiar tus pecados, lee el apéndice titulado «Cómo tener una relación con Jesús».)

HABITA EN TU LUGAR SEGURO

La historia de Eva me rompe verdaderamente el corazón. ¡Cuánto me entristece pensar en todo lo que perdió al ceder a la tentación! Me duele por Eva, pero también me duele por nosotras. Su decisión pecaminosa, en la que Adán participó, fue el catalizador de todo lo que está mal en este mundo. Espero que su historia te recuerde cuán vulnerables somos todas ante las artimañas de Satanás, incluida tú. Para engañarte, torcerá las Escrituras con promesas de darte tu mejor vida ahora. Tu lugar seguro es caminar cerca de tu Creador, descansar en lo que sabes que es verdadero sobre Su carácter y buscar ayuda cuando te sientas tentada a desear solo un poco más.

> Cuando tus hijos noten cuán importante se ha vuelto para ti conocer a Dios, se sentirán inspirados a conocerlo también, y esto los protegerá de creer las mentiras de Satanás.

Cuando tus hijos noten cuán importante se ha vuelto para ti conocer a Dios, se sentirán inspirados a conocerlo también, y esto los protegerá de creer las mentiras de Satanás. Cuando te acerques a Dios, Él promete acercarse a ti (Santiago 4:8). Cuanto más tiempo pases con Él, más despertará Su Espíritu en ti el deseo de permanecer en Su presencia, donde encontrarás seguridad y satisfacción en el conocimiento y deleite de Dios.

LECCIONES DE VIDA

¿Qué es lo que más te ha impactado de la historia de Eva? ¿Qué pasos tomarás para proteger tu corazón de ser engañado por las artimañas de Satanás?

Si deseas enseñar a tus hijos la importancia de permanecer en Cristo, necesitan verte viviendo con un deseo constante de estar cerca de Dios. En Filipenses 3:7-8, ¿qué enseñanzas obtienes sobre la desesperación del apóstol Pablo por conocer a Cristo por encima de todo lo demás en la vida?

Una de las mejores maneras en que puedes influir en tus hijos para que reconozcan y resistan las artimañas de Satanás es permitiéndoles verte identificar y huir de sus trampas seductoras. Según lo que has aprendido en este capítulo, ¿qué maneras puedes emplear para equiparte y resistir cuando el enemigo te tiente a caer?

Como madre, tus oraciones son un arma poderosa de guerra contra los ataques del diablo hacia tus hijos. Dedica tiempo cada día para pedirle a Dios que proteja sus corazones y les conceda discernimiento y fortaleza para mantenerse firmes cuando el diablo los tiente a pecar.

Para ver las enseñanzas de Rhonda sobre este capítulo, usa el siguiente código QR o enlace:

https://www.rhondastoppe.com/moms-of-the-bible-book/

PARTE 3

MADRES FIELES

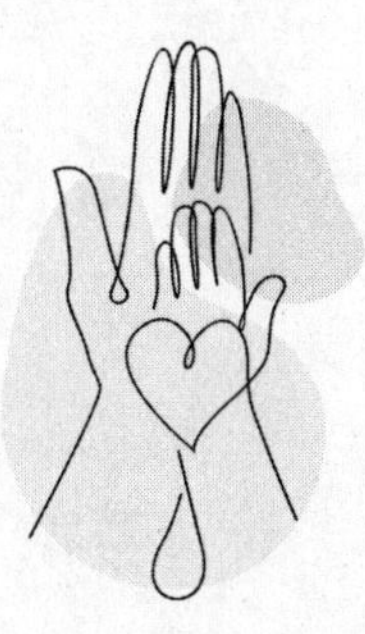

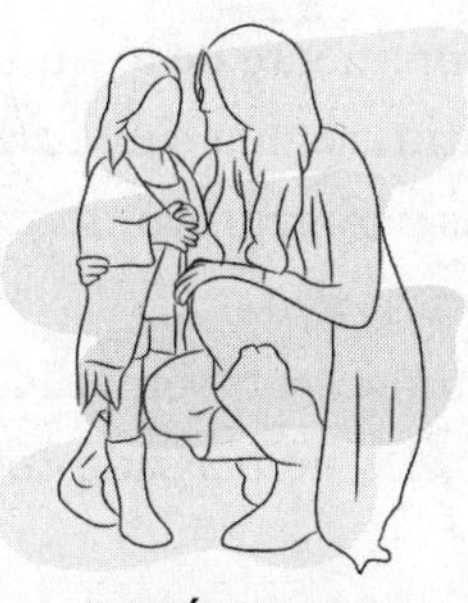

CAPÍTULO 9

LA SUEGRA QUE LO HIZO BIEN

Noemí (y Rut)

RUT 1

«Si crees que es preferible dejar nuestro hogar en busca de una vida mejor, supongo que estoy de acuerdo». Pero, aunque Noemí aceptaba ir a Moab con su esposo, seguramente se sentía inquieta. ¿Realmente encontraría la pareja israelita más recursos en la tierra de sus enemigos? Noemí amaba su patria. Habían vivido seguros y tranquilos en Belén hasta que la comida y el agua comenzaron a escasear. Dejarlo todo atrás era algo que Noemí nunca esperó tener que hacer.

Con dos hijos que alimentar, su esposo, Elimelec, parecía tener razón cuando explicó que morirían de hambre si no hacían algo drástico. Su promesa de regresar a Jerusalén cuando terminara la hambruna le proporcionó algo de consuelo.

«Pero, Eli, ¿qué será de nuestro hogar que dejamos atrás? ¿Qué quedará para nosotros cuando volvamos?». Me gusta imaginar que «Eli» era el apodo cariñoso que Noemí usaba para su esposo.

Eli era plenamente consciente de lo que establecía la ley hebrea. La tierra que dejaban atrás seguía siendo suya, vivieran o no allí. Cuando estuvieran listos para regresar, su casa y sus tierras los estarían esperando.

Es posible que Eli animara a Noemí diciéndole algo como: «No hay de qué preocuparse. Lo he pensado todo bien. Confía en mí, querida».

Noemí sabía que el plan de su esposo tenía sentido y, aun así, la pena en su corazón por dejar atrás su amado hogar y su comunidad debía de ser grande. El día que partieron hacia Moab, estoy segura de que Noemí contuvo las lágrimas ardientes. ¿Intentó ocultar su angustia frente a sus hijos, Mahlón y Quelión? Los muchachos necesitaban ser valientes. Ver a su madre llorando no los ayudaría a tener coraje.

Cuando llegaron a Moab, Noemí se puso manos a la obra para convertir aquella casa en un hogar. La nueva vivienda no se parecía en nada a la encantadora casa de la que habían disfrutado en Belén, pero hizo todo lo posible por hacerla acogedora.

SOLO POR UN TIEMPO

¿Alguna vez has estado en el sitio de Noemí? Yo sí. En más de una ocasión, Steve y yo hemos tomado a nuestra familia y nos hemos mudado a lo desconocido. Vivimos en un rancho que hemos aprendido a amar. Pero después del terremoto del Área de la Bahía en 1989, la economía en California se desplomó. Steve, quien en otro tiempo tenía compradores en lista de espera para adquirir una de las casas que construía, ahora no podía vender ni una sola, aunque su vida dependiera de ello. «¿Por qué?», te preguntarás. Porque cada vez que California sufre un gran terremoto —y ese fue uno tremendo— las personas con intención de mudarse al estado cambian repentinamente de opinión. Imagínate. En ese momento, la caída de los valores de las propiedades y la falta de trabajo empujaron a Steve a aceptar una oferta laboral de un familiar que vivía fuera del estado.

Empacar nuestra casa fue algo difícil. Pero nos recordábamos a nosotros mismos: «Nos iremos solo por un año o dos; volveremos cuando las cosas mejoren aquí».

Estábamos tan convencidos de que regresaríamos pronto a casa que invitamos a algunos amigos a vivir en nuestro hogar sin pagar. «Solo cuídenla hasta que volvamos», les encargó Steve.

Cruzamos todo el país conduciendo camionetas de mudanza y camiones con remolques. En el camino, agarré un virus horrible. Estaba tan enferma que no podía conducir. El viaje fue brutal. Cuando llegamos a nuestro nuevo hogar, lo único que pude hacer fue acostarme en el suelo del dormitorio principal mientras Steve y los niños descargaban los camiones de mudanza y guardaban las cosas. Cuando por fin me sentí lo bastante bien para bajar las escaleras, me sorprendió descubrir que había estado enferma durante dos semanas. Tal vez fue algo bueno haberme enfermado tanto, porque eso desvió mi atención del dolor de haber dejado atrás nuestro amado hogar y a nuestra familia de la iglesia.

CUANDO EL DUELO LLAMA A LA PUERTA

Noemí tendría una historia similar que contar, pero con un desenlace mucho más difícil. Mientras estaban en Moab, Eli enfermó y murió. No puedo imaginar el impacto que debió suponer perder a su esposo en una tierra extranjera. ¡Cuán sola debió de haberse sentido esta viuda en su dolor! Noemí pensaría: *Si estuviéramos en casa, tendría familia y amigos que me apoyaran. Aquí, lo único que tengo son mis hijos. No tengo a dónde acudir para orar, ni a nadie que me ofrezca ayuda o me traiga comida.*

Tengo una querida amiga llamada Dorinda que acaba de perder a su esposo después de 45 años de matrimonio. Eran novios desde la secundaria. Cuando a Ken le diagnosticaron cáncer, dijo: «No tengo miedo. Si no sobrevivo a esto, sé que estaré con Jesús».

Pero cuando miré el rostro de Dorinda, pude ver que el valor de Ken no la ayudaba a procesar la idea de tener que vivir sin él. En un lapso de dieciocho meses, Ken partió a estar con el Señor. El último día de su vida, nos reunimos con Dorinda y nuestros amigos más cercanos. Alrededor de la cama de Ken, cantamos himnos juntos. Incluso Ken, con voz débil, se unió a nosotros: «¡Cuando todos lleguemos al cielo, qué día de regocijo será!».

La partida de Ken fue surrealista. Meses antes, había sido el retrato mismo de la salud. Ahora se ha ido y Dorinda debe seguir su camino sola. Cuando intenta explicar la profundidad de su dolor, mi corazón se retuerce por la inmensidad de su pérdida.

Si alguna vez has perdido a un ser querido, sabes que el duelo no es algo que uno simplemente «supera». El duelo puede ser una forma especial de amor, el dolor por la pérdida de alguien querido es prueba de cuán profundamente lo amabas y de cuán insoportable es su ausencia en tu corazón dolorido. Perder a alguien no es solo una experiencia emocional; físicamente, el duelo puede dejarte exhausta y sin fuerzas. Y las emociones que provoca pueden surgir de repente y golpearnos con fuerza cuando menos lo esperamos.

Es probable que, al fallecer Eli, Noemí experimentara una profundidad de dolor similar. Imagina: la vida que Noemí y Eli habían soñado juntos ya no se cumpliría. La esperanza de regresar algún día a su hermosa tierra natal se había desvanecido. Ya no podía acudir a su fuerte esposo en busca de consejo; ahora era una viuda que dependía de sus hijos para recibir consuelo y dirección.

¿ESTÁS DE LUTO?

Cada vez que te encuentres en medio de la tormenta de la pérdida, date todo el tiempo que necesites para atravesar tu dolor. Dios ve tus lágrimas. Él recuerda tu duelo. Siente tu dolor y sabe lo que es sufrir (ver Hebreos 4:15-16). Jesús también perdió a seres queridos. La mayoría de los estudiosos coinciden en que el padre de Jesús, José, probablemente murió antes de que María estuviera de pie, llorando, frente a la cruz. Creo que Jesús experimentó una profunda tristeza cuando José murió, pero aún más al ver a su madre sufrir por la pérdida de su amado esposo.

Cuando Jesús supo que su primo, Juan el Bautista, había sido decapitado, «se retiró de allí en una barca, a un lugar desierto y apartado» (Mateo 14:13).

Sí, Jesús conocía el dolor del duelo. Conocía el dolor de Noemí. Y también conoce el tuyo. Un día, Jesús promete que Dios «enjugará toda lágrima de los ojos. Ya no habrá muerte ni llanto, tampoco lamento ni dolor» (Apocalipsis 21:4, NVI). Pero aquí y ahora, el dolor es real. Cuando llega el tiempo del sufrimiento, no tenemos más opción que caminar por el valle de su sombra, donde Dios promete estar cerca de los quebrantados de corazón y salvar a los de espíritu abatido (ver Salmo 34:18).

Si estás de luto, estoy contigo. Hace unos años, mi hermana murió repentinamente. La pérdida aún aplasta mi alma. No hablo mucho de esto, pero la extraño terriblemente. Con el tiempo, la gente deja de querer escuchar que todavía estás de duelo. Así que aprendes a guardártelo. Pero la verdad es que cuando pierdes a alguien que amas, no lo pierdes solo una vez, sino una y otra vez, cada vez que tomas el teléfono para llamarlo, o ves que su hijo logra algo que sabes que habría llenado de orgullo a esa persona.

DUELO SOBRE DUELO

Después de la muerte de Eli, me pregunto por qué Noemí no regresó a Belén. Tal vez el viaje era demasiado para ella. Con el duelo vienen la indecisión y el agotamiento, así que quizás Noemí no estaba en condiciones de emprender un viaje tan arduo. Comoquiera que fuera, se quedó en Moab con sus dos hijos, quienes pronto se casaron con mujeres moabitas. Mahlón se casó con Rut y Quelión con Orfa.

Con el matrimonio de sus hijos con estas mujeres moabitas, Noemí quedó atada a la vida en Moab. Me pregunto si su corazón se rompió al ver a sus hijos casarse con mujeres gentiles que no conocían a su Dios. ¿Querría Noemí que sus nietos fueran criados por mujeres idólatras?

Los moabitas adoraban a una deidad llamada Quemos, y el culto a este dios incluía el sacrificio de niños. ¿Habría temido Noemí que sus nueras moabitas pudieran verse tentadas a sacrificar a uno de sus hijos? Noemí nunca tuvo que descubrirlo. Según sabemos, durante diez años ni Rut ni Orfa pudieron concebir. Una nueva forma de dolor habría atravesado el corazón de Noemí cuando la infertilidad visitó a su familia.

Si alguna vez has luchado por quedar embarazada o por llevar un embarazo a término, conoces bien esta clase de tristeza. Puedes sentir el dolor de la familia de Noemí. ¿Llorarían cada vez que pasaba otro mes y las mujeres se daban cuenta de que no estaban embarazadas?

Tenemos ocho nietos en el cielo. Cuando dos de mis hijas sufrieron un aborto espontáneo tras otro, el dolor y la pérdida fueron profundos. Como madre, lloré por mis hijas, y como abuela, lloré por mi propia pérdida. Tal vez tú también lo hayas experimentado.

A menudo, la gente no sabe qué decirle a una mujer que ha perdido a su hijo en un aborto espontáneo. Las personas bien intencionadas pueden decir algo como: «Bueno, eres joven. Puedes intentarlo de nuevo». Pero incluso en su intento de consolar, el corazón de la mujer afligida se siente herido, porque los demás simplemente no pueden comprender la magnitud del dolor que está viviendo.

Si estás luchando con problemas de infertilidad,[1] no estás sola. Una de cada seis personas los experimenta. Pero reconocer esa realidad no aliviará mucho tu dolor. Y estoy segura de que lo mismo ocurría con las nueras de Noemí.

Cuando nuestra hija y nuestro yerno, Meredith y Jake, estaban esperando a su segundo hijo, resultó ser un embarazo ectópico.

Puedes imaginar el miedo, la preocupación y el dolor que acompañan a un diagnóstico así. «¿El bebé que está en mi trompa de Falopio sigue con vida?» fue una de las muchas preguntas que hicieron. Una ecografía 4D confirmó que, efectivamente, el bebé había fallecido.

Durante aquella difícil experiencia, su pequeña hija Karis percibía que algo no estaba bien. Cuando le explicaron que su bebé estaba con Jesús, Karis se cubrió el rostro y comenzó a llorar. Luego, su llanto cesó y, colocando sus manitas sobre los hombros de su mamá, dijo: «Pero lo vas a abrazar en el cielo».

No puedo contar esta historia sin llorar. En medio de esa experiencia tan dolorosa, Dios usó a Karis para consolar nuestros corazones afligidos.[2]

La Biblia no explica cómo afectaron a Noemí los diez años de infertilidad de sus nueras. Pero créeme, como abuela que ha orado por varios nietos que pasaron de la matriz al trono de Dios, el sentido de pérdida es profundo.

FRAGMENTOS DE UNA VIDA ROTA

Con la muerte de su esposo y la infertilidad de sus nueras, Noemí ya estaba muy familiarizada con el dolor. Pero nada pudo haberla preparado para las muertes inesperadas de sus dos hijos. He caminado junto a seres queridos que han perdido a un hijo. Su tristeza es inmensa. Así que ni siquiera puedo comenzar a imaginar la devastación que Noemí sufrió al perder a sus dos hijos. Y no tener a su esposo para acompañarla en medio de esa pérdida debió de hacerla sentirse increíblemente sola.

En su libro *A Grief Observed* [Una pena en observación], C. S. Lewis compartió que su tristeza por la pérdida de un ser querido abarcaba más que la pérdida misma: también había perdido una parte de sí que solo esa persona podía sacar a relucir. Cuando una madre pierde a un hijo, la parte de ella que lo criaba también sufre, y el dolor es indescriptible.

Después de aceptar su viudez, Noemí soportó más pérdidas y tuvo que enterrar a sus dos hijos. ¿Quién era ella si ya no era la esposa de Eli? ¿Quién era si ya no era la madre de los muchachos? ¿Cómo podría seguir adelante?

He aprendido mucho de mi amiga Rhonda Robinson, quien perdió a su pequeño hijo Elías en un trágico accidente. Ella ha ayudado a incontables progenitores a mantener su fe cuando ocurre lo impensable. En su libro *Free Fall* [Caída libre], Rhonda ofrece esta esperanza:

> No hay manera de que yo pueda conocer la profundidad de tu pérdida ni las montañas que estás enfrentando. Lo que sí conozco es el dolor de perder. Sé muy bien lo que es derrumbarse por completo bajo el peso del sufrimiento del duelo. Sé lo que es recoger los filosos fragmentos de una vida rota. Lo que tenemos en común es lo impensable... El tiempo no cura todas las heridas, pero tenemos un Padre celestial que sí lo hace.[3]

¿A DÓNDE CORRES?

¿Cómo respondió Noemí? En Rut 1:20-21 leemos que parece haber albergado cierta amargura, porque se lamentó de que Dios había «traído calamidad» sobre ella. En el versículo 21, Noemí declaró: «El Señor ha dado testimonio contra mí, y el Todopoderoso me ha afligido». Esta era su forma de expresar que creía que Dios había ejercido juicio divino sobre ella. En el versículo 20, les pide a sus nueras que la llamen Mara, que significa «amargura». Noemí creía claramente que Dios la había desaprobado. Estaba desanimada. Y desconsolada. ¿Cómo podría Noemí soportar más dolor viviendo en una tierra extranjera?

Después de soportar una pérdida tras otra, Noemí llegó al final de sus fuerzas y supo instintivamente que era hora de correr de regreso a su pueblo y a su Dios. Comprendía que su comunidad judía la ayudaría a acercarse a Jehová. Y también sabía que el pueblo hebreo cuidaba de las viudas necesitadas. Sí, el hogar era el lugar al que debía regresar.

Imagina cuán sorprendidas debieron quedar Rut y Orfa cuando Noemí anunció su plan de regresar a Belén.

EL VALOR DE TU PRUEBA

Aunque Noemí estaba desanimada y de algún modo creía que Dios la había olvidado, sabía que necesitaba volver a su gente. Estaba devastada, pero Dios la atrajo de regreso a casa. Si Rut y Orfa estaban atentas, habrían notado cómo el Señor estaba guiando a Noemí de nuevo hacia Él y hacia la seguridad de su tierra natal.

¿Alguna vez te has sentido tan angustiada y abatida por las tragedias que Dios ha permitido en tu vida? Incluso cuando sientes la tentación de apartarte con amargura del Padre que te ama, Él sigue siendo fiel para atraerte nuevamente bajo la sombra de Sus alas. Y mientras el Señor te dirige de regreso a casa, puede darte fuerzas y usar tus circunstancias dolorosas para revelarse a las personas que te rodean, comenzando por tus propios hijos. Cuando la vida se desmorona, la fe de tus hijos puede fortalecerse al ver al tierno Espíritu de Dios trazar tu camino y atraerte de regreso al hogar.

Cuando la vida se desmorona, la fe de tus hijos puede fortalecerse al ver al tierno Espíritu de Dios trazar tu camino y atraerte de regreso al hogar.

La gente suele decir: «No sé cómo lo soportas. Yo no sobreviviría». Y probablemente tengan razón. Sin la ayuda de Dios, ¿quién puede sobrevivir a las pérdidas más profundas de la vida? Pero si Dios te llama a atravesar el valle de la desesperación, Él puede darte la gracia para resistir. Cuando eliges acercarte intencionalmente a Cristo y apoyarte en Su pueblo para recibir consuelo y cuidado, no solo eres consolada tú, sino que tu experiencia adquiere valor, porque Dios puede usarla para atraer a otros a la fe.

TODO ESTÁ BIEN

Horatio Spafford era un abogado exitoso que perdió su fortuna en el Gran Incendio de Chicago de 1871. Cuando comenzaba a recuperarse, una crisis económica volvió a golpearlo. A pesar de estos desafíos, dos años después, Spafford, su esposa Anna y sus cuatro preciosas hijas planearon un viaje para participar en las campañas evangelísticas de Dwight L. Moody en Inglaterra. Como suele ocurrir en la vida, Spafford se retrasó, así que envió a su familia por delante. Trágicamente, el barco en el que viajaban chocó con otro navío y se hundió en el Atlántico. Solo la esposa de Spafford sobrevivió, y le envió un devastador telegrama: «Salvada sola».

¿Puedes imaginar la tristeza que Spafford debió sentir mientras cruzaba el océano para reunirse con su afligida esposa? Sin embargo, en medio de su devastadora pérdida, cuando el barco se acercó al lugar donde sus hijas habían perecido, encontró la fuerza para escribir las poderosas palabras que se convertirían en un himno de esperanza: «*It Is Well with My Soul*» [Mi alma está bien].[4]

A lo largo de los años, las dulces y melancólicas letras que fluyeron de la pluma de un padre afligido han consolado a miles y miles de personas. ¡Cuán asombrosa es la gracia de Dios! Él le dio a Spafford un corazón para confiar en Él y palabras para alabarlo, incluso en la tempestuosa tormenta de una pérdida desgarradora.

La manera como una persona responde al dolor revela la autenticidad de su fe. Richard Wurmbrand, quien soportó torturas inimaginables por su fe, declaró: «Hay dos tipos de cristianos: los que creen sinceramente en Dios y los que, con igual sinceridad, creen que creen. Puedes distinguirlos por sus acciones en los momentos decisivos».[5]

EL MOMENTO DECISIVO DE NOEMÍ

El momento decisivo de Noemí llegó cuando perdió todo lo que le era querido. Era una creyente sincera en Jehová, que entendió que había llegado la hora de regresar a Él y a su tierra natal de Israel. Lo había perdido todo, pero Dios la llevó de regreso al lugar donde hallaría esperanza. La respuesta de Noemí me recuerda el momento cuando las multitudes se apartaron de seguir a Cristo: «Desde entonces muchos de sus discípulos volvieron atrás, y ya no andaban con él. Dijo entonces Jesús a los doce: ¿Queréis acaso iros también vosotros? Le respondió Simón Pedro: Señor, ¿a quién iremos? Tú tienes palabras de vida eterna. Y nosotros hemos creído y conocemos que tú eres el Cristo, el Hijo del Dios viviente» (Juan 6:66-69).

Aunque Noemí estaba afligida y sentía que Jehová no había protegido a su familia de una pérdida devastadora, sabía que necesitaba regresar a Aquel que la amaba profundamente. Iba de regreso a casa, y sus nueras la acompañaban.

Rut observaba la frágil fe de Noemí y esto validaría el testimonio de la suegra ante su nuera. A veces, nuestra fe frágil, desarrollada en medio de nuestras pérdidas más profundas, puede ser usada por el Señor para atraer a nuestros hijos a confiar también en Él.

Es probable que, al comienzo del viaje, las tres mujeres se sintieran animadas por la aventura que tenían por delante. Sin embargo, a medida que avanzaban, la realidad se impuso cuando Noemí se volvió hacia ellas y les dijo: «Vayan, regrese cada una a la casa de su madre. Que el Señor sea bondadoso con ustedes, como ustedes lo han sido con los que murieron y conmigo. Que el Señor les conceda que encuentren descanso, cada una en la casa de su esposo» (Rut 1:8-9, NBLA).

EL PACTO

Al principio, las jóvenes protestaron y declararon su lealtad a Noemí. Sin embargo, después de que la mujer les presentara un panorama realista de lo que significaría continuar con ella, Orfa la besó para despedirse y regresó a su pueblo, y a sus dioses. Pero Rut no. Ella le suplicó: «No me pidas que te deje y regrese a mi pueblo. A donde tú vayas, yo iré; dondequiera que tú vivas, yo viviré. Tu pueblo será mi pueblo, y tu Dios será mi Dios. Donde tú mueras, allí moriré y allí me enterrarán. ¡Que el Señor me castigue severamente si permito que algo nos separe, aparte de la muerte!» (versículos 16-17, NTV).

Rut estaba pronunciando palabras de pacto. Hizo una promesa de por vida de cuidar a Noemí, pero, más importante aún, hizo un pacto con el Dios de Noemí, declarando: «Tu Dios será mi Dios».

¡Qué precioso es ver este hermoso vínculo! No siempre una suegra es tan amada por la esposa de su hijo. A veces, ambas mujeres compiten por el afecto del hijo/esposo. No doy por sentado cómo Dios me ha bendecido con Kylene y Jessy, mis dos nueras, que me aman con la misma sinceridad con la que Rut amó a Noemí. Qué regalo tan grande es cuando Cristo une los corazones de dos mujeres que aman al mismo hombre, hijo y esposo a la vez.

Mi suegra, Eleanore, tenía dos hijos. Ella era extremadamente conservadora, mientras que yo fui criada para, digamos, aprovechar mis libertades cristianas. En nuestros primeros años juntas, Eleanore y yo tuvimos que resolver algunos desacuerdos de preferencias personales. En algún punto, encontramos un equilibrio. Éramos diferentes, pero nuestro amor por el Señor unió nuestros corazones. Y nuestro amor por Steve fue lo que nos impulsó hacia la unidad.

Admiraba la pasión de Eleanore por compartir el evangelio. Su anhelo de que las personas conocieran a Jesús era contagioso. Aprendí de ella mi celo por la evangelización. Cuando a Eleanore le diagnosticaron la enfermedad de Alzheimer, nuestro mundo se estremeció. La matriarca piadosa de nuestra familia poco a poco se fue convirtiendo en una sombra de lo que fue. El día en que se volvió contra mí es uno que nunca olvidaré. Alguna vez fui la hija amada que nunca tuvo, y de alguna manera, me convertí en su enemiga.

A medida que la enfermedad de Eleanore progresaba, comenzó a imaginar experiencias que nunca habían ocurrido. Un día, mientras yo cuidaba de ella, me habló de una mujer a la que había presentado a Jesús. Repetía una y otra vez: «Tenemos que ayudarla. Está completamente sola. Debemos ayudarla».

Como Eleanore nunca salía de casa, yo le seguía la corriente con asentimientos y sonrisas amables. Cuando la llevé al baño y le estaba lavando las manos, Eleanore miró al espejo y exclamó: «¡Ahí está! Esa es la mujer a la que llevé a Jesús. Tenemos que ayudarla».

Eleanore estaba mirando su propio reflejo. No se reconocía, porque ya no se veía como la mujer elegante que alguna vez había sido. Tenía el cabello corto y no llevaba el lápiz labial que siempre usaba. Entonces lo comprendí: *Esta mujer estaba tan consumida por el deseo de dar a conocer a Cristo, que incluso al perder la razón, no había olvidado cuán desesperadamente la gente necesita al Señor.*

Cuando pienso en la relación entre Noemí y Rut, recuerdo mi amor por Eleanore, quien ejemplificó su adoración por Cristo. Como ella, la influencia de Noemí sobre Rut la llevó hacia Jehová. La fe y la esperanza de Noemí fomentaron en ella una resiliencia que fue transmitida a su amada Rut.

HOGAR, DULCE HOGAR

Una vez llegaron a Belén, Noemí contó a sus amigas la amarga copa de dolor que había bebido mientras estuvo en Moab. Pronto, el propósito de Noemí adquirió un nuevo significado cuando se convirtió en la mentora de Rut. Esta no tenía ni idea de cómo funcionaba la cultura hebrea. Noemí le enseñó cómo podía espigar en los campos para proveer sustento para ambas.

Cuando, «por casualidad» Rut espigó en un campo que pertenecía a Booz, Noemí apenas podía creer en el cuidado providencial de Dios. Él había guiado a Rut al campo de un pariente, que la protegió y proveyó para ella mientras espigaba. ¿No es asombroso? Esta historia es la imagen más increíble de cómo Dios obra providencialmente en la vida de las personas, incluida la nuestra, aun cuando sentimos que Él está distante. Su ojo está sobre el gorrión, y créeme, puedes estar segura de que también vela por ti.

La historia de amor entre Rut y Booz es una de mis narraciones favoritas en la Biblia. Me encanta las instrucciones de Noemí a Rut sobre cómo presentarse adecuadamente ante Booz para un posible cortejo.

Booz era un pariente cercano de la familia de Noemí. Esa posición le daba el derecho de redimir a Rut como su esposa. Observa la gloriosa respuesta de Noemí: «Y dijo Noemí a su nuera: Sea él bendito de Jehová, pues que no ha rehusado a los vivos la benevolencia que tuvo para con los que han muerto. Después le dijo Noemí: Nuestro pariente es aquel varón, y uno de los que pueden redimirnos» (Rut 2:20).

Rut no entendía la ley hebrea, pero Noemí sí. Y también comprendía la mano soberana de Jehová, que bondadosamente estaba restaurando sus pérdidas. Dios guio a Rut precisamente al campo de Booz, el soltero elegible que tenía el derecho de redimir toda la propiedad de Noemí. Y si Booz redimía la tierra, también adquiría a Rut para perpetuar el nombre del difunto en su herencia.

Apenas estoy rozando la superficie de este relato asombroso de Booz y Rut. Es fascinante ver cómo la Escritura usa el ejemplo de Booz, el pariente redentor, como una figura anticipada de Jesús, quien un día llegaría a ser nuestro Redentor.

NUEVOS COMIENZOS

Si nunca has leído el libro de Rut, detente ahora mismo y léelo. ¡En serio, es así de bueno! Lo más destacado de la historia es que la fe de Noemí se fortaleció cuando Rut fue con ella a Judá. Noemí empoderó a su nuera ayudándola a discernir la mano de Dios en sus vidas. El amor de Booz por Rut fue un regalo inesperado del Señor, que trajo alegría y nuevos comienzos tanto para Rut como para Noemí… y para Booz también.

Cuando toda esperanza parecía perdida, Noemí y Rut se apoyaron mutuamente para seguir adelante. La vida había sido más que difícil, pero Dios tenía un plan. Que Noemí recurriera a su fe para aferrarse a Dios en medio de tormentas horribles fue la luz que Dios usó para atraer el corazón de Rut lejos de los dioses falsos y llevarla a adorar al único Dios verdadero de Israel. Solo Jehová sabía lo que el futuro tenía preparado para estas mujeres. Su confianza en Dios sería recompensada con una de las historias más dulces de «y fueron felices para siempre» de todos los tiempos.

Booz se casó con Rut, quien a su vez dio a luz a un hijo. Recuerda que Rut había sido estéril mientras estuvo casada con Mahlón. ¡Qué gozo debió de sentir Rut al presentarle a Noemí a su dulce bebé, su primer nieto!

Las amigas de Noemí celebraron con ella diciendo:

> «Bendito sea el Señor que no te ha dejado hoy sin redentor; que su nombre sea célebre en Israel. Que el niño también sea para ti restaurador de tu vida y sustentador de tu vejez; porque tu nuera, que te ama y que es de más valor para ti que siete hijos, lo ha dado a luz». Entonces Noemí tomó al niño, lo puso en su regazo y se encargó de criarlo. Las mujeres vecinas le dieron un nombre y dijeron: «Le ha nacido un hijo a Noemí» (Rut 4:14-17, NBLA).

El bebé fue llamado Obed; creció y se convirtió en el padre de Isaí. ¿Y adivina quién fue el hijo de Isaí? ¡Nada menos que el rey David! ¿No es la historia más increíble? Una mujer moabita fue llevada a la fe en Jehová al observar la fe resiliente de Noemí en Dios.

Una vez quebrantada y desamparada, Noemí encontró refugio en su Dios, quien redimió su dolor de manera gloriosa. Que la historia de Noemí y Rut te inspire a invertir en tu relación con tu suegra o con tu nuera. Y cuando te enfrentes a temporadas dolorosas, recuerda cómo la fe de Noemí y Rut brilló con más fuerza en los tiempos difíciles. Que tu ejemplo transmita a tus hijos esta misma confianza y esperanza inquebrantables en la capacidad de Dios para redimir, Aquel que puede hacer belleza de nuestras cenizas. ¡*Soli Deo gloria*!

LECCIONES DE VIDA

Lee Isaías 55:8-9. Saber que los caminos de Dios son más altos que los tuyos podría animarte la próxima vez que enfrentes pruebas inesperadas. ¿Cómo podrías animar a alguien más con este pasaje?

Contempla cómo Dios podría usar algún día tu sufrimiento para confirmar tu testimonio ante tus hijos. ¿Decidirás hoy apoyarte en Cristo en medio de las tormentas que enfrentas? ¿Cómo se vería esa determinación en tu vida?

Para ver las enseñanzas de Rhonda sobre este capítulo, usa el siguiente código QR o enlace:

https://www.rhondastoppe.com/moms-of-the-bible-book/

CAPÍTULO 10

¡MADRES Y ABUELAS UNIDAS!

Eunice (y Loida)

2 TIMOTEO 1

«Mamá, ¿por qué papá no celebra la Pascua?», quiso saber el joven Timoteo.

Por primera vez en la corta vida de Timmy, había notado que su padre no participaba en los rituales de la Pascua. Eunice sabía que este día llegaría, pero dado que Timmy era tan inteligente y tenía una inclinación natural hacia los asuntos espirituales, no debería haberle sorprendido su observación a tan temprana edad.

Eunice ya se había acostumbrado a la falta de interés espiritual de su esposo griego. Pero ¿en qué momento comenzaría su dulce hijo a notarlo también? Si Timoteo había empezado a preguntarse por qué los valores religiosos de sus padres eran diferentes, ¿acaso las palabras de advertencia de su madre, Loida, volvían ahora para atormentarla? Es posible que Loida le hubiera dicho a su hija: «Eunice, si te casas con ese hombre gentil que no tiene interés en las cosas de nuestra fe, algún día sentirás el peso de una unión en yugo desigual».

Si esa conversación se produjo de verdad, ¡la madre de Eunice habría tenido razón! Mirando atrás, Eunice recordaría los intentos de su madre por hablarle con verdad a su corazón joven y enamorado. Loida era una mujer práctica y firme en la Palabra. Su fe era genuina. Era auténtica, y Eunice la amaba por ello.

Eunice era plenamente consciente de la voluntad de Dios respecto a que Su pueblo se casara solo con otros judíos. Y, sin embargo, cuando era más joven, evidentemente algo la atrajo hacia el hombre al que ahora llamaba su esposo, llevándola a pasar por alto sus propios valores. En Listra, la ciudad multicultural donde vivía, los matrimonios mixtos entre judíos y griegos se habían vuelto más comunes que antes. Más habituales, sí, pero definitivamente no más aceptables para los parientes judíos de Eunice. Además, tener que obedecer el deseo de su esposo griego de no circuncidar a Timoteo solo agravaba la situación, ya que eso significaba que el joven no podría entrar en el templo ni participar en las ceremonias judías.

Sin duda, Loida habría considerado las consecuencias futuras de la decisión de su hija de casarse con un gentil. Me pregunto cómo procesó sus pensamientos. ¿Trató de razonar con Eunice antes de que se casara? ¿Y después del matrimonio, decidió Loida guardar silencio? No tendría sentido seguir reprendiendo a su hija, porque solo podría crear una brecha entre ellas.

Lo hecho, hecho está, podría haberse dicho Loida a sí misma. En algún momento de los primeros días del matrimonio de Eunice, la madre quizás comprendió que había llegado el momento de que su papel como tal pasara de ejercer autoridad a brindar sabio consejo. Desde el día de las nupcias de Eunice y su esposo, la relación entre Loida y Eunice fue pasando suavemente de una dinámica de madre e hija a una de conexión amorosa con límites saludables. Una conexión que unió sus corazones en el propósito común de enseñar a Timoteo a amar a su Dios.

Aunque Eunice estaba criando a Timoteo en un hogar espiritualmente dividido, decidió permanecer firme en su fe. Y a pesar de que su esposo no era un líder piadoso, Eunice mantuvo su integridad espiritual dentro de una dinámica familiar desafiante.

Como nota adicional, algunos historiadores piensan que el esposo de Eunice pudo haber muerto o haberse divorciado de ella para cuando Eunice y Loida conocieron al apóstol Pablo en su primer viaje misionero, que incluyó una parada en Listra (ver Hechos 13-14). Durante esa visita de Pablo es probable que Eunice y Loida escucharan el evangelio y se rindieran a Cristo, y su fe habría tenido un impacto profundo en Timoteo.

Ya fuera viuda o espiritualmente sola, Eunice no estaba desamparada. Para influir en Timoteo de maneras que iban mucho más allá de sus propios esfuerzos, Eunice sabía que podía confiar en Dios y en la influencia de la fe profunda de su madre.

Me pregunto cómo invitó Eunice a su madre a participar en la formación espiritual de Timoteo. ¿Estaría Loida tratando de encontrar su lugar dentro de la dinámica familiar espiritualmente desigual? Imagina las preocupaciones que podrían haber pasado por la mente de Loida cuando su dulce y joven nieto preguntó por qué su padre rechazaba su fe en Dios. ¿Habría procedido Loida con cautela para no ofender a su yerno griego? ¿O tendría la libertad de instruir a su nieto para que amara al Señor y las Sagradas Escrituras?

También me pregunto cómo invitaría Eunice a su madre a ayudarla a establecer a Timoteo en la verdad. Cuando tocó el tema, tal vez dijo algo como: «Mamá, has sido tan comprensiva, pero sé que debes tener ideas sobre cómo podemos unirnos para fortalecer la fe de Timoteo. El papá de Timoteo probablemente nunca se convertirá. Tú y yo necesitamos enseñarle las Escrituras. Me criaste para amar a Jehová y Su Palabra, y ahora me gustaría que me ayudes a implantar ese mismo amor en el tierno corazón de Timoteo».

¿Puedes imaginar la alegría de Loida al ser invitada por Eunice a participar en la formación espiritual de Timoteo? Como abuela de quince nietos, mi corazón se regocija por Loida al considerar la increíble oportunidad que se le dio de trabajar en hermosa armonía con su hija y su nieto.

LOS ABUELOS IMPORTAN

Un experto en temas familiares observa:

> La mejor fuente de orientación para los padres se encuentra en la sabiduría de la ética judeocristiana, que se originó con el CREADOR y fue transmitida de generación en generación desde la época de Cristo. Esto es algo que mi madre, mi abuela y mi bisabuela comprendían casi de manera intuitiva... Lo que estaban haciendo era transmitir la sabiduría tradicional... la herencia... a la siguiente generación.[1]

El apóstol Pablo describió el increíble don de la «fe sincera» que Loida transmitió a su hija Eunice y a su nieto Timoteo:

> «Porque tengo presente la fe sincera que hay en ti, la cual habitó primero en tu abuela Loida y en tu madre Eunice, y estoy seguro de que en ti también... desde la niñez has sabido las Sagradas Escrituras, las cuales te pueden dar la sabiduría que lleva a la salvación mediante la fe en Cristo Jesús» (2 Timoteo 1:5; 3:15, NBLA).

La declaración de Pablo describe cómo la herencia generacional de fe de la abuela Loida se transmitió a su hija y a su nieto. Estos versículos sugieren cuán activamente involucrada estuvo la abuela de Timoteo en su formación espiritual desde sus primeros años. Basándome en el resultado evidentemente positivo de la influencia de Eunice y Loida en la vida de Timoteo, sospecho que, desde el principio, ambas mujeres hicieron el importante trabajo de establecer una comunicación honesta, honrarse y respetarse mutuamente, y mantener su mirada en la meta prioritaria: criar a Timoteo en la instrucción y amonestación del Señor.

Si estás leyendo esto y tú —como otros 2.5 millones de abuelos—[2] estás criando a tus nietos, mi corazón está contigo. He conocido a innumerables mujeres en tu misma situación. Cualquiera que sea la razón por la que estás criando a tus nietos, quiero animarte: Dios ve. Él sabe. Él es quien puede darte la fuerza y la sabiduría necesarias para este importante papel. Y, así como Dios proveyó a Timoteo de un modelo piadoso al enviarle al apóstol Pablo, oro para que Él también guíe a tus nietos hacia ejemplos de piadosos.

Como pastor de jóvenes, Steve desempeñó este papel para muchos adolescentes que estaban siendo criados por sus abuelas. Así que procura asociarte con una iglesia sólida, donde tus nietos sean amados, cuidados y guiados con responsabilidad. Y no te sorprendas si encuentras una comunidad solidaria de otras abuelas que también están criando a sus nietos.

CUANDO LA ABUELA SE EXCEDE

Dios desea que los abuelos tengan un papel activo en la formación espiritual de los niños. El Salmo 78:2-4 llama a las generaciones anteriores a transmitir Su verdad a las generaciones venideras: «En parábolas abriré mi boca; hablaré enigmas de la antigüedad, que hemos oído y conocido, y que nuestros padres nos han contado. No lo ocultaremos a sus hijos, sino que contaremos a la generación venidera las alabanzas del Señor, Su poder y las maravillas que hizo» (NBLA).

Mi suegra, Eleanore —cuya historia compartí contigo en el capítulo anterior— era una mujer encantadora que amaba a Dios. Pero cuando me pidió que no disciplinara a mi hija pequeña en su casa, comencé a dudar en involucrarla en su formación diaria. En lugar de reaccionar con enojo o de distanciarme de la abuela, ella y yo resolvimos esas diferencias con amabilidad y respeto.

Los conflictos surgen, pero no descartes a las personas solo porque tengan puntos de vista distintos en temas donde simplemente deben «acordar estar en desacuerdo». Como presentadora y maestra de ceremonias en la *Cumbre Internacional de Abuelos de la Coalición Legado*,[3] he conocido a miles de abuelas cristianas que desean ejercer su rol de abuelas con intención. Muchas comparten historias desgarradoras sobre lo poco que se les permite ver a sus nietos. Algunas miran atrás con pesar, reconociendo que en los primeros días de su papel como abuelas sobrepasaron ciertos límites. Otras explican cómo sus hijos adultos decidieron «anularlas» sin ofrecerles siquiera una explicación.

Para algunas, imagino que el distanciamiento del hijo adulto podría ser una respuesta a un progenitor verdaderamente abusivo. Por favor, entiende que no estoy sugiriendo que te expongas tú o tus hijos a un abuelo abusivo. Más bien, te invito a evaluar dónde deben establecerse los muros de protección, en contraste con cuándo es mejor trabajar para definir límites saludables con abuelos bien intencionados.

En la cultura de la anulación actual, mi corazón se duele por los abuelos que han sido apartados de sus nietos por conflictos que podrían haberse resuelto de una manera amorosa y que honrara a Cristo. Considera este consejo de la especialista en apoyo familiar cristiano, la Dra. Joannie DeBrito:

> Ser testigo de Cristo comienza por construir relaciones con los demás, y es poco probable que logremos establecerlas si parecemos insensibles, indignadas, arrogantes o autosuficientes. Podemos ganar un debate con un hijo adulto o un nieto, pero perder la relación por una diferencia de opinión. Recuerda que es mucho más fácil acordar estar en desacuerdo que tratar de sanar una relación rota.[4]

CUANDO LA ABUELA NO ES CRISTIANA

¿Qué sucede si la abuela no es una influencia piadosa? Esto añade otra capa a lo que un experto describe como «un baile incómodo» en la etapa del «nido vacío».[5] En nuestra experiencia, Steve y yo oramos sobre el grado de participación de mi mamá con nuestros hijos. Por favor, entiende que ella no llevaba una vida desviada o inmoral. Más bien, su cosmovisión simplemente era diferente a la nuestra. A veces les daba a los niños consejos mundanos que, sin querer, nos llevaban a tener conversaciones importantes con ellos. Al final, decidimos honrar a mi mamá, pero también considerar en oración cómo enseñar a nuestros hijos a ejercer discernimiento piadoso. Queríamos equiparlos para proteger sus corazones. Por eso, establecimos reglas específicas que debían obedecer en casa de la abuela, aunque nosotros no estuviéramos presentes para hacerlas cumplir. Curiosamente, las visitas a la abuela generaron oportunidades para conversaciones reflexivas y adecuadas a la edad de nuestros hijos.

Por supuesto, también le pedimos a la abuela que respetara nuestras reglas sobre los tipos de películas que los niños no podían ver y otras estipulaciones importantes. En general, mi mamá trató de cumplirlas.

Al participar en este delicado «baile» con mi madre, mostramos a nuestros hijos cómo honrar a personas que no comparten nuestra perspectiva. Ellos pudieron ver cómo cubríamos a la abuela con gracia, con la esperanza de que, algún día, nuestra amabilidad la atrajera a Cristo. Al final, mi mamá entregó su corazón a Jesús. Nuestros hijos, que habían orado durante décadas, fueron increíblemente bendecidos al celebrar la tan esperada conversión de su abuela.

Al compartir todo esto, no estoy diciendo que debas confiar a tus hijos al cuidado de una abuela no cristiana. Tú eres quien debe decidir qué es lo mejor para tus hijos. Eso es lo hermoso de asociarse con Dios en la experiencia de la crianza: Él te llamó a criar a tus hijos dentro de la dinámica particular de tu familia. Y dentro de ese llamado, Él te concederá Su sabiduría con solo pedírsela (ver Santiago 1:5).

CUANDO SOY *DEMASIADO* ÚTIL

Cuando desempeño mi papel como madre y suegra, mi esposo suele recordarme con suavidad cuando cree que estoy siendo «demasiado útil», que es su forma de decir que estoy sobrepasando los límites. He aprendido a apreciar las advertencias de Steve, porque él tiene mejor intuición para «leer el ambiente» cuando doy demasiados consejos.

Cuando Meredith regresó a casa después de la universidad, yo seguía en modo mamá. Y cuando intentaba guiarla como siempre lo había hecho, notaba que ella se cerraba.

Por ejemplo, poco antes de que Meredith regresara de la *uni*, sus amigos de la preparatoria —que querían volver a conectar con ella— me pedían que le dijera que los llamara al llegar. No era que Meredith no quisiera hacerlo, pero cuando yo se lo recordaba, sabía que me estaba sobrepasando. Le dije: «Oye, Mimi, me doy cuenta de que no quieres que te insista en contactar a tus amigos. Tengo que pedirte disculpas. Estoy tratando de descubrir mi nuevo rol en tu vida. Antes, cuando tus amigos llamaban, yo te pasaba el mensaje, tú los llamabas, y todo seguía igual. Ahora siento que cuando te recuerdo estas cosas, parece que intento controlarte. Quiero aprender a relacionarme contigo como adulta, pero entiende que te he estado criando durante mucho tiempo. Dame la oportunidad de aprender esta nueva relación contigo como adultas».

Meredith apreció de verdad mi súplica de «ayúdame a entenderlo». Y puedo decir con sinceridad que con cada uno de mis hijos adultos he pasado por etapas similares en las que tuvimos que redefinir nuestra relación. Al final, estoy agradecida de haberme mostrado vulnerable y haber invitado a mis hijos a ayudarme a aprender cómo relacionarme con ellos como adultos. Aprecio la enorme cantidad de gracia que me han mostrado a lo largo de los años cuando he recaído en mi papel de madre demasiado útil, en lugar de ser una consejera adulta.

Cuando tus hijos se casen, te enfrentarás a un nuevo nivel de transición. Tal vez no te halles aún en esa etapa; quizás tus hijos todavía sean pequeños y pienses: *Falta mucho para eso*. Pero créeme, llegará el día antes de que te des cuenta. Así que, si ahora mismo estás en plena crianza de tus pequeños, guarda esto para el futuro. Me lo agradecerás más adelante.

Si tu madre, o tu suegra, se excede con las mejores intenciones, pídele a Dios la gracia para confiar en su corazón. Si es como yo, sus intentos mal dirigidos por ser útil probablemente proceden de un punto de amor y confusión respecto a cómo relacionarse contigo como adulta.

Seas una abuela que desea involucrarse más en la formación espiritual de tus nietos, o una adulta que espera que sus padres respeten tus límites, un buen libro que consultar es *Doing Life with Your Adult Children* [Hacer vida con tus hijos adultos]. Considera esta percepción del autor Jim Burns:

> Es importante reconocer tu antigua descripción de trabajo como padre para poder dejarla a un lado. Es la única manera de abrir espacio para tu nueva descripción de trabajo… En nuestro caso, lo contemplamos como un baile único y algo torpe en el que ni nosotros ni nuestros hijos conocíamos los pasos correctos. Hubo muchos pisotones y renegociaciones de límites hasta que encontramos nuestro ritmo juntos. Y justo cuando pensábamos que bailábamos bien con un hijo, el siguiente se iba a la universidad y teníamos que retomar el torpe baile de nuevo.[6]

Podría añadir que no solo hay nuevos pasos de baile torpes cuando tu hijo se casa, sino también cuando ellos mismos se convierten en padres. ¿Mi opinión? Ofrézcanse gracia, buena comunicación y oración, y pidan al Señor que les conceda Su sabiduría para manejar bien cada nueva etapa de la vida.

Me doy cuenta de que hemos tomado un largo desvío aquí, hablando de los altibajos de ser abuelos y de las relaciones con los hijos adultos. Pero como me encuentro con mujeres por todo el país que se lamentan de que sus hijos no tengan abuelos piadosos, sentí que debía ser sincera contigo por si esto describe la dinámica de tu familia.

Anímate. No estás sola. En nuestra historia, Dios nos guio hacia mujeres mayores que se convirtieron en abuelas en la fe. Una de ellas es mi amiga Mary. Su hospitalidad sureña, su amor, sus oraciones y su influencia sobre nuestros hijos continúan hasta el día de hoy.

FE INTERGENERACIONAL

«El objetivo de un buen carácter es tener influencia e impacto».[7] Eunice y Loida no habrían tenido idea de cómo su ejemplo diario y constante, y su influencia en el desarrollo del carácter de Timoteo, sembrarían semillas que un día florecerían durante su vida de ministerio. Tú también tienes la oportunidad de ejercer el mismo tipo de influencia en el futuro de tus hijos. Considera la historia de una mujer sobre los granos de carácter implantados en su crianza:

> De pequeña, mi abuela me apodó «Chatty Kathy» [Kathy la parlanchina]. Mis padres nos criaron a mi hermano Dave y a mí para hablar con respeto y escuchar. De no haberlo hecho, yo podría haberme convertido en una buena chismosa. Burlarme, impresionar con mis palabras y necesitar tener la última palabra habrían sido mi futuro. No habría visto nada malo en usar mis palabras de manera poco saludable. Dave y yo no recordamos lecciones sobre hablar, escuchar, respetar y otras cualidades. Pero sabíamos

> que el carácter era importante y que poner a los demás primero era lo correcto… No crecí escuchando «¡Cállate! ¡Cállate!». Por el contrario, se me dieron oportunidades para usar mis puntos fuertes de maneras saludables y desarrollar un carácter maduro… Gracias a cómo me criaron, y a la fuerza y el propósito que Dios provee, hoy soy una seguidora de Cristo, fundadora de un ministerio, autora y oradora pública.[8]

La Dra. Kathy Koch creció y se convirtió en la fundadora y presidenta de Celebrate Kids, Inc., donde ayuda a miles de padres a criar a hijos con carácter bíblico. Pero ella no se despertó de repente un día como adulta y decidió alimentar su propio carácter para poder influenciar a otros. Más bien, la historia de la Dra. Kathy revela cómo el carácter bíblico destacado de sus abuelos y padres influyeron en que se convirtiera en una mujer de disposición e impacto piadoso, cualidades por las que es bien conocida hoy.

Cuando decides cultivar rasgos piadosos en tus hijos, Dios usa tu influencia para prepararlos en función del increíble propósito que Él tiene para su vida.

La historia de la Dra. Kathy es un recordatorio de cómo Dios obra a través de la fe intergeneracional. Su madre y su abuela no podrían haber imaginado cómo Dios usaría su influencia en el carácter de ella para un día preparar a miles de padres en la crianza de una generación de hijos con cualidades de carácter bíblicas. De la misma manera, cuando decides cultivar rasgos piadosos en tus hijos, Dios usa tu influencia para prepararlos en función del increíble propósito que Él tiene para su vida.

SEAMOS REALES

Hemos establecido la necesidad de que tus hijos estén expuestos a una fe intergeneracional. El ejemplo de Eunice y Loida demuestra cómo una fe genuina puede transmitirse a tus hijos y luego a tus nietos. No puedo describir la profunda alegría que experimento cuando observo a mis hijos adultos mostrar la fe que aprendieron en nuestro hogar y transmitirla a sus propios hijos. Invierte tiempo en tus pequeños ahora, amiga mía. Créeme, te lo dice una persona mayor que sabe de lo que habla. Ni te imaginas el regalo que le estarás dando a tu yo futuro.

Esto resalta el valor de vivir una fe genuina. Tener una fe auténtica marcará la diferencia en la vida de tus hijos. El apóstol Pablo hizo una observación similar cuando identificó la fe de Eunice y Loida como «sincera» (2 Timoteo 1:5, NBLA). «Sincera» significa sin hipocresía.

Tus hijos están observando si hay coherencia entre lo que dices creer y tu forma de vivir. La autenticidad de tu fe importa más que tus intentos de imitar a la señora de la iglesia pretenciosamente perfecta frente a tus hijos.

Los niños ven claramente la fe falsa de un padre. Por ejemplo, si eres un padre que critica con negatividad durante el trayecto a la iglesia, y luego llega con una gran sonrisa y reparte abrazos santos a todos, tu hijo percibirá la incoherencia. Cuando te equivoques, admítelo. Pide perdón a tus hijos. Ten cuidado: la hipocresía es una de las razones por las que los niños se alejan de la fe. Vivir tus convicciones con sinceridad influirá mucho más en tus hijos para buscar de por vida a Cristo que cualquier palabra persuasiva que puedas pronunciar.

CONSTRUYENDO SU CARÁCTER

Desarrollar cualidades de carácter bíblico es una inversión en el destino de tu hijo. A continuación, cinco maneras en las que puedes fortalecerte con estrategias prácticas para el desarrollo del carácter:

1. Exige responsabilidad

Asignar tareas adecuadas a su edad fomentará un sentido de pertenencia. Dar responsabilidades ayuda a desarrollar la rendición de cuentas. Estás criando hijos en medio de una cultura de derecho o de sentirse con privilegios. Esto significa que estás nadando contra la corriente si a los amigos de tu hijo no se les exige ayudar en casa. Pero confía en el proceso. Criar a un hijo que se interese por el bienestar de su familia es un factor importante para enviarlo al mundo preparado para ganarse la vida y asumir su propia carga.

Hoy en día, los empleadores se quejan de la poca ética de trabajo entre los empleados. Cuando mi esposo aconseja a jóvenes que buscan avanzar en su carrera, les indica: «Sé la persona de la que no puedan prescindir. Haz más de lo que se espera. Sé un jugador de equipo. Cumple siempre tu palabra y camina con integridad».

Criar a un hijo que se interese por el bienestar de su familia es un factor importante para enviarlo al mundo preparado para ganarse la vida y asumir su propia carga.

Te sorprendería lo ajeno que resulta este consejo para los jóvenes trabajadores a quienes no se les enseñó este tipo de responsabilidad en casa. Cuando entrenas a tus hijos para que contribuyan con alegría a las responsabilidades familiares, al llegar a la adultez encontrarán, probablemente, satisfacción en la tarea bien hecha, tanto en el trabajo como en el hogar.

2. Fomenta la empatía

La empatía se define como «ser consciente de, sensible a y experimentar vicariamente los sentimientos, pensamientos y experiencias de otra persona».[9] Entrena a tus hijos para que consideren los sentimientos y las perspectivas de los demás. Ayudar a tus hijos a rechazar las tendencias a juzgar es un excelente punto de partida. Es común atribuir malas intenciones a otros sin tomarse el tiempo de considerar por qué pudieron haber dicho o hecho algo de cierta manera.

Durante muchos años, Steve y yo hemos aconsejado a parejas, y hemos observado con cuánta frecuencia los conflictos matrimoniales comienzan cuando una o ambas partes se niegan a considerar la perspectiva del otro. Enseñar a tus hijos a examinar sus propios motivos mientras empatizan con los motivos de otra persona ayuda a crear una base para la armonía y una vida de comprensión, algo que un día puede ayudarles a disfrutar de una mayor unidad en sus propios matrimonios. Para recibir ayuda matrimonial, consulta nuestro libro *The Marriage Mentor: Becoming the Couple You Long to Be* [El mentor de matrimonios; Convirtiéndose en la pareja que anhelan ser].

Cuando les das a tus hijos la cualidad de carácter de la empatía, los equipas con el regalo de poder desarrollar relaciones de confianza y amor.

El mejor lugar para comenzar a entrenar a tus hijos en el desarrollo de la empatía es en sus relaciones con sus hermanos o primos, o con amigos si no tienen hermanos. Esto requiere toda tu atención cada vez que los sentimientos de tus hijos sean heridos o se sientan enojados. Aunque puede ser más fácil simplemente gritar «¡Ustedes, pónganse de acuerdo o se las verán conmigo!», es mucho mejor tomarte el tiempo de detener lo que estás haciendo, mirar a tus hijos a los ojos y ayudarlos a considerar los sentimientos de la otra persona. Esto ayudará a desarrollar una habilidad para la vida que tus hijos llevarán consigo por el resto de sus días. Pocas personas saben tomarse el tiempo de autoevaluarse o considerar los pensamientos o motivos de otra persona. Cuando les das a tus hijos la cualidad de carácter de la empatía, los equipas con el regalo de poder desarrollar relaciones de confianza y amor.

3. Conecta las experiencias de la vida y el desarrollo del carácter con las Escrituras

Mi forma favorita de desarrollar el carácter de mis hijos era leerles relatos reales de personas en la Biblia. Es divertido leer la historia de David y Goliat y celebrar el valor y la fe de David, cualidades de carácter maravillosas. Y si profundizas más en su historia, tú y tus hijos pueden observar las formas en que Dios desarrolló el carácter de David, algunas de ellas inesperadas y sorprendentes.

Por ejemplo, cuando David se negó a pelear contra Goliat usando la armadura del rey Saúl, declaró: «El Señor, que me libró de las garras del león y del oso, también me librará de la mano de ese filisteo» (1 Samuel 17:37, NVI).

Esto es lo que no quiero que pases por alto: si David tenía solo 16 años cuando luchó contra Goliat, sería más joven cuando mató al león y al oso mientras cuidaba las ovejas de su padre. Esta historia te brinda una oportunidad maravillosa para mostrar a tus hijos la realidad de las dificultades y cómo Dios usa los desafíos con el fin de preparar a Su pueblo para que se enfrenten a sus propios gigantes algún día. En una cultura cristiana diluida, donde muchos opinan que un buen Dios nunca permite que ocurran cosas malas, puedes ayudar a tus hijos a no sorprenderse por los problemas. «Amados, no se sorprendan del fuego de prueba que en medio de ustedes ha venido para probarlos, como si alguna cosa extraña les estuviera aconteciendo» (1 Pedro 4:12, NBLA).

Al mostrarles a tus hijos el registro bíblico de cómo su amoroso Padre permite las pruebas para preparar a Su pueblo para batallas futuras, los ayudas a confiar en Dios cuando la vida no tiene sentido.

En nuestra historia, cuando nuestro hijo Brandon era pequeño, sufría de fuertes convulsiones, epilepsia. ¡Qué época tan difícil soportó mientras luchaba contra su enfermedad! Recuerdo un día en que lloraba delante del Señor, pidiéndole que quitara las convulsiones de Brandon. ¿Y sabes qué versículo fue el que el Señor puso en mi corazón? «Dad gracias en todo, porque esta es la voluntad de Dios para con vosotros en Cristo Jesús» (1 Tesalonicenses 5:18).

¿Cómo podía estar agradecida por la condición de Brandon? ¿Y cómo podía animar a Brandon a dar gracias? No tenía ni idea. Pero entendía que Dios es bueno. Sabía que Él amaba a Brandon más de lo que yo podría amarlo jamás. Así que oré: «Señor, no puedo imaginar por qué debo dar gracias, pero diré "gracias" con mis labios. Por favor, cambia mi corazón».

Llevó un tiempo que mi corazón cambiara, especialmente cuando la fuerte medicación le quitó a Brandon la energía para practicar deportes. Pero entonces tomó una guitarra. Mi corazón se llenó de gratitud al ver cómo Brandon sobresalía en sus habilidades musicales. Mirando en retrospectiva, no se nos escapó cómo esos años de convulsiones fueron la manera en que Dios moldeó a Brandon para ser un músico piadoso. Creció tocando en bandas de alabanza, se graduó de una universidad cristiana con un título en música, realizó giras con algunos artistas cristianos increíbles y ahora sirve en el ministerio como pastor de adoración.

Sería una omisión si no te contara cómo un día mi corazón estalló en alabanza agradecida cuando Dios, en Su gracia, quitó las convulsiones tan repentinamente como habían comenzado.

Llegamos a entender que el «león y el oso» a los que Brandon se enfrentó fueron lo que Dios usó como preparación para luchar contra gigantes. Ayudar a Brandon a desarrollar su carácter y su confianza en el Señor no fue fácil mientras batallaba con una enfermedad que no tenía sentido. Como probablemente tampoco tenía sentido para David por qué Dios permitió que un león y un oso lo atacaran mientras componía hermosos cantos de alabanza cuidando las ovejas de su padre. ¡Qué increíble debió de ser para David atar cabos el día que le dijo a Saúl que sabía que su fuente de victoria contra el gigante vendría del mismo Dios que lo había capacitado para vencer en la lucha contra animales salvajes!

En medio de una condición de salud que pensé destruiría el futuro de Brandon, el Señor utilizó su fragilidad con el fin de prepararlo para salir delante de su ejército, con gritos de batalla en alabanza a nuestro Dios santo. De la misma manera, cuando tu hijo afronte obstáculos insuperables, pídele a Dios que te ayude a descubrir lecciones valiosas en la Biblia que puedan ayudarle a desarrollar un carácter piadoso mientras fortalecen su fe y también la tuya.

4. Lidera con el ejemplo

Vivir los rasgos piadosos es el secreto para construir un carácter bíblico en tus hijos. Considera una idea más de la Dra. Kathy Koch:

> Cuando enseñas intencionalmente y vives el carácter bíblico delante de tus hijos, es más probable que ellos lo abracen por completo. Harás que Dios sea atractivo y que vivir para Él sea lo mejor. Ahora, el amor de tus hijos por Dios puede impulsarlos a desear y practicar un carácter excelente. Pueden enfocarse en ser obedientes para agradar y glorificar a Dios, en lugar de hacerlo para obtener una recompensa o evitar un castigo. No depender de que alguien los esté observando constantemente los hará madurar y los liberará.[10]

> Tu objetivo consiste en inculcar carácter piadoso en tus hijos para que se vuelvan menos dependientes de ti y más dependientes de Cristo.

Tu objetivo consiste en inculcar carácter piadoso en tus hijos para que se vuelvan menos dependientes de ti y más dependientes de Cristo. Vive tu fe con tal sinceridad que seguir a Cristo se vuelva irresistible. Cuando decides permanecer en Cristo y vivir con una devoción total hacia Él, es muy probable que tus hijos sigan tu ejemplo.

5. *Ora sin cesar*

El entrenamiento en el carácter bíblico es obra del Señor. Y también lo es la poderosa vida de oración de una persona justa.[11] Si la oración mueve la mano de Dios —y lo hace—, Satanás hará todo lo posible por desanimarte de orar por tus hijos. Por lo general, los abuelos tienen más tiempo libre que los padres, lo que significa que pueden ser intercesores dedicados por tus hijos. En nuestra familia, el abuelo Bill y la abuela Ria son poderosos guerreros de oración por mí, mis hijos y los hijos de mis hijos. ¡Mis hijos adultos atesoran las oraciones de sus abuelos! Nunca subestimes el poder de un abuelo que ora.

En su libro *The Power of a Praying Grandparent* [El poder de los abuelos que oran], Stormie Omartian revela cómo una abuela que nunca conoció oró por ella:

> Descubrí que era una mujer fiel, piadosa y de oración... Aunque murió cuando yo era solo una adolescente, sentí que sus oraciones seguían cubriendo mi vida.[12]

CRIAR HIJOS QUE REPERCUTAN EN EL REINO

Eunice y Loida mostraron una fe constante y sincera que influyó en el carácter de Timoteo, y encendió en él el deseo de vivir para Cristo. A pesar de que su padre no era cristiano, el efecto de estas dos mujeres en él formó la base de la vida piadosa y la influencia que Timoteo mostró, no solo sobre su generación, sino también a lo largo de los siglos y hasta el día de hoy.

Eunice no solo crio a su hijo con el objetivo de alcanzar el éxito mundano, sino que lo preparó para ser útil en el reino de Dios. Sin saber cómo Dios usaría la formación bíblica de Timoteo, Eunice y Loida trabajaron juntas con el fin de equiparlo para una vida de servicio en lugar de una vida de comodidad o posición social.

El apóstol Pablo no pudo evitar notar y respetar cuán fielmente Eunice y Loida enseñaron a Timoteo a partir de las Escrituras. En aquellos días, muchas personas no poseían pergaminos o rollos que contuvieran los escritos sagrados. Por lo tanto, es probable que Eunice y Loida memorizaran pasajes y enseñaran a Timoteo a memorizarlos también. Sabiendo que la mejor manera de ayudarlo a guardar su alma era mediante la Palabra, es evidente que Eunice y Loida se tomaron en serio el Salmo 119:11: «En mi corazón he guardado tus dichos, para no pecar contra ti».

La mayor herencia que Timoteo recibió de Eunice fue su fe sincera, un legado que continúa influyendo en el mundo incluso hoy. Los actos aparentemente ordinarios de fe mostrados por la madre y la abuela de Timoteo tuvieron consecuencias extraordinarias y de largo alcance. Gracias a la influencia de Loida y Eunice, Timoteo se convirtió en uno de los compañeros más fiables de Pablo, aquel a quien Pablo pasó el manto de su ministerio. Considera cuán profundamente Pablo amó y respetó a Timoteo:

> A Timoteo, mi verdadero hijo en la fe… Mi amado hijo… No cuento con nadie como él [Timoteo], quien se preocupa genuinamente por el bienestar de ustedes… Ustedes conocen los probados méritos de Timoteo, que sirvió conmigo en la propagación del evangelio como un hijo sirve a su padre…[13]

A través de tu instrucción bíblica y tu ejemplo sincero de fe, capacitarás a tus hijos para que sean luces en este mundo, influyendo en su generación para Cristo de maneras profundas. Vive fielmente tu fe, entrena a tus hijos para que desarrollen un carácter piadoso y observa cómo se levantan al llamado de Dios sobre sus vidas. Nunca subestimes cómo los actos de fe que parecen pequeños pueden tener un impacto de gran alcance para el reino de Dios. El legado de fe sincera que siembres hoy florecerá a través de los tiempos, moldeando no solo el destino de tus hijos, sino también el de las generaciones futuras.

LECCIONES DE VIDA

¿Qué has aprendido de la historia de Eunice y Loida?

La guía espiritual que brindas a tus hijos puede dar fruto más allá de tus mayores sueños. Asociarte con una abuela piadosa puede duplicar tus esfuerzos, así que recuerda valorar su aporte. ¿Cómo has visto que este tipo de influencia beneficia a los niños, ya sea en tu propia familia o en otra?

Escribe el Salmo 78:2-4, y considera en oración tu papel en transmitir tu fe a las generaciones futuras.

Como afirma Lee Ann Mancini en su libro *Raising Kids to Follow Christ* [Criar hijos que sigan a Cristo] «La formación en la fe bíblica es fundamental para obtener una cosmovisión cristiana» (pág. 112). ¿Qué pasos puedes tomar para implantar las Escrituras y edificar el carácter bíblico en tus hijos?

Pídele a Dios que te recuerde la urgencia de vivir tu fe sincera. Ora por la sabiduría de Dios mientras ayuda a desarrollar un carácter piadoso en tus hijos.

Para ver las enseñanzas de Rhonda sobre este capítulo, usa el siguiente código QR o enlace:

https://www.rhondastoppe.com/moms-of-the-bible-book/

CAPÍTULO 11

DE LA INFERTILIDAD DESESPERADA A LA INFLUENCIA INCONMENSURABLE

Ana

1 SAMUEL 1

«Ana, ¿por qué lloras? ¿por qué no comes? ¿y por qué está afligido tu corazón? ¿No te soy yo mejor que diez hijos?» (1 Samuel 1:8).

Ana sabía que Elcana tenía buenas intenciones. La amaba profundamente y aprovechaba cada oportunidad para demostrar la magnitud de su adoración por ella. De hecho, Elcana acababa de servirle un plato extra de su comida favorita, un acto de amor que todos los presentes en la mesa podían observar, incluida la otra esposa de Elcana, Penina.

Ana sabía cómo Penina (a quien llamaremos Penny) estaría resentida por este acto de favoritismo. También comprendía que los intentos de Elcana por compensar la infertilidad de Ana a menudo provocaban burlas maliciosas por parte de Penny.

Penny tenía un espíritu mezquino y sabía cómo herir a Ana con comentarios maliciosos. Y cuando Ana menos lo esperaba, los comentarios pasivo-agresivos de Penny surgían de la nada.

Penny había tenido muchos hijos con Elcana. Su capacidad para concebir era su orgullo y alegría. Según Ana, cada vez que Elcana y Penny se acostaban, ella concebía un nuevo heredero para la creciente familia de Elcana.

Con cada embarazo, Penny no podía evitar jactarse mientras pasaba junto a Ana, acariciando su vientre. La Biblia describe la situación de Ana:

> Su rival, Penina, la provocaba amargamente para irritarla, porque el Señor no le había dado hijos. Esto sucedía año tras año; siempre que ella subía a la casa del Señor, Penina la provocaba, por lo que Ana lloraba y no comía (1 Samuel 1:6-7, NBLA).

Ana debió sentirse tan sola en su doloroso estado. ¿Alguna vez has llorado tan profundamente que ni siquiera podías recuperar el aliento? El dolor de este tipo de sufrimiento es aislante, abrumador y debilitante. No es de extrañar que Ana no pudiera obligarse a comer el montón de comida que Elcana había servido en su plato.

CHICAS MALAS Y NARCISISTAS

Cuando una persona cruel arruina tu ya arruinado día, el dolor se multiplica. Y es difícil no caer en la trampa cuando te provocan. Aunque puedas sentir la tentación de involucrarte, recuerda: «No estamos obligadas a enredarnos con el lío emocional de otra persona».[1]

Penny era una chica mala, y me atrevo a decir que también era narcisista. Sé que hoy en día la palabra *narcisista* se usa en exceso, pero no puedo evitar creer que Penny podría ser el ejemplo bíblico perfecto para Narcisistas Anónimos. Digo «anónimos» porque la mayoría de las personas egocéntricas son expertas en ocultar sus intenciones crueles y autopromocionales. Esto me hace pensar que Elcana probablemente no se daba cuenta de las formas dañinas en que Penny estaba destruyendo a Ana día tras día.

¿Alguna vez te has encontrado con una chica mala y narcisista? Tal vez fue la chica popular en la secundaria o en la universidad. Si alguna vez has sido víctima de una mujer egocéntrica y malintencionada, sabes lo intimidantes que pueden resultar sus comentarios pasivo-agresivos y su manipulación psicológica. Estoy segura de que tu corazón se duele por Ana en medio de su dolorosa situación.

A veces, una persona narcisista se infiltra en tu vida sin ser detectada. Al principio, la amistad puede parecer maravillosa. Pero con el tiempo, notas lo mal que te sientes contigo misma cada vez que pasas tiempo con tu amiga egocéntrica. Este tipo de relaciones son realmente agotadoras y confusas. Sin embargo, de algún modo, alejarse de estas personas puede parecer imposible. ¿Alguna vez has experimentado esto? Yo sí. Y quiero decirte que no estás sola al experimentar la confusión que procede de este tipo de relaciones. Un minuto te sientes querida y halagada, y al siguiente te sientes culpable e insignificante al caer víctima de las sofisticadas tácticas psicológicas y manipulaciones de la persona.

Tomémonos un momento para analizar algunas de las características del narcisismo. Mientras reflexionas sobre estos atributos, pídele al Señor que te revele si acaso *tú* muestras tendencias narcisistas. Puede que digas: «¡Ay!» Lo sé. Lamento ser tan directa. Pero la verdad es que la mayoría de las personas narcisistas no son conscientes de sus tendencias. Cuando se les confronta sobre su comportamiento, a menudo se presentan como la víctima mientras pintan a los demás como villanos. Sé sincera: si eres narcisista, ¿no querrías reconocer tu inclinación para que el Señor pueda transformar tu corazón? Y aunque no seas narcisista, estas son características a las que debes prestar atención en tu propia vida para no dañar a otros.

Investigué cómo los narcisistas crean y mantienen relaciones poco saludables, y me sorprendió lo acertadas que son algunas de estas descripciones de carácter. Esta no es una lista exhaustiva. No soy consejera certificada, así que ten en cuenta que he creado mis propias etiquetas no académicas y no profesionales para describir algunas de las tendencias que he observado en los narcisistas. Para mayor claridad, quiero informarte que al presentar estas características no me refiero en absoluto a mi esposo. Steve es verdaderamente el hombre más amable y desinteresado que he conocido. Las tendencias egocéntricas son lo más alejado de cualquier palabra que usaría para describir al buenazo de mi hombre.

Aquí está mi lista descriptiva de tendencias narcisistas:

- *Admiración y afirmación:* La persona ofrece validación que inicialmente parece apoyo, pero que en realidad establece las bases para manipulación futura.
- *Refuerzo aleatorio:* La persona alterna entre ser solidaria y distante, creando en ti un ciclo de hábito de perseguir su aprobación.
- *Culpabilidad:* La persona te recuerda regularmente cómo te ha ayudado y lo que le debes a cambio.
- *Postura de víctima:* La persona te hace sentir como el malo cada vez que confrontas su comportamiento narcisista.
- *Revisión histórica:* La persona te hace dudar de tu recuerdo de eventos pasados.

Si estas características describen la relación que tienes con una hermana, madre, compañera de trabajo o amiga, no estás sola. Yo he pasado por ello. Y cuando la persona narcisista es un miembro de la familia, como lo fue Penina para Ana, puedes sentirte atrapada en un ciclo de soledad y arrepentimiento. Yo también lo he vivido.

Dudé en compartir mi experiencia personal, pero para ayudarte a entender mejor cuánto me identifico con haber sido manipulada por una persona narcisista, seré prudente y te daré un pequeño extracto de mi historia. Antes mencioné a mi hermana, quien era catorce meses mayor que yo. Crecimos compartiendo una habitación. Decir que vivíamos en estrecha convivencia sería quedarme corta para describir lo entrelazadas que estaban nuestras vidas. Mi hermana me llamaba su mejor (y a menudo única) amiga.

No definiría el trato de mi hermana hacia mí como narcisista. En ese tiempo, ni siquiera sabía lo que significaba esa palabra. Sin embargo, al mirar en retrospectiva a nuestra relación, llegué a darme cuenta de lo manipulada que había sido por sus tendencias controladoras. Mi miedo a desagradarla opacaba y condicionaba mi tendencia a ceder ante sus exigencias, que a veces eran imposibles de cumplir.

Incluso de adultas, su inexplicable poder sobre mí no tenía sentido. Me lastimó emocionalmente más que cualquier otra persona en mi vida y, aun así, seguía sometiéndome a más. Cuando por fin tracé una línea y dije «basta», la culpa me atormentó.

Afortunadamente, consejeros bíblicos me ayudaron a establecer límites saludables, no solo en mi relación con mi hermana, sino también en otras relaciones a las que me había sentido atraída por su parecido con esa dinámica.

Aunque mi hermana falleció recientemente, todavía siento culpa por algunas de las palabras hirientes que me dirigió en sus últimos años. De alguna manera, su dolor siempre terminaba siendo culpa mía. Y aunque sé que sus acusaciones no eran ciertas, los recuerdos aún me atraviesan como un cuchillo. De hecho, el último mensaje que tengo de ella antes de morir todavía me atormenta con culpa y, sin embargo, me cuesta eliminarlo. A veces lo escucho solo para oír su voz una vez más, aunque el mensaje esté cargado de manipulación.

Así que sí, puedo identificarme con los sentimientos que Ana debió de haber experimentado viviendo tan cerca de la segunda esposa de su esposo, Penina. Tal vez tú también puedas. Cualquier compasión o favoritismo que Elcana mostrara hacia Ana se vería opacado bajo la sombra de los comentarios crueles y las actitudes hirientes de Penina.

¿Y SI ESTÁS CASADA CON UN NARCISISTA?

Si estás casada con un narcisista, quiero que sepas que mi corazón está contigo. En mis años de ministerio, he acompañado a mujeres que han estado en tu lugar. Si después de casarte comenzaste a reconocer que podrías haberte comprometido con un narcisista, la conclusión puede ser muy dolorosa y hacerte sentir atrapada y sola.

Cuando eres manipulada por un narcisista, es posible que experimentes estrés mental, depresión, ansiedad, dudas sobre ti misma, sentimientos de impotencia o vergüenza. Aunque el esposo de Ana no era la fuente de su dolor, Penina sí lo era. Al parecer, Elcana no se daba cuenta del daño que Penina estaba causando y nunca defendió a Ana. Creo que este es el estado mental en el que encontramos a Ana el día que se derrumbó por completo en la mesa de la cena.

Si tu cónyuge muestra tendencias narcisistas, no necesitas afrontarlo sola. Hay abundancia de recursos cristianos a los que puedes acudir, y consejeros bíblicos capacitados para ayudarte a establecer límites seguros y pasos a seguir. No pierdas la esperanza. En Cristo, he observado cómo incluso el narcisista más egocéntrico puede transformarse en una persona que refleja un amor desinteresado y semejante a Cristo. Recuerda: nada es imposible para Dios.

Si Dios pudo volver bondadoso el corazón cruel de Saulo (también llamado Pablo), Él puede transformar a cualquiera que se arrepienta y se entregue a Cristo. Saulo, quien persiguió a los cristianos de manera horrenda, se convirtió en un hombre que amó a Dios y a los demás tan profundamente que murió proclamando la esperanza del evangelio.

Ahora bien, no te estoy aconsejando que simplemente soportes la situación. Si estás en una relación abusiva, busca ayuda de inmediato. No soy consejera licenciada, y el propósito de este capítulo no es equiparte para resolver el narcisismo, sino para reconocerlo. Una vez más, hay recursos y consejeros que pueden ayudarte. Por ejemplo, considera estos útiles consejos de un consejero profesional licenciado en un artículo titulado: «Cómo lidiar sabiamente con personas manipuladoras»:[2]

> Todas hemos conocido personas manipuladoras, ya sean amigos, familiares o nuestra pareja. Son las personas que saben cómo tocar nuestros botones. Pueden asustar, coaccionar, obligar, criticar, hacer sentir culpa, sobornar, culpar, socavar, intimidar o abusar. O pueden halagar, mostrar simpatía, actuar con inocencia… pero sin sinceridad. Todo es chantaje emocional. Es manipulación…
>
> Vivimos en un mundo caído y roto, lleno de personas heridas. Debemos ser discernidoras con aquellos en la comunidad, en nuestro lugar de trabajo, en la iglesia, en nuestras familias y en nuestros matrimonios. Y en la medida de lo posible, debemos vivir en paz con todos (Romanos 12:18).
>
> Al mismo tiempo, tenemos que ser perceptivas, especialmente con una persona manipuladora. Jesús dijo: «Yo los envío como ovejas en medio de lobos. Por tanto, sean astutos como serpientes y sencillos como palomas.» (Mateo 10:16, NVI).
>
> ¿Te gustaría entender mejor lo que eso significa? Si tú o alguien que conoces está lidiando con una relación manipuladora, llama a nuestro departamento de consejería para una consulta gratuita por teléfono.[3]

El artículo también indica que, si te sientes amenazada, «Llama a la Línea Nacional de Violencia Doméstica al 1-800-799-7233 o visita thehotline.org. Tu seguridad es lo más importante, y la línea puede ayudarte».

Ya sea que tu cónyuge esté dispuesto o no a reunirse con un consejero, puedes encontrar gran ayuda visitando a un asesor pastoral o consejero bíblico. Puedes localizar un consejero en tu área o programar citas en línea a través de la Association of Certified Biblical Counselors [Asociación de Consejeros Bíblicos Certificados], de modo que un consejero capacitado pueda escucharte, ayudarte a comprender tu situación y ofrecer sugerencias sobre los próximos pasos.[4]

VOLVIENDO A ANA

Me pregunto cómo se sintió Ana cuando Elcana llevó a casa a su «esposa hermana». Algunos comentaristas bíblicos creen que Ana y Elcana habían estado casados alrededor de diez años antes de que él trajera a Penny para tener un heredero. La Biblia deja claro el profundo amor que Elcana sentía por Ana. Es muy probable que su matrimonio con Penny fuera uno de conveniencia. Pero ¿conveniencia para quién?

El día en que Ana tuvo su colapso emocional, la familia había viajado a Silo para ofrecer su sacrificio anual. Año tras año, se dirigían a la casa del Señor. La Biblia dice que ese año era similar a todos los demás en que la rival de Ana, la chica mala, la provocaba sin piedad hasta hacerla llorar (ver 1 Samuel 1:7).

Sin embargo, ese año fue de algún modo diferente. Esta vez, cuando el corazón de Ana se rompió en pedazos, ella escapó al tabernáculo del Señor. Allí, en la casa de Dios, Ana se arrodilló y lloró con angustia. Llevó su dolor al Señor y, en un abandono desesperado, derramó su corazón devastado. Su oración fue tan ferviente y sus sollozos tan profundos que Elí, el sacerdote, pensó que estaba borracha. ¿Te imaginas derramar tu corazón roto ante Dios solo para que un sacerdote te acuse de estar ebria? ¡Lo que faltaba! ¡Añadir el insulto al daño!

Me impresiona cómo el malentendido de Elí no alejó a Ana de la casa del Señor. Me anima observar la tenacidad de Ana para buscar al Señor incluso cuando un hombre que se suponía representaba a Dios la juzgó mal. He sido esposa de pastor durante veinticinco años y hablo en eventos para mujeres por todo el país. No puedo decirte cuántas veces he conocido mujeres que tienen una historia de «alguien me hizo daño». Ya sea que un pastor engañe a su esposa y huya con la secretaria, malverse fondos de la iglesia u ofenda a la mujer al no reconocer el arduo trabajo que dedicó a un proyecto, escucho muchas historias sobre por qué las mujeres ya no asisten a la iglesia.

Me rompe el corazón cada vez que escucho cómo la caída de un líder ministerial ha hecho que una mujer deje de seguir a Cristo. Me enoja cómo, a lo largo de los siglos, Satanás ha continuado usando esta táctica porque sabe que es efectiva. ¿Recuerdas que en la historia de Eva hablamos de cómo Satanás es un mentiroso que viene a matar, robar y destruir? Incluso hoy, él sigue activo, trabajando para arruinar vidas a través de la caída de líderes cristianos.

No hace mucho, un líder cristiano que conocemos cayó en pecado. Esta persona era alguien de quien *nunca* habría esperado una caída tan grande. Es desgarrador observar las formas insidiosas en las que Satanás puede seducir y destruir a un ministro y causar gran daño a una congregación. Así que, por favor, recuerda orar por tus líderes. A Satanás le encantaría hacerles caer. Tus oraciones son de suma importancia.

Más importante aún, no permitas que Satanás use la caída de un líder espiritual para alejarte de la casa del Señor. Sé cómo Ana, quien, a pesar de la mala interpretación de su carácter por parte de Elí, sabía que su lugar estaba en el tabernáculo de su Dios, donde, con el alma afligida, derramó su angustia.

En lugar de salir corriendo del tabernáculo cuando Elí la llamó mujer borracha, Ana respondió: «No, señor mío; yo soy una mujer atribulada de espíritu; no he bebido vino ni sidra, sino que he derramado mi alma delante de Jehová. No tengas a tu sierva por una mujer impía; porque por la magnitud de mis congojas y de mi aflicción he hablado hasta ahora» (1 Samuel 1:15-16).

EL JURAMENTO DE ANA

Mientras oraba, Ana hizo un voto al Señor:

> Señor de los Ejércitos, si te dignas mirar la desdicha de esta sierva tuya, y si en vez de olvidarme te acuerdas de mí y me concedes un hijo varón, yo te lo entregaré para toda su vida y nunca se le cortará el cabello (1 Samuel 1:11, NVI).

Me fascina la humilde oración de Ana. Ella rogó a Dios que viera su aflicción, que se acordara de ella y no la olvidara, que era Su sierva. Luego, Ana ofreció al hijo que esperaba de vuelta al Señor, por todos los días de su vida.

Para entender por qué Ana prometió no cortar el cabello de su hijo, hay que comprender el voto nazareo descrito en Números capítulo 6. Cuando una persona hacía un voto nazareo al Señor, se apartaba voluntariamente por un tiempo determinado para consagrarse a Dios. No cortarse el cabello simbolizaba la dedicación y separación del mundo. El cabello largo era una señal visible del compromiso con Dios y de la disposición a abstenerse de las prácticas mundanas durante el tiempo de devoción.

En la mayoría de los casos, el voto se hacía por un tiempo o propósito específico. Por ejemplo, el apóstol Pablo hizo un voto nazareo durante su segundo viaje misionero. Cuando Hechos 18:18 dice que Pablo se cortó el cabello antes de embarcarse hacia Siria, significa que su voto había terminado en ese momento.

Me intriga que Pablo sintiera la necesidad de hacer un voto nazareo cuando fue a Corinto. Allí, el Señor se le apareció en una visión con estas palabras de aliento: «No temas, sino habla, y no calles; porque yo estoy contigo, y ninguno pondrá sobre ti la mano para hacerte mal, porque yo tengo mucho pueblo en esta ciudad» (Hechos 18:9-10).

¿Puedo llevarte a una breve reflexión? Solo hubo dos ocasiones en las que Dios consideró necesario animar a Pablo a no tener miedo. Una fue durante esta visita a Corinto. Pablo respondió al ánimo del Señor viviendo bajo el voto nazareo mientras ministraba allí. En ese lugar, proclamó valientemente las buenas nuevas del evangelio, inspirado por el pequeño secreto que Dios compartió con él: «Tengo mucho pueblo en esta ciudad».

¡Qué notable! Cuando Dios llamó a Pablo a la ciudad de Corinto, ya sabía quiénes llegarían a la fe en Cristo. ¡Qué manera de fortalecer el valor de Pablo! Enfrentar la persecución con valentía no era algo nuevo para él, pero por alguna razón, esta vez tenía temor. Necesitaba valor.

La experiencia de Pablo me recuerda el momento en que Dios llamó a nuestra familia de regreso a California con propósitos de ministerio. Cuando salíamos de la autopista hacia el pequeño pueblo donde serviríamos, recuerdo cómo la ansiedad empezaba a agitarse en mi alma. Con tantas preocupaciones en mi mente, oré: «Señor, ¿qué estamos haciendo?».

¿Recuerdas que te hablé antes del valor de guardar la Palabra de Dios en el corazón? Pues bien, esta fue una de esas ocasiones en las que Su Palabra susurró valor a mi alma temerosa. No escuché una voz audible de Dios, pero esta frase de Hechos 18:10 vino con fuerza a mi mente: «Tengo mucho pueblo en esta ciudad».

¡Cómo fortaleció el Señor mi fe y mi valentía! Solo imaginar a las personas que Dios enviaría para que pudiéramos compartir con ellas la esperanza de Cristo fue suficiente para calmar mis temores e inspirarme a avanzar con fe. ¿Y sabes qué? Ahora, más de veinticinco años después, puedo ver en mi mente los rostros de aquellas almas preciosas de esa ciudad que han llegado a la fe en Cristo desde que llegamos.

¿Y tú? ¿Irás con valentía a proclamar el evangelio en tu ciudad también? Recuerda, *el Señor tiene mucho pueblo en tu ciudad*. Jesús sabe a quién está atrayendo al arrepentimiento y a la entrega a Él. ¿Harás tú, como Pablo, un voto de servicio total al Señor? Amiga mía, en los años venideros, que nuestros hijos puedan contar la historia de cómo vivimos nuestra fe, completamente dedicadas a Dios y a Su propósito de redimir las almas perdidas.

EL JURAMENTO DE DIOS

Lo que ocurrió después en la historia de Ana es un cambio de rumbo verdaderamente notable. Elí le respondió: «Ve en paz, y el Dios de Israel te otorgue la petición que le has hecho» (1 Samuel 1:17).

Ana respondió: «Halle tu sierva gracia delante de tus ojos» (1 Samuel 1:18).

Me pregunto cómo respondió Ana en ese momento. ¿Mantuvo la calma con respeto o soltó un grito de alegría? Supongo que, exteriormente, se mostró serena y controlada, pero por dentro debía estar gritando un santo «¡aleluya!».

Ana claramente creyó en la promesa de Elí, porque se fue, comió y ya no estuvo triste. ¡Qué gozo leer en 1 Samuel 1:19 que «Jehová se acordó de ella» y le permitió concebir un hijo! Qué precioso es saber que servimos a un Dios que se acuerda de nosotros en nuestros momentos de mayor necesidad.

En el glorioso día en que Ana dio a luz a su hijo, lo llamó Samuel, que significa «por cuanto lo pedí a Jehová». Puedo imaginar que cada vez que Ana pronunciaba el nombre de Samuel, susurraba una nueva oración de gratitud.

Ana fue una mujer de palabra. En lugar de tratar de escapar con temor de su promesa de dedicar a Samuel al Señor todos los días de su vida, Ana explicó a Elcana el voto que había hecho a Dios. Le pidió no viajar con él en su peregrinación anual al tabernáculo hasta que Samuel fuera destetado. Los historiadores estiman que Samuel tenía unos cuatro años cuando Ana lo destetó por completo y lo llevó al tabernáculo.

¡Qué doloroso debió de ser para Ana cumplir su voto! Durante esas últimas semanas en casa, ¿lo abrazaría un poco más fuerte? Mientras viajaban a la casa del Señor, ¿le explicaría a Samuel el voto que había hecho a Dios? De la misma manera que Jocabed atesoró su tiempo amamantando y enseñando a Moisés, creo que Ana dedicó los primeros cuatro años de Samuel a criarlo en el Señor, estableciendo en él una base de devoción a Jehová.

Anteriormente, cuando compartí la historia de Jocabed, hablé sobre el impacto que las madres tienen en sus hijos durante los primeros años de vida. La enseñanza de Ana a Samuel, a quien había dedicado al Señor, tendría un impacto significativo en muchos.

Tanto Moisés como Samuel fueron entregados después de ser destetados, posiblemente a la misma edad. Y ambos crecieron completamente dedicados a Dios. En tan solo cuatro años, sus madres habían establecido en el corazón de sus hijos una fuerte base espiritual. A lo largo de los siglos, la inversión de estas madres en sus hijos ha hecho resonar la gloria de Dios de maneras inimaginables.

Las Escrituras celebran al profeta de Dios, Moisés, como el hombre más humilde que haya existido (Números 12:3). Y cuando lees sobre Samuel en la Biblia, descubres que fue un ejemplo extraordinario de una vida bien vivida en honor a Dios. No hubo un solo momento en la historia de Samuel en que su devoción a Dios vacilara. ¡Asombroso!

LA ESPERANZA DE ANA

El fiel camino de perseverancia y dedicación de Ana la presenta como un ejemplo de una madre piadosa cuya confianza en Dios nunca flaqueó, incluso en medio de sus más profundas luchas. En Su bondad, Dios bendijo a Ana no solo con Samuel, sino que también abrió su vientre para concebir otros hijos.

Reconozco que Dios no actúa de esta manera en todas las historias. Dos de mis mamás jóvenes favoritas en nuestra familia eclesial han sido bendecidas cada una con un solo hijo. Sus corazones anhelaban tener más, pero Dios, en Su sabiduría, decidió que tuvieran uno. Cada una está casada con un esposo amoroso y piadoso. A lo largo de sus años de concepción y pérdida, he observado a ambas parejas depender fielmente del Señor y el uno del otro. Cada pareja sirve en nuestros ministerios infantiles, donde tienen un impacto maravilloso en los niños.

Me siento bendecida al ver cómo estas dos familias se apoyan mutuamente de maneras increíbles. La alegría, el amor y el apoyo que se brindan entre sí son un testimonio de su profunda confianza en Dios, incluso cuando Él no respondió a sus oraciones de la manera que ellas esperaban.

Amiga, si te encuentras luchando por confiar en Dios porque Él no ha respondido tu oración como lo hizo con Ana, no lo enfrentes sola. Por favor, acércate a otras mujeres que hayan recorrido este camino antes que tú. Ora para que Dios te guíe hacia amigas que estén enfrentando pérdidas similares, de modo que puedan animarse mutuamente al compartir y comprender el dolor de cada una.

LO QUE PUEDES APRENDER DE LA FIDELIDAD DE ANA

La historia de Ana ofrece una poderosa lección para las madres de hoy. Cuando la vida fue difícil, ella permaneció fiel a Dios. Observemos su vida y legado para descubrir enseñanzas que tú y yo podemos aplicar a nuestra propia vida.

1. El poder de la oración persistente

Ana se enfrentó al dolor de la infertilidad en una cultura donde el valor de una mujer se medía por su capacidad de tener hijos, especialmente varones. No solo tuvo que luchar con la duda y la tristeza de no poder concebir, sino que además convivía con una mujer cruel que la provocaba constantemente. A pesar de todo, Ana perseveró y su respuesta demostró una fe extraordinaria.

Ana llevó su dolor al Señor. Cuando no tenía esperanza, en lugar de apartarse de Dios, cayó de rodillas. Llevó su herida más profunda ante Él en oración sincera y en llanto de aflicción. Cuando los desafíos de la vida parezcan ahogarte, deja que el ejemplo de Ana te recuerde que debes llevar tus súplicas desesperadas al Señor.

Ana no permitió que sus difíciles circunstancias la alejaran del Señor. Más bien, cuando estaba abrumada por la tristeza y fue malinterpretada por Elí, el sacerdote, su fe no vaciló. Ahora bien, esa fe no surgió de repente en un momento de desesperación. No, su confianza en Dios tenía raíces profundas, formadas a lo largo de una vida dedicada a buscar, conocer y seguir al Señor. La respuesta de oración de Ana fue simplemente la evidencia de dónde había estado siempre su corazón: en el cuidado de su Padre celestial.

Deja que la fiel práctica de oración de Ana sea un ejemplo para ti. Muy a menudo, somos tentadas a vivir tan ocupadas que no dejamos tiempo para crecer en nuestra confianza en el Señor. Luego, cuando llegan las pruebas, sentimos la tentación de apartarnos de Dios en lugar de correr hacia Él en oración. En esos momentos, cuestionar la bondad y el cuidado de Dios puede parecer una alternativa válida. Pero recuerda las palabras de Pedro que leímos antes en el capítulo sobre Noemí: «Señor, ¿a quién iremos? Tú tienes palabras de vida eterna» (Juan 6:68).

Sería sabio fortalecer tu confianza en Dios cuando no estés sumida en la desesperación, porque conocerlo bien te ayudará a acudir a Él en oración de manera constante, tanto en los buenos como en los malos tiempos. Anímate con las palabras de Jesús: «Estas cosas os he hablado para que en mí tengáis paz. En el mundo tendréis aflicción; pero confiad, yo he vencido al mundo» (Juan 16:33).

2. La importancia de cumplir una promesa

Cuando Samuel tenía alrededor de cuatro años, Ana cumplió su promesa de entregarlo para servir en el tabernáculo. Aquí hay un punto importante que debemos reconocer: Elí, el sacerdote, no era precisamente conocido por ser un buen padre. De hecho, los hijos que había criado eran hombres corruptos que se aprovechaban del pueblo debido a su posición sacerdotal. Ana conocía bien la mala reputación de los hijos de Elí, y aun así cumplió su voto a Dios.

Debo ser sincera: estoy bastante segura de que yo habría intentado negociar con Dios en el momento de entregar a mi hijo. Probablemente habría dicho algo como: «Está bien, Dios, sé que prometí entregarte a Samuel todos los días de su vida, y cumpliré esta promesa. Pero primero, necesito que quites a Elí y lo reemplaces con un hombre que sea una mejor figura paterna para mi hijo».

¿Alguna vez has hecho algo parecido? ¿Has hecho una promesa a Dios y luego has intentado negociar para suavizar tu compromiso cuando las circunstancias se volvieron demasiado difíciles? Cuando enfrentas una decisión complicada, ¿estás dispuesta a reconocer y someterte a la dirección del Señor, o te sientes tentada a jugar a lo seguro?[5]

Jugar a lo seguro no formaba parte del carácter de Ana. Su confianza en Dios la impulsó a ser fiel a su compromiso. En lugar de poner su esperanza en Elí, el hombre con quien dejaría a Samuel, puso su esperanza en Dios.

Esto puede parecer una gran exigencia, pero sin importar tus circunstancias, recuerda que Dios tiene un plan. Dios siempre tiene un plan. Y aunque Ana no conocía los detalles de cómo Dios obraría a través de su obediencia, ella eligió confiar y obedecer. La influencia constante de Ana se revela más adelante en la fidelidad con que su hijo, Samuel, siguió al Señor todos los días de su vida. Que Dios te conceda a ti y a mí el valor para cumplir nuestras promesas a Él. Y que nuestra fidelidad a Dios se manifieste de tal manera que sea transmitida a nuestros hijos, a los hijos de ellos y a las generaciones venideras.

3. La fuente del gozo perpetuo

Al dejar a su dulce hijo con Elí, Ana declaró: «Mi corazón se alegra en el Señor» (1 Samuel 2:1, NVI). Aun cuando se alejaba de su pequeño, la oración de Ana revela una profundidad de gozo que no dependía de sus circunstancias, sino de su esperanza en el Señor.

El gozo de Ana fluía de su satisfacción e identidad en Dios solamente. Si tomas tiempo para revisar su oración (como te invitaré a hacerlo pronto en las Lecciones de Vida al final de este capítulo) verás cuántas veces Ana recordaba lo que sabía que era verdad sobre el carácter y los caminos soberanos de Dios.

Como el valor de Ana estaba afirmado en su relación con Dios, no fue tentada a encontrar su identidad en su papel de madre. ¿Demasiado cercano al corazón? Lo sé, te entiendo. Pero aprende del ejemplo de Ana: cuando su identidad descansó en el Señor, pudo buscar en Él su validación, en lugar de poner su valor en el futuro de su hijo, incluso si eso significaba confiar a Samuel a una figura paterna menos que perfecta.

> Cuando aprendes a disfrutar de Dios por quien Él es y a encontrar tu valor en Su gran amor por ti, Él puede usar tu vida llena de gozo para despertar en tus hijos el deseo de encontrar su propio gozo, valor y fe en Jesús también.

Si el padre de tu hijo no es el ejemplo piadoso que esperabas, anímate. A pesar de las deficiencias y el pobre historial de Elí como padre, Dios lo usó para criar a Samuel, quien llegó a ser un gran profeta y juez respetado en Israel. Dios continuó usando a Samuel para ungir y aconsejar tanto al rey Saúl como al rey David.

Dios conoce a los hijos que te ha confiado. Él conoce los planes que tiene para ellos.[6] Tu tarea no es forzar a tus hijos a cumplir esos planes, sino vivir con tal devoción a Cristo que Su gozo fluya naturalmente de ti. Cuando aprendes a disfrutar de Dios por quien Él es y a encontrar tu valor en Su gran amor por ti, Él puede usar tu vida llena de gozo para despertar en tus hijos el deseo de encontrar su propio gozo, valor y fe en Jesús también.

4. La confianza que surge al esperar con paciencia

Durante más de una década, Ana esperó tener un hijo. ¿Cuántas veces lloró cuando su cuerpo comenzaba a menstruar, después de haber aguardado con esperanza: «¿Tal vez esta vez?»? En una cultura que despreciaba a las mujeres sin hijos, ella soportó el dolor y la vergüenza de la esterilidad. Las mujeres de su época habrían asumido que Dios cerró el vientre de Ana porque de algún modo estaba descontento con ella. Y, aun así, ella esperó fielmente. Mientras esperaba, Ana era atormentada por Penina, la mujer narcisista que encontraba placer en burlarse de ella.

Ana esperó, sola. Elcana parecía ajeno a los comentarios mordaces que Penina susurraba a Ana. Aunque él intentaba consolarla ofreciéndole favor y un asiento de honor en su mesa, no sabía cómo aliviar el dolor de su alma afligida. Así que ella continuó esperando.

Cuando la espera y el sufrimiento de Ana se volvieron más de lo que su corazón podía soportar, corrió al Señor, donde derramó su tristeza. Suplicó a Dios que le concediera un hijo, a quien pudiera dedicar al Señor todos los días de su vida.

Y mientras Ana esperaba de rodillas ante el Señor, Dios, en Su tiempo, prometió conceder su petición. Ana concibió, y esperó con ansias el día del nacimiento de Samuel. Luego, durante cuatro cortos años, esperó, vigiló y oró por su dulce niño antes de entregarlo al tabernáculo del Señor.

Una vez que Ana se despidió de Samuel, regresó a casa a coserle un pequeño abrigo. Año tras año, esperaba su viaje anual a Silo, momento en el cual le regalaría a su hijo una nueva chaqueta. Solo puedo imaginar que, con cada puntada, Ana elevaba oraciones sobre su amado hijo.

MATERNIDAD FIEL

La vida fiel de Ana nos inspira a mantener nuestros ojos puestos en Dios, incluso cuando las circunstancias son dolorosas o confusas. Su historia nos recuerda que la maternidad fiel no se trata solo de lo que hacemos por nuestros hijos, sino de cómo nos apoyamos en nuestro Dios durante el camino de la maternidad. Que el ejemplo de Ana (su oración persistente, el cumplimiento de su promesa, su gozo perpetuo y su espera paciente) te inspire a tener fe en Dios, incluso cuando la vida no tenga sentido. Y que, algún día, tus hijos puedan contar a sus hijos la fe de su madre, quien vigiló, esperó y oró fielmente al Señor.

LECCIONES DE VIDA

Podemos aprender mucho del ejemplo de Ana. Tomarte el tiempo para examinar su oración será útil para fortalecer tu propia fe en Dios. Lee la oración de Ana en 1 Samuel 2:1-10 y luego responde lo siguiente:

1. Enumera todo lo que Ana declara sobre el carácter de Dios.

2. Enumera lo que Ana dice sobre la soberanía y el poder de Dios.

3. Considera en oración y escribe lo que aprendiste en este capítulo sobre los caminos de Dios.

Para ver las enseñanzas de Rhonda sobre este capítulo, usa el siguiente código QR o enlace:

https://www.rhondastoppe.com/moms-of-the-bible-book/

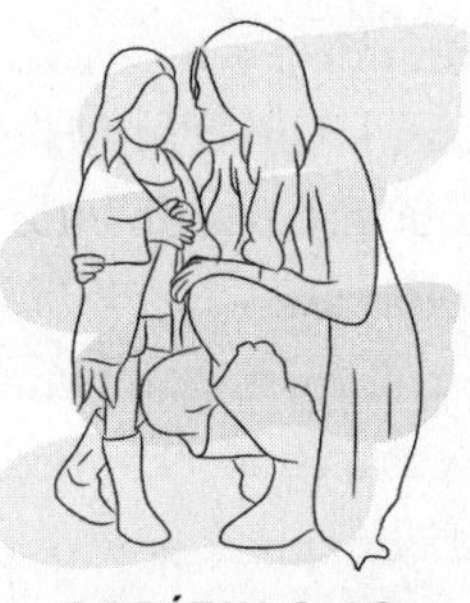

CAPÍTULO 12

MADRES FIELES SIN NOMBRE

2 PEDRO 1:1-10

No hace mucho, tuve el privilegio de estar en una base de la Fuerza Aérea con nuestro hijo mayor, que era un oficial de alto rango. Tony había sido un piloto de combate respetado durante más de dos décadas, pero rara vez tenía la oportunidad de verlo en su rol militar.

El día de mi visita, estaba sentada en el asiento trasero del auto con la esposa de Tony, Kylene. Mi esposo viajaba orgulloso en el asiento delantero junto a nuestro hijo. Tony no llevaba uniforme, pero una vez llegados a la base, reconocieron su posición y los aviadores le hicieron el saludo de respeto. Fue bastante impresionante observar el honor y el reconocimiento que recibía Tony. Pero ¿adivina qué? Ninguno de esos aviadores me saludó a mí; ni a Steve, dicho sea de paso.

Lo sé: la idea de que una madre reciba elogios de los subordinados militares de Tony sería ridícula. La experiencia fue un recordatorio revelador de que soy tan solo una de muchas madres que han trabajado arduamente y en silencio detrás de escena, criando fielmente a sus hijos sin recibir reconocimiento alguno.

Cuando Meredith, Brandon y Kayla se graduaron con honores de universidades cristianas, la única forma en que la gente sabía que yo era su mamá era porque estaba silbando y animando con fuerza mientras recibían sus diplomas.

Como criamos a nuestros hijos en un gran rancho y yo solía silbar para llamar a mis hijos a casa, ellos reconocen el silbido de su mamá. Pero estoy bastante segura de que todos los demás en las ceremonias de graduación pensaban: *¿Quién es esta mujer de campo mostrando tan poca compostura?* No me importó. Mis hijos estaban siendo honrados por su arduo trabajo, y nadie iba a silenciar los vítores de esta mamá, aunque probablemente mis hijos desearan que su papá me hubiera calmado un poco.

No soy la única madre «anónima» que amó, educó en casa y trabajó arduamente por sus hijos desde el anonimato. A lo largo de la historia, innumerables madres han orado fielmente y servido a sus hijos sin recibir reconocimiento. Al reflexionar sobre esta realidad, decidí profundizar en la Biblia para considerar a las madres cuyos nombres no se revelan. ¡Creo que te sorprenderá la increíble influencia que estas madres anónimas tuvieron sobre la siguiente generación!

LA MAMÁ DE DAVID

Hemos hablado de David luchando contra un león y un oso antes de matar a un gigante. ¿Alguna vez te has preguntado sobre la madre detrás de este valiente joven? ¿Y cómo habría reaccionado al enterarse de que su vida estuvo en peligro?

En algún momento, David debió de contarles a sus padres cómo Dios le dio victorias milagrosas sobre animales salvajes que amenazaban las ovejas de su padre. Puedo imaginar cómo habría respondido yo, de haber sido la madre de David. Habría escuchado sus historias con los ojos abiertos de asombro. Probablemente lo habría animado mientras describía cómo mató a las bestias. Pero tan pronto como saliera de la habitación, me habría vuelto hacia mi esposo y le habría dicho: «Él ya no trabaja para ti. ¡Ve y búscate a otro!».

¿Me sigues? Quiero decir, estoy segura de que el padre de David podría haber asignado a un sirviente para hacer ese trabajo peligroso. Después de todo, David era un músico increíblemente talentoso que podría haber dedicado su tiempo a una profesión más segura. Con mi falta de fe y siendo una madre temerosa, ¡sin duda me habría puesto el sombrero de mamá helicóptero para proteger a mi hijo del gran lobo feroz!

En 1 Samuel 17 leemos que el padre de David lo envió a llevar comida a tres de sus hermanos mayores en el campo de batalla y a preguntarles cómo estaban. ¿En serio? Esto exponía a David al peligro. Un servicio de entrega de comida habría sido más seguro, de haber existido. Pero no: el padre envió a su hijo más joven al lugar exacto donde el gigantesco Goliat desafiaba a *cualquiera* a pelear contra él (versículos 8-10).

Resultó que David se levantó para enfrentarse al gigante, pero solo después de quitarse la armadura del rey Saúl. Eligió luchar sin protección porque sabía que Dios le daría la fuerza para vencer a Goliat, tal como le había dado la victoria sobre los animales salvajes.

Ahora bien, esto es lo que no quiero que pases por alto: ¿y si la madre de David hubiera intervenido (como me da vergüenza admitir que probablemente yo lo habría hecho) para «rescatar» a su hijo de las experiencias que Dios usaría para fortalecer su fe y preparar el camino para que algún día se convirtiera en un valiente rey?

Equipando a los hijos para crecer en su fe

Este asunto de saber cuándo permitir que nuestros hijos enfrenten las dificultades nos toca de cerca. Por ejemplo, cuando otro niño es cruel con tu hijo, puedes sentir la tentación de intervenir. He visto madres gritando a otras madres porque su hijo se sintió herido al no ser invitado a una fiesta. También he oído hablar de madres que retiraron a sus hijos de una actividad antes de que tuvieran la oportunidad de enfrentarse a desafíos o miedos que los habrían ayudado a destacar en esa experiencia o a salir de su zona de confort.

Durante la misma semana en que escribí este capítulo, dos de nuestras nietas de seis años participaron en un concurso de talentos. Para la competencia, Ruby, nuestra nieta extrovertida, demostró de manera encantadora cómo preparar *brownies*; ¡tan linda! Luego, Winslet, nuestra nieta más tranquila, subió al escenario con su papá. Mientras Brandon tocaba la guitarra, Winslet cantó la canción del abecedario usando el lenguaje de señas para deletrear cada letra; ¡tan preciosa!

Sin embargo, dos años antes, Winslet se sintió mortificada cuando tuvo que aparecer en un escenario y cantar con sus compañeros de clase. Con el ánimo de su mamá, lo hizo y, un año después, todavía nerviosa aunque menos aterrorizada, cantó nuevamente con su clase. Luego, la Navidad pasada, reuniendo más valor, Winslet subió al escenario de la iglesia de su familia y cantó una canción con su papá y su hermano. Cada vez que Winslet se ponía frente a la gente, se volvía más valiente.

Mi punto (además de contarte una linda historia sobre mis nietas) es que las madres de Ruby y Winslet las pusieron en situaciones que las expusieron a hablar y cantar en público, incluso cuando estaban nerviosas o asustadas. ¿Sabías que el 75 % de las personas tienen miedo de hablar en público? Me pregunto cuántas de ellas habrían superado ese miedo si, de niñas, sus madres las hubieran animado suavemente a intentarlo pese a ese sentimiento.

Muchos desafíos son mucho más difíciles que simplemente ayudar a tu hijo a superar el miedo escénico; lo entiendo. ¿Cómo responderías cuando no puedes rescatar a tus hijos de una experiencia difícil? En los muchos años que Steve y yo hemos estado

> Recuerda que, en tiempos difíciles, tus hijos están observando cómo eliges responder a Dios.

en el ministerio, hemos observado a madres que, en respuesta a las duras circunstancias de sus hijos, se enojaron tanto con Dios que se alejaron de su fe por un tiempo. ¡Este tipo de reacción sin fe puede causar un gran daño a los hijos!

Recuerda que, en tiempos difíciles, tus hijos están observando cómo eliges responder a Dios. El Señor puede usar las pruebas para fortalecer y confirmar tu fe, si decides confiar en Él para que algún día use esas pruebas por el bien supremo tuyo o de tus hijos.

Al entregar a tus hijos a Cristo, pídele que te haga fiel cuando las circunstancias te tienten a pensar que Él está siendo infiel. Y cuando tu confianza flaquee, como me ha sucedido en muchas ocasiones, recuerda: «Si fuéremos infieles, él permanece fiel; Él no puede negarse a sí mismo» (2 Timoteo 2:13).

Y el premio a la Madre del Año es para… ¿cómo se llama?

Me fascina lo poco que sabemos de la mujer que crio al «varón conforme a su corazón» (1 Samuel 13:14).

Hasta donde podemos saber, la madre de David fue una mujer de devoción fiel a Dios. El rey David le dio a su madre este honorable reconocimiento en el Salmo 86:16: «Mírame, y ten misericordia de mí; da tu poder a tu siervo, Y guarda al hijo de tu sierva». En esta petición para que Dios mostrara Su poder en favor de David, vislumbramos un precioso reconocimiento de honor y respeto de un hijo amoroso. Cuando David llamó a su madre sierva de Dios, la celebró como una mujer piadosa, devota y comprometida con su fe en Dios.

La oración de David en el Salmo 86 se escribió en una época de gran angustia. Cuando el rey Saúl buscaba matar a David, este tuvo que esconderse. Pero antes de hacerlo, David se preocupó mucho por proteger a sus padres de los actos irracionales de Saúl. Si Saúl odiaba tanto a David, ¿qué lo detendría de intentar atraer a David capturando o incluso matando a sus padres ancianos?

Con esta preocupación en mente, David pidió al rey de Moab que escondiera y protegiera a sus padres. Le dijo al rey: «Yo te ruego que mi padre y mi madre estén con vosotros, hasta que sepa lo que Dios hará de mí. Los trajo, pues, a la presencia del rey de Moab, y habitaron con él todo el tiempo que David estuvo en el lugar fuerte» (1 Samuel 22:3-4).

No sé tú, pero a mí no se me escapa lo difícil que debió ser para David dejar a sus padres en un país extranjero mientras se escondía del enojado rey Saúl. ¿Pensaría que Moab sería un lugar seguro para ellos porque su bisabuela, Rut, había sido moabita? Antes, cuando leímos sobre Noemí, vimos cómo Rut se convirtió en seguidora de Jehová, se trasladó a Israel con su suegra, se casó con Booz y dio a luz a Obed, quien a su vez tuvo a Jesé, padre de David. Así que sí, es posible que David creyera que Moab sería un refugio seguro para sus padres.

Cuando David dejó a sus padres en Moab, ¿sería la última vez que vio a su querida madre? La Biblia no lo dice. Pero «la tradición judía afirma que los padres de David finalmente fueron asesinados en Moab, lo que explicaría por qué David destruyó agresivamente Moab después de establecer su reino sobre Israel».[1]

La incertidumbre que rodea la muerte de la madre de David añade otra capa de misterio a su historia. Sin embargo, el impacto espiritual y cultural que tuvo a través de la vida y el legado de su hijo pervive hasta hoy. Ella está entre las muchas madres anónimas, a lo largo de la historia, que han sido y continúan siendo una influencia piadosa. Guiando a David con discreción y fidelidad, le enseñó a amar y obedecer al Señor. Y su impacto se ha sentido desde entonces. Aunque nuestros nombres quizá no queden registrados en la historia, que nuestro impacto continúe

> Algunas de los mayores *influencers* culturales son madres calladas, fieles y piadosas que criaron a sus hijos en la disciplina y la enseñanza del Señor.

sintiéndose a medida que buscamos ser madres fieles al Señor y ejercer una poderosa influencia sobre nuestros hijos.

Algunas de las mayores *influencers* culturales son madres calladas, fieles y piadosas que criaron a sus hijos en la disciplina y la enseñanza del Señor.

DANIEL Y SUS COMPAÑEROS

Cuando el rey Nabucodonosor de Babilonia sitió Jerusalén, muchos judíos fueron tomados cautivos y llevados al exilio. Entre ellos había cuatro adolescentes que probablemente tenían entre 14 y 17 años cuando fueron secuestrados.

Al llegar al reino de sus captores, estos jóvenes destacaron por su buena apariencia y competencia. ¿Halagador? Tal vez. Pero lo que más impresiona es cómo reaccionaron a sus circunstancias. En lugar de volverse orgullosos o rebeldes, demostraron carácter honorable y valentía.

Por las malas decisiones de sus nuevos señores babilonios, Daniel y sus amigos pronto se encontraron en una situación difícil con consecuencias peligrosas. ¿Alguna vez has sufrido repercusiones difíciles por las malas decisiones de otra persona? Tales experiencias pueden tentarnos a desarrollar resentimiento pecaminoso. En momentos como estos, en lugar de enojarnos, necesitamos humillarnos y decir a Dios: «Sean gratos los dichos de mi boca y la meditación de mi corazón delante de ti, Oh Jehová, roca mía, y redentor mío» (Salmos 19:14).

Si Daniel y sus amigos hubieran albergado pensamientos de resentimiento hacia sus captores, o hubieran seguido los pasos de los líderes judíos que ignoraron las advertencias de Dios sobre el juicio venidero, probablemente no habrían mantenido su integridad. Lo sé, lo he mencionado más de una vez, pero vale la pena repetirlo: cuando permitimos que Satanás gane un lugar en nuestro corazón, persuadiéndonos a obsesionarnos con cómo nos han herido otros, causa estragos en nuestra vida.

Que nos aferremos a las ofensas es la manera favorita de Satanás para colarse y destruir nuestro carácter e integridad. Más a menudo de lo que se espera, he visto cómo la esposa de un pastor puede afectar negativamente el ministerio de su esposo porque no deja ir los resentimientos hacia personas de la congregación. Cuando las madres transmiten ese tipo de indignación a sus hijos, pueden amargar su corazón hacia los demás, lo que, a su vez, le da a Satanás un punto de apoyo que puede alejar a los hijos de su comunidad cristiana. Si la estrategia de Satanás es dividir para conquistar, por supuesto que trabajará horas extras para sembrar semillas de ofensa dentro del cuerpo de Cristo. Así que, amiga, toma nota: tu resentimiento temporal podría sembrar semillas de rebelión duradera en tus hijos.

Por eso no debes sucumbir a la tentación de revolcarte en tus sentimientos heridos. No hay una segunda oportunidad con tus hijos. Su futuro está en juego. Considera la advertencia de Jesús: «Imposible es que no vengan tropiezos; mas ¡ay de aquel por quien vienen! Mejor le fuera que se le atase al cuello una piedra de molino y se le arrojase al mar, que hacer tropezar a uno de estos pequeñitos» (Lucas 17:1-2).

Por favor entiende que no estoy diciendo que esté mal sentir dolor o sentirse herida. Todos nos lastimamos unos a otros de vez en cuando; esto es parte de la condición humana, incluso entre cristianos. Sin embargo, puede surgir mucho bien cuando tus hijos observan cómo llevas tus heridas al Señor, buscas consejo piadoso y eliges cuidadosamente cómo responder. Las ofensas son cosas muy reales y peligrosas de transmitir a tus hijos. Después de que tú superes el dolor, ellos podrían no ser capaces de hacerlo nunca. Creo que esta es la razón por la que muchos hijos de pastores se alejan de la iglesia cuando son adultos.

Además, cuando estés sufriendo una ofensa, no pienses que tus hijos son un «lugar seguro» para desahogar y procesar tus sentimientos. Hacerlo puede tener un impacto devastador en ellos. En cambio, lleva tus frustraciones a Dios y a mentores piadosos. Y permite que tus hijos vean, a través de tu ejemplo, la mejor manera de manejar las ofensas.

Inculcar integridad desde temprana edad

Aunque Daniel y sus compañeros fueron colocados en una situación difícil, no guardaron resentimiento. A pesar de que Dios había advertido al pueblo de Judá sobre la futura cautividad babilónica mediante múltiples profetas durante un período de aproximadamente 150 o 200 años, estos jóvenes pudieron olvidar el pasado y enfocarse en cómo honrar a Dios con su futuro.

¿Dónde aprendieron estos adolescentes a responder con tanta integridad piadosa? Me gusta pensar que sus madres jugaron un papel importante. Durante esos últimos años de advertencias de Dios, hubo cuatro madres anónimas que criaron a Daniel y a sus tres amigos Ananías, Misael y Azarías. Para mayor claridad, probablemente conozcas a estos muchachos por sus nombres babilónicos: Sadrac, Mesac y Abed-nego. De aquí en adelante los mencionaré por esos nombres.

La Biblia no da información sobre los padres de estos jóvenes que, como veremos pronto, se mantuvieron firmes en su fe, incluso cuando sus padres no estaban presentes. Daniel 1:3-6 nos da el poco trasfondo que tenemos sobre ellos:

> Y dijo el rey a Aspenaz, jefe de sus eunucos, que trajese de los hijos de Israel, del linaje real de los príncipes, muchachos en quienes no hubiese tacha alguna, de buen parecer, enseñados en toda sabiduría, sabios en ciencia y de buen entendimiento, e idóneos para estar en el palacio del rey; y que les enseñase las letras y la lengua de los caldeos. Y les señaló el rey ración para cada día, de la provisión de la comida del rey, y del vino que él bebía; y que los criase tres años, para que al fin de ellos se presentasen delante del rey.

Aquí encontramos, a cuatro prisioneros, cuatro jóvenes apuestos que probablemente eran descendientes de la nobleza de Israel. De la noche a la mañana, ya no estaban bajo la atenta mirada de sus padres. Al llegar, estos jóvenes VIP fueron seleccionados personalmente para convertirse en aprendices entrenados al servicio del rey Nabucodonosor.

Imagina cómo podría afectar una experiencia tan intensa a un grupo de adolescentes tan lejos de casa. Si antes de su cautiverio habían sido «buenos chicos», podrían haber sentido que Jehová los había traicionado, recompensando su obediencia con el exilio. Y cuando los cuatro hombres fueron destacados por su apariencia y habilidades, fácilmente podrían haberse vuelto arrogantes.

Pero eso no ocurrió con estos jóvenes. Su integridad y firmeza se evidenciaron en su respuesta a la oferta de manjares del rey: «Y Daniel propuso en su corazón no contaminarse con la porción de la comida del rey, ni con el vino que él bebía; pidió, por tanto, al jefe de los eunucos que no se le obligase a contaminarse» (versículo 8).

Cuando Daniel pidió al jefe de los eunucos que desobedeciera al rey dándoles solo vegetales y agua, el eunuco explicó que arriesgaría su cabeza si el rey observaba cómo la dieta «de conejo» de los jóvenes los hacía flacos y débiles. Pero Daniel se mantuvo firme en sus convicciones y dijo: «Te ruego que hagas la prueba con tus siervos por diez días, y nos den legumbres a comer, y agua a beber. Compara luego nuestros rostros con los rostros de los muchachos que comen de la ración de la comida del rey, y haz después con tus siervos según veas» (versículos 12-13).

Al hacer esta petición, considera lo que «el equipo Daniel» estaba sacrificando. Mientras ellos comían ensalada y bebían agua, sus compañeros hebreos consumían vino y otros manjares, incluida la carne sacrificada a ídolos y alimentos prohibidos por la ley judía. Su rechazo no era tan solo una cuestión de preferencia alimentaria. Más bien, expresaban convicción espiritual y un compromiso con la ley de Dios.

¿No puedes imaginar a los amigos de los muchachos burlándose de ellos por adoptar una postura aparentemente ridícula? «¿Por qué hacen tanto alboroto por la comida? No es como si Jehová hubiera hecho algo para evitar que fuéramos al cautiverio. ¿Qué les hace pensar que siquiera le importa lo que comamos ahora?».

Pero Daniel, Sadrac, Mesac y Abed-nego se mantuvieron firmes en su integridad, incluso cuando todos los demás se negaban a hacerlo. Al final, después de su dieta de vegetales durante diez días, su apariencia era notablemente mejor que la de los judíos que habían consumido las raciones del rey. Esta diferencia evidente fue la forma en que Dios influyó en el rey para que prestara especial atención a Daniel y a sus amigos. Y Dios honró su fidelidad otorgándoles sabiduría, conocimiento y favor ante el rey:

> Y el rey habló con ellos, y no fueron hallados entre todos ellos otros jóvenes como Daniel, Ananías, Misael y Azarías; así, pues, estuvieron delante del rey. En todo asunto de sabiduría e inteligencia que el rey les consultó, los halló diez veces mejores que todos los magos y astrólogos que había en todo su reino (versículos 19-20).

La postura de Daniel de obedecer a Dios a toda costa reveló su convicción de mantener su integridad espiritual. Creo que su determinación dio a sus amigos el valor de seguir su ejemplo. Esta firmeza juvenil estableció el carácter y la reputación del equipo soñado por Dios en Babilonia. La historia registra que Daniel llegó a ser un consejero influyente durante setenta años para cuatro reyes de las dinastías babilónica, meda y persa.

Y ¿quién no conoce la historia de la valiente fe demostrada por Sadrac, Mesac y Abed-nego cuando fueron amenazados con la muerte en un horno ardiente porque se negaron a inclinarse ante una estatua del rey?

El rey advirtió: «Si no la adorareis, en la misma hora seréis echados en medio de un horno de fuego ardiendo; ¿y qué dios será aquel que os libre de mis manos?» (Daniel 3:15).

> Sadrac, Mesac y Abed-nego respondieron al rey Nabucodonosor, diciendo: No es necesario que te respondamos sobre este asunto. He aquí nuestro Dios a quien servimos puede librarnos del horno de fuego ardiendo; y de tu mano, oh rey, nos librará. Y si no, sepas, oh rey, que no serviremos a tus dioses, ni tampoco adoraremos la estatua que has levantado (versículos 16-18).

Si nunca has leído la historia, detente aquí y lee Daniel capítulo 3. Te sorprenderá ver cómo Dios se manifestó y rescató de las llamas a sus siervos fieles que se mantuvieron firmes contra un rey impío y una multitud que se inclinaba ante las influencias culturales.

Para recapitular: en sus primeros años, Daniel y sus amigos probablemente crecieron bajo la influencia piadosa de sus padres. Esto les dio una base bíblica sobre la cual sus identidades se fundamentaron en honrar a Dios más que temer al hombre. En sus jóvenes corazones se implantó una confianza valiente que los llevó a defender lo correcto, incluso cuando todos los demás cedían a la presión del rey de comer sus alimentos o adorar a sus ídolos.

En última instancia, su éxito no dependió de la supervisión parental, sino de la formación bíblica que recibieron durante su juventud. Lo mismo ocurre con tus hijos. Recuerdo la vez en que nuestra hija menor, Kayla, asistió a la escuela secundaria con Estevan (quien acabaría convirtiéndose en su esposo). Aunque ambos se apreciaban, Steve le había dado a Kayla instrucciones claras de no hacer muestras públicas de afecto cuando estuvieran juntos.

Fuera de nuestra vigilancia, Kayla hizo todo lo posible por obedecer la regla de su papá. Sé que no fue fácil ser la única pareja en el campus que no mostraba afecto en público. Pero al final, la firmeza de Estevan y Kayla reflejaba la autenticidad de su fe frente a sus amigos incrédulos.

Como madre o padre, no siempre puedes estar presente en la vida de tus hijos. Por eso es vital construir una base firme mientras son jóvenes. Pide a Dios que te conceda sabiduría y fuerza para enseñarles diligentemente quiénes son en Cristo. Al hacerlo, establecerás su hermosa identidad como hijos del Dios Altísimo. Esto equipará a tus hijos para resistir la presión de sus pares y vivir su fe independientemente de ti, entrenándolos para depender de Dios.

Considera esta valiosa observación del libro *Raising Gender-Confident Kids*: [Criar hijos seguros de su género].

> Cuando los niños creen que la Biblia es verdadera, esto consolida su identidad. Y cuando su identidad es firme, pueden vivir con propósito y contribuir de maneras hermosas y significativas, fortaleciendo así su alegría y su confianza. La confianza es el fruto de la verdad, enraizado en el amor y cosechado en la paz. Lo hemos visto repetidamente: muchos niños que antes cuestionaban su identidad se mantienen firmes cuando comprenden quién es Dios y quiénes son ellos en Él… Sin una cosmovisión bíblica, el suelo bajo sus pies temblará. Con ella, se mantendrán firmes, anclados en la verdad, seguros en su diseño y confiados en su Creador.[2]

Vivir las convicciones para que los niños las emulen

Cuando Meredith se fue a la universidad, no tenía interés en casarse. Nunca había tenido un novio en serio, así que no esperábamos que empezara a salir con alguien en el futuro cercano. Durante los primeros tres años de universidad, Meredith fue encantadoramente independiente. Se concentró en sus estudios y amistades, e incluso pasó un semestre estudiando en Israel. Así que, a mediados de su último año, cuando Meredith nos presentó a Jake, nos sorprendió lo serios que eran el uno con el otro.

Cuando Jake le dijo a Steve que quería casarse con Meredith, pensamos: *No conocemos realmente a este chico*. Pero sí conocíamos el corazón de Meredith. Sabíamos de su amor por el Señor. Si Meredith decidía casarse, sabíamos que su decisión sería con un hombre piadoso.

Cuando les preguntamos qué medidas tomaban para mantenerse puros mientras salían, Meredith y Jake nos dijeron que habían aprendido lo vulnerables que eran, por lo que era mejor pasar tiempo juntos en lugares públicos. Cuando querían un lugar tranquilo para conocerse mejor, contaron con la ayuda de una pareja mayor. Esta pareja piadosa entendió su propósito y les ofreció su sala de estar. Allí, los jóvenes podían pasar tiempo juntos bajo la supervisión de la pareja mayor en otra habitación.

Puede parecer un método extremo para que dos jóvenes empezaran a salir, y tendrías razón. Pero aquí está lo que no quiero que pases por alto: no fuimos nosotros quienes pusimos las reglas para la relación de Meredith y Jake. Más bien, cuando se dieron cuenta de lo fácil que sería caer en la tentación, establecieron límites por su cuenta.

En una cultura donde muchos se burlarían de su decisión de guardar el sexo para el matrimonio, ¿de dónde surgió el valor para proteger sus corazones? ¿De dónde venía su confianza?

Meredith creció escuchándonos a Steve y a mí enseñar a nuestros jóvenes sobre la importancia de caminar en pureza. Observó cómo los líderes juveniles universitarios se abstenían de la inmoralidad pasando las noches «de cita» en nuestra casa.

Muchísimas noches, esos jóvenes se quedaban en nuestra casa hasta pasada la medianoche. Aunque Steve y yo debíamos levantarnos temprano, respetábamos que necesitaban un lugar seguro para conocerse sin tentación. Los sacrificios que hicimos para ayudar a esas parejas a caminar hacia el altar sin vergüenza valieron completamente la pena. Y ahora, casi treinta años después, esas parejas siguen casadas, sirviendo al Señor juntas y criando a sus propios hijos con los valores bíblicos que apreciaban cuando eran jóvenes.

¿Y quién estaba observando todo esto? Nuestros hijos. Lo que tus hijos observan en tu hogar se convertirá en su norma. Para nuestros hijos, su norma se estableció al ver cómo otras parejas a quienes respetaban honraban a Cristo en sus relaciones de noviazgo. Y a su vez, cuando fue el turno de Meredith para el noviazgo, la decisión que tomó de pasar tiempo a solas con Jake en la casa de la pareja mayor se sintió instintivamente como algo normal.

Estableciendo la identidad de tus hijos en Cristo

Tener buenas conversaciones con tu hijo es esencial para establecer su identidad en Cristo. Pero necesitarás la sabiduría de Dios para discernir cuándo, cómo y qué decir. «Requiere ser sensible al momento adecuado. Hay tiempos en que los niños son habladores y momentos en que no puedes sacarles nada ni con palanca. Un padre sabio aprovecha el momento… Sacar las aguas profundas significa aprender a hacer buenas preguntas. Haz preguntas que traten sobre actitudes, sentimientos y pensamientos».[3]

Pasé mucho tiempo hablando con Meredith y Kayla sobre cómo su belleza y valor se establecen en la adoración que Dios tiene por ellas. Lograr que mis hijas se abrieran llevó tiempo, pero la inversión valió la pena. Enseñar a nuestras hijas a ignorar las influencias del mundo, ayudándolas a desarrollar confianza en Cristo, sentó una base para que pudieran resistir la creencia engañosa de la cultura de que el valor de una mujer se establece cuando encuentra a un hombre que la ame.

Cuando Meredith y Kayla observaban los intentos de sus compañeras por encontrar su valor en lo bien que eran aceptadas o lo atractivas que eran para los chicos, se abrían las puertas para nuestros diálogos madre-hija en el «momento correcto».

A veces no sabía qué decir. Otras veces, tenía que obligarme a participar en conversaciones que hubiera preferido evitar. Pero al mirar atrás, veo cómo Dios usó esas charlas para establecer una base bíblica que preparó a cada una de ellas para depender de Cristo cuando dejaran nuestro hogar. Y, por la gracia de Dios, esas conversaciones significativas las ayudaron a encontrar y casarse con cónyuges piadosos.[4] Ahora, el testigo que se les pasó a ellas se está pasando a sus propios hijos, quienes están aprendiendo cómo se establece su valor en Cristo. ¿Ves cómo funciona todo esto?

Conectando con el corazón de tus hijos

No querrás simplemente predicar: «Porque yo lo digo». O, en este caso, no enseñes pureza solo por el hecho de enseñarla. En cambio, tu objetivo es ayudar a tu hijo a ver a Dios como un Padre amoroso que desea protegerlo. Acompaña a tu hijo a través de las razones por las que Dios pide que espere hasta el matrimonio para tener relaciones sexuales.

Podrías sentir la tentación de decir algo como: «Somos cristianos. No tenemos relaciones sexuales fuera del matrimonio. Punto. No hay más discusión necesaria». Ten en cuenta: esto solo servirá para cerrar la conversación. Y créeme, tu hijo no dejará de pensar en el tema. Más bien, buscará respuestas en otros lugares, y lo más probable es que esas respuestas no provengan de personas que sostengan una cosmovisión bíblica.

> Ayudar a tu hijo a honrar al Señor con su sexualidad es, sin duda, una de las tareas más intimidantes como padre o madre. Sin embargo, considera el privilegio que Dios te concede de ayudar a tu hijo a comprender cómo Dios creó el sexo para ser disfrutado, sin vergüenza, dentro de los lazos del matrimonio. Y para lo que Dios te ha llamado, Él promete ayudarte. Por eso, pídele a Dios que te conceda

> Su valentía y sabiduría para tener con tus hijos las conversaciones difíciles sobre su sexualidad.[5]

Las buenas conversaciones comienzan cuando escuchamos. Antes de dar tu opinión, tómate el tiempo de escuchar. Haz preguntas con amor para descubrir cualquier engaño cultural en el que tu hijo pueda estar tentado a creer. Para mayor claridad, repite a tu hijo, con sus propias palabras, el tema con el que está lidiando. Cuando escuchas activamente cómo tu hijo piensa y siente, construirás un vínculo entre ambos. Este vínculo se convertirá en el pegamento que puede motivar a tu hijo a comprender y aceptar tus valores.

Pregunta sinceramente por qué tu hijo siente lo que siente. Tal vez esté luchando con la sensación de no encajar, especialmente si cree que es el único que obedece a Dios en una situación determinada. Este tipo de comunicación abre la puerta para llegar a la raíz del problema de tu hijo o hija: «No encajo porque no voy a las fiestas, no duermo con los chicos, no bebo con mis amigos».

Las buenas conversaciones comienzan cuando escuchamos. Antes de dar tu opinión, tómate el tiempo de escuchar.

Tomarse el tiempo para descubrir la raíz del problema de tu hijo es el secreto para abrir la puerta a que confíe en ti con su corazón. Y cuando esta puerta se abre, ganarás el derecho a ayudar a tu hijo a desarrollar una cosmovisión basada en principios piadosos.

Tal vez te preguntes cómo puedes implantar tal confianza en el corazón de tu hijo y capacitarlo para resistir la propaganda engañosa de la cultura. Como mencioné anteriormente, exponer a tus hijos a ejemplos piadosos y tener conversaciones profundas con ellos tiene valor. Pero nada es más influyente que permitir que tus hijos observen tu determinación de defender la verdad. Y nada es más valioso que ayudar a tus hijos a construir su identidad y fundamento sobre una cosmovisión bíblica. La Palabra de Dios, no tus conversaciones persuasivas, es viva, poderosa y transforma el corazón.[6]

Ahora es el momento de enseñar a tus hijos cómo aplicar la Escritura a sus experiencias diarias, porque aquí es donde su confianza e identidad se mantendrán firmes. Aprenderán esta habilidad de vida primero al observar tu determinación de aplicar la Escritura a tu propia cosmovisión y circunstancias.

Considera esta observación del libro *Instructing a Child's Heart* [Instruir el corazón de un niño]:

> Los niños necesitan instrucción para aplicar las Escrituras a temas de autoridad, obediencia, resolución de conflictos y roles dados por Dios en las relaciones. La vida cotidiana ofrece innumerables oportunidades para conectar la Escritura con la vida, desde mochilas perdidas hasta amistades rotas y bajas calificaciones en exámenes. Muchas oportunidades de enseñanza se evaporan sin que nos demos cuenta mientras apresuramos nuestros días pensando que el tiempo devocional con nuestros hijos es suficiente. Nuestras respuestas a las circunstancias y crisis de la vida diaria hacen que nuestra teología sea real.[7]

LA MAMÁ SIN NOMBRE

Esto me lleva a la última madre sin nombre que quiero explorar. No sé su nombre, ¡pero tú sí lo sabes! Ella eres… ¡*tú*! Mi corazón se llena de esperanza por la próxima generación cuando considero la influencia que tendrás al criar a tus hijos en la crianza y amonestación del Señor. La influencia de las madres sin nombre ha moldeado naciones, inspirado líderes, fomentado artistas y motivado a niños ordinarios a lograr hazañas extraordinarias. Mamá, este es tu tiempo en la historia, ordenado por Dios. Esta generación necesita que abraces desinteresadamente tu bendita vocación de maternidad para criar hijos valientes y justos. En la aparente rutina de la maternidad, por favor, no pierdas de vista la valiosa inversión que harás en tus hijos, tus nietos y las generaciones futuras.

> Esta generación necesita que abraces desinteresadamente tu bendita vocación de maternidad para criar hijos valientes y justos.

¿Recuerdas cómo los subordinados militares de mi hijo no tenían idea de quién era yo? Como debe ser, esto algún día también será cierto en la historia de tu hijo—si haces bien esto de ser mamá. La maternidad es un ministerio único: uno en el que viertes tu corazón y tu alma en alguien sin quien no puedes vivir para equiparlo a que algún día viva sin ti. Decir esto me hace llorar; ¿y a ti?

REVISIÓN

En este libro, hemos visto a mamás de todos los ámbitos de la vida bíblica. No quiero que olvides cómo, para bien o para mal, cada una de estas madres no solo influyó en sus hijos, sino en las generaciones que las siguieron. Repasemos las mamás influyentes con las que hemos pasado tiempo en estas páginas:

Madres valientes

- Rahab fue en contra de su cultura, escondió a los espías sin temor y confió en el Dios de ellos.
- Jocabed soltó el control sobre el futuro de Moisés cuando envió su pequeña canasta lejos de su protección y la puso en el cuidado de Dios.
- María, la madre de nuestro Señor, se sometió al plan de Dios aun a riesgo de la incredulidad de José y el rechazo de sus pares.

- Ester exclamó: «Si perezco, que perezca», y estuvo dispuesta a sacrificarse para salvar a su pueblo. Su influencia como madrastra volvería a bendecir a su gente a través de su hijastro Artajerjes.

Madres imperfectas

- Las maneras vengativas de Herodías influyeron en su hija para hacer una petición terrible: pedir la cabeza de Juan el Bautista en una bandeja.
- La esposa de Lot amaba las comodidades terrenales, lo cual le costó todo. Su influencia mundana se transmitió a sus hijas, quienes no vieron problema en tener relaciones con su padre para poder tener hijos. En última instancia, sus acciones dieron origen a dos naciones que se convirtieron en los mayores enemigos de Israel.
- Rebeca tuvo favoritos, engañó a su esposo y traicionó a su hijo Esaú. Sus acciones manipuladoras dividieron a su familia y obligaron a Jacob a huir de su hogar. Probablemente nunca volvió a ver a Jacob ni tuvo la oportunidad de cargar a sus nietos en sus rodillas.
- Eva fue engañada por Satanás cuando comenzó a creer sus mentiras. Al pasar el fruto prohibido a su esposo, se convirtió en el catalizador para que el pecado entrara en el corazón de Adán, y a través de él, la muerte alcanzó a toda la humanidad.

Madres fieles

- Noemí fue la suegra que hizo las cosas bien. Cuando su mundo se derrumbó, confió en su Dios y regresó a su pueblo. Cuando Rut observó la fe de Noemí, se sintió impulsada a dejar su tierra moabita y sus dioses para confiar en el único y verdadero Dios de Israel. Rut se convirtió en un brillante ejemplo de una mujer redimida que llegaría a ser la bisabuela nada menos que del rey David.

- Eunice se benefició de las influencias multigeneracionales sobre su hijo cuando unió sus esfuerzos con los de su madre, Loida. La enseñanza bíblica que le dieron a Timoteo fue lo que lo inspiró a recibir el evangelio cuando el apóstol Pablo le presentó el mensaje. Timoteo se convirtió en hijo espiritual de Pablo y continuó su ministerio después de su martirio. La influencia de la madre y la abuela piadosas de Timoteo ha perdurado de generación en generación, influyendo en la iglesia incluso hoy en día.
- La desesperación de Ana por su infertilidad se transformó en una influencia inmensurable cuando Dios respondió su petición por un hijo. Después de que Samuel fue destetado, ella cumplió fielmente su promesa de entregarlo al Señor por todos los días de su vida. El hijo de Ana creció y se convirtió en un gran profeta y consejero de los reyes de Israel. Su historia de fe continúa alentando a madres en todo el mundo.
- Madres fieles sin nombre están esparcidas a lo largo de las Escrituras. La madre de David no fue una madre sobreprotectora. Y la madre de Daniel lo instruyó bien, preparándolo para mantenerse firme cuando fue llevado cautivo. Ambas madres han influido en innumerables personas desde entonces y, aún hoy, continúan siendo fuente de inspiración y aliento para todos los que leen las historias de sus hijos en la Biblia.

UNA EXHORTACIÓN FINAL

Desde el principio, Dios estableció a las madres como las primeras maestras de la verdad bíblica para sus hijos. Las madres son las formadoras de una futura generación de hombres y mujeres piadosos. Este es tu momento en la historia. Dios te está llamando a dejar a un lado todo lo que te distrae de este bendito ministerio de la maternidad. Únete de corazón con otras mujeres de fe que correrán esta carrera junto a ti, animándote en tus éxitos y levantándote cuando tropieces.

Las madres son las formadoras de una futura generación de hombres y mujeres piadosos. Este es tu momento en la historia.

Mi oración es que despiertes cada día inspirada por las lecciones que puedes aprender de las madres mencionadas en este libro —ya sean valientes, con fallas o fieles. Que sus testimonios enciendan un fuego en tu alma y te impulsen a buscar a Dios de maneras nuevas y frescas.

Este mundo te necesita, mamá. Has sido designada para este momento en la historia. Que la Palabra de Dios te llene de dignidad, fortaleza, sabiduría y valor mientras buscas criar una generación de seguidores fieles de nuestro Señor Jesucristo. Que Dios esté contigo en este viaje. Y que algún día podamos estar juntas delante del trono de Dios, sin arrepentimientos para celebrar todo lo que Él ha hecho en y a través de nuestros hijos, los hijos de ellos, y los hijos de sus hijos. ¡Soli Deo gloria!

LECCIONES DE VIDA

Espero que continúes tu estudio sobre las madres de la Biblia investigando a aquellas madres sin nombre que no tuve la oportunidad de mencionar en este libro. A continuación, te presento algunas de ellas. Al leer sobre sus vidas, considera en oración lo que algún día la historia registrará acerca de tu influencia maternal en las futuras generaciones:

- La esposa de Noé: Madre de Sem, Cam y Jafet. Aunque no se menciona su nombre, apoyó a Noé durante los más de cien años que tomó construir el arca. Sobrevivió al diluvio y se convirtió en la abuela de una tierra repoblada (Génesis 6–9).
- La viuda de Sarepta: Madre de un hijo que casi muere de hambre. En su pobreza, proveyó alimento para Elías, quien milagrosamente le dio una provisión inagotable de harina y aceite. Más tarde, su hijo fue resucitado de entre los muertos por el profeta Elías (1 Reyes 17:12-24).
- La sunamita: Madre cuyo hijo fue restaurado a la vida por Eliseo. Mostró una gran hospitalidad hacia el profeta (2 Reyes 4).
- La madre de Marcos: Albergó reuniones de oración en su casa en Jerusalén (Hechos 12:12).
- La madre de Rufo: Mencionada por Pablo como alguien que había sido «su madre y mía» (Romanos 16:13).

Para ver las enseñanzas de Rhonda sobre este capítulo, usa el siguiente código QR o enlace:

https://www.rhondastoppe.com/moms-of-the-bible-book/

APÉNDICE

CÓMO TENER UNA RELACIÓN CON JESÚS

Puede que estés pensando: *¿Qué querrá decir con una relación con Jesús?* Me alegra mucho que quieras saberlo.

¿Sabías que Dios creó a las personas para poder tener una relación con ellas?

Cuando el Señor creó a Adán y Eva y los puso en el jardín del Edén, no los dejó allí con una lista de rituales religiosos para cumplir mientras Él los observaba desde lejos. No. Génesis 3:8 dice que Dios caminaba con Adán y Eva en el jardín en la frescura del día. Él pasaba tiempo con ellos.

Probablemente has escuchado alguna versión de la historia de cómo Dios puso un árbol específico en el jardín y les ordenó a Adán y Eva que no comieran de su fruto, o morirían sin falta (Génesis 2:17).

Génesis capítulo 3 narra cómo un día Satanás tentó a Eva a probar del fruto prohibido. Eva fue engañada y seducida por las mentiras de Satanás y comió del fruto; y, por supuesto, Adán hizo lo mismo.

En el momento en que desobedecieron el mandato de Dios, no solo sus cuerpos comenzaron a morir físicamente, sino que también murieron espiritualmente.

¿Puedes imaginar lo vacíos que debieron sentirse cuando eso sucedió? Verás, cuando Adán y Eva pecaron, rechazaron el gobierno de Dios y se entregaron a Satanás. Y sin alguien que los rescatara, quedaron sin esperanza de volver a estar en buena relación con Dios.

Por su rebelión contra Dios, ya no podían tener comunión con Él, porque Dios no puede permitir el pecado en Su presencia. Y a menos que Dios proveyera un camino para que Adán y Eva (y, por extensión, toda la humanidad) pudieran restaurar esa relación, quedarían eternamente sin esperanza. Todos nosotros estábamos destinados a pasar la eternidad en el infierno, separados de la presencia de Dios.

Sin embargo, por el gran amor de Dios por Su creación, Él ya había planeado una manera de rescatarnos y traernos de vuelta a Sí mismo (por eso usamos la palabra *salvación*).

¿Alguna vez te has preguntado *por qué Dios puso ese árbol en el jardín*? Quiero decir, si no hubiera estado allí, Adán y Eva nunca habrían sido tentados. Es una buena pregunta, y es algo que yo misma he meditado.

Antes pensaba que, de alguna manera, el pecado de Adán y Eva tomó por sorpresa a Dios, y que la Trinidad (Dios Padre, Dios Hijo y Dios Espíritu Santo) se reunió en un consejo santo para idear un plan B para la redención de la humanidad. *Redención* es una palabra grande que básicamente significa «comprar de vuelta» (véase Apocalipsis 5:9).

Desde entonces he aprendido que Dios sabía que Adán y Eva caerían. Apocalipsis 13:8 dice que Jesús fue «inmolado desde el principio del mundo».

Eso significa que incluso antes de que Dios creara el mundo o a las personas, sabía que todos nosotros necesitaríamos un Salvador. Y debido a Su gran amor por nosotros, y Su deseo de tener un pueblo que escogiera amarlo y servirlo, puso el árbol en el jardín para dar a Adán y Eva la libertad de elección. Después de que pecaron (y Él sabía que lo harían), Dios les dijo que ofrecería a Su Hijo para pagar el precio por su desobediencia (ver Romanos 5:12-21).

Imagina esto: Dios nos amó tanto que sacrificó a Su único Hijo, para que todo aquel que crea en Él no muera, sino que tenga vida eterna (véase Juan 3:16). Dios dice que el mismo acto de ofrecer Su mayor tesoro, Jesús, fue Su manera de mostrarnos cuánto nos ama. «Mas Dios muestra su amor para con nosotros, en que siendo aún pecadores, Cristo murió por nosotros» (Romanos 5:8).

¡Qué manera tan increíble de mostrarnos cuánto nos ama!

Entonces, ¿qué significa creer en Él, como dice Juan 3:16? ¿Se trata solo de un asentimiento mental a la verdad de que Jesús es completamente Dios, y que, siendo completamente Dios, tomó la forma de hombre al nacer de una virgen?

¿Y que Jesús vivió una vida sin pecado, se entregó voluntariamente a morir una muerte cruel en la cruz y luego resucitó victoriosamente para que Su sangre pudiera limpiar nuestros pecados y darnos vida eterna?

Si bien todas esas afirmaciones son verdaderas, simplemente estar de acuerdo con los hechos sobre Jesús no significa que tengas una relación con Él. De hecho, Santiago 2:19 dice que incluso los demonios creen, y tiemblan de miedo porque saben quién es Jesús y lo que logró al morir por nuestros pecados.

No, tener una relación con Jesús significa entrar en un pacto personal (una palabra grande que significa «voto» o «promesa») con Él. Él quiere que hagamos un compromiso de por vida con Él. ¿Pero cómo?

Primero, Dios quiere que te arrepientas de tus pecados (*arrepentirse* significa estar de acuerdo con Dios en que eres un pecador que necesita un Salvador, y que te volverás de tus pecados). La Biblia dice: «Por cuanto todos pecaron, y están destituidos de la gloria de Dios» (Romanos 3:23). Solo la sangre de Jesús puede limpiar tus pecados (Hebreos 9:14).

Sé que es fácil sentirse ofendido cuando alguien dice: «Eres un pecador», pero seamos honestos: tú y yo sabemos que, aunque intentemos hacer lo correcto, nuestro instinto natural es desobedecer las leyes de Dios.

Verás, Dios nos dio esas leyes no para que tratáramos de ser sin pecado cumpliendo todo lo que ellas ordenan, sino para mostrarnos que nunca podremos cumplir la vida sin pecado que Dios requiere para tener una relación con Él y entrar al cielo cuando muramos (ver Gálatas 2:16; 3:24).

Entonces, ¿dónde nos deja eso? Si Gálatas 2:16 dice que ningún hombre se justifica por las obras de la ley, ¿cómo podemos ser restaurados a Dios y entrar al cielo?

Si Dios no está contando nuestros buenos actos para compensar los malos al momento de morir (un concepto completamente falso que no se enseña en la Escritura), y si, como dice Romanos 6:23, «la paga del pecado es muerte», ¿cómo podemos ser rescatados del juicio?

¡Me alegra que lo preguntes! Porque la Biblia también dice: «mas la dádiva de Dios es vida eterna en Cristo Jesús Señor nuestro», y que somos justificados, o hechos justos, «por la fe de Jesucristo» (Romanos 6:23; Gálatas 2:16).

La Biblia enseña que Jesús no es simplemente una de muchas vías hacia la salvación; Él es la *única* manera. En Juan 14:6, Jesús dijo: «Yo soy el camino, y la verdad, y la vida; nadie viene al Padre, sino por mí».

Esas son palabras de Jesús, no mías. La única manera de tener una relación íntima con Dios es a través de Jesús. Solo cuando recibes Su regalo gratuito de salvación, la sangre de Jesús limpia todos tus pecados. Dios mismo dice: «si vuestros pecados fueren como la grana, como la nieve serán emblanquecidos» (Isaías 1:18).

¡Piénsalo! Dios promete limpiar completamente tu historial. No importa cuántas malas decisiones hayas tomado hasta ahora, ni cuán vergonzoso sea tu pasado; Jesús te ofrece libertad de todo ello, libertad de la vergüenza y de la esclavitud del pecado.

Una vez que Jesús borra tus pecados, promete nunca volver a mencionarlos en tu contra. La Biblia dice: «Cuanto está lejos el oriente del occidente, hizo alejar de nosotros nuestras rebeliones» (Salmos 103:12). (Te das cuenta de que oriente y occidente nunca se encuentran, ¿verdad? Eso significa que, en Cristo, ¡nuestros pecados se eliminan para siempre!).

Pero no basta con decir unas palabras mágicas, «Creo», y luego volver a la vida como antes. Jesús dice que quiere que le entregues todo lo que eres: «si confesares con tu boca que Jesús es el Señor, y creyeres en tu corazón que Dios le levantó de los muertos, serás salvo» (Romanos 10:9).

Jesús no te pide que simplemente lo agregues a tu vida. Él quiere ser tu vida. Y a todo aquel que se convierte en seguidor de Jesús, Él le promete darle un corazón nuevo y puro. 2 Corintios 5:17 dice: «Las cosas viejas pasaron; he aquí todas son hechas nuevas».

Créeme cuando te digo que, sin una relación con Jesús, yo era una mujer egoísta, arrogante, temerosa y materialista. Pero cuando acepté el regalo gratuito de salvación de Jesús y rendí mi vida a Él como mi Señor, fui libre. Y nunca he mirado atrás.

Jesús tomó el desastre que yo era y me dio un corazón nuevo. A través de Jesús, Dios perdonó todos mis pecados; ¡todos ellos! Y cuando dije sí a entrar en una relación (sí, esa palabra otra vez) con Jesús, Él puso dentro de mí Su Espíritu Santo. (Eso era lo que faltaba).

Y Dios quiere lo mismo para ti. Cuando Dios te llena con Su Espíritu, la vida cobra sentido. De hecho, experimentarás la vida para la cual fuiste creado: una vida en comunión con tu Creador.

Nada en esta vida podrá satisfacer tu anhelo de Él; nada.

Después de entrar en una relación con Jesús, nunca más tendrás que preocuparte por «ser lo suficientemente buena» para que Dios te ame o te permita entrar al cielo cuando mueras.

A quienes están en Cristo, Dios dice que los adopta como Sus propios hijos. «Mirad cuál amor nos ha dado el Padre, para que seamos llamados hijos de Dios» (1 Juan 3:1).

La Biblia dice que podemos llamar a Dios «Abba, Padre» (que significa «Papá»; Romanos 8:15). Y Dios declara que Su gran amor por nosotros es perfecto e inconmensurable, y que nada de lo que hagamos podrá hacer que deje de amarnos (véase Romanos 8:35-39).

Y para coronarlo todo, Dios promete que nunca estarás solo otra vez. Jesús dijo que nunca te dejará ni te abandonará (Mateo 28:19-20; Hebreos 13:5). ¿No es eso increíble?

Y aún hay algo más: si decides…

- creer que Jesús murió por ti,
- estar de acuerdo con Dios en que necesitas un Salvador debido a tu corazón pecador,
- apartarte de tu pecado para seguir a Jesús,
- y orar y someterte a Jesús como el Señor de tu vida,

… entonces Dios te limpiará de todos tus pecados y Su Espíritu Santo llenará tu corazón con Su presencia, paz y propósito.

Cuando recibes el regalo gratuito de salvación de Jesús, Él promete:

- dirigirte,
- guiarte, y
- cumplir todo lo que ha planeado para tu vida desde los cimientos del mundo.

Efesios 2:8-10 dice: «Porque por gracia sois salvos por medio de la fe; y esto no de vosotros, pues es don de Dios; no por obras, para que nadie se gloríe. Porque somos hechura suya, creados en Cristo Jesús para buenas obras, las cuales Dios preparó de antemano para que anduviésemos en ellas».

Dios tiene un plan para tu vida. ¿No es emocionante?

Ahora sabes lo que significa tener una relación con Jesús. Mi oración es que el Espíritu Santo te esté acercando a Cristo incluso en este momento, y que ores para entregarte a Jesús como tu Señor y Salvador, para que puedas comenzar este maravilloso viaje de caminar con Él por el resto de tu vida y luego en el cielo, ¡sin tener ARREPENTIMIENTO ALGUNO!

NOTAS

Capítulo 1: Una mujer de mala fama con una fe intrépida: Rahab

1. John MacArthur, *Twelve Extraordinary Women* (Nashville, TN: Thomas Nelson, 2005), 59.
2. Esta cita se ha atribuido de forma general a John D. Rockefeller Jr., pero su fuente original es desconocida.
3. Ver Éxodo 14-15.
4. Esta cita se ha atribuido de forma general a Corrie ten Boom, pero su fuente original es desconocida.
5. Ver Josué 6.

Capítulo 2: Soltar y confiar en Dios: Jocabed

1. Rhonda Stoppe, *Moms Raising Sons to Be Men* (Eugene, OR: Harvest House, 2023), 24-25.
2. Ver Job 14:5.
3. Elisabeth Elliot, *Passion and Purity* (Chicago, IL: Revell, 2013).
4. Rhonda Stoppe, "Best of 2023," *Old Ladies Know Stuff* podcast, 19 de diciembre de 2023, https://podcasts.apple.com/us/podcast/old-ladies-know-stuff-with-rhonda-stoppe-friends/id1648817407?i=1000639081662.
5. Stoppe, *Moms Raising Sons to Be Men*, 24.
6. Elizabeth George, *The Remarkable Women of the Bible* (Eugene, OR: Harvest House, 2003), 80.
7. Stoppe, *Moms Raising Sons to Be Men*, 28.
8. "Research Shows That Spiritual Maturity Process Should Start at a Young Age," Barna.com, 17 de noviembre 2003, https://www.barna.com/research/research-shows-that-spiritual-maturity-process-should-start-at-a-young-age/. Los datos descritos en este número se detallan en *Transforming Children into Spiritual Champions* [Transformando a los niños en campeones espirituales], escrito por George Barna. La investigación se realizó entre 2001 y 2003 e incluyó sondeos a adultos, jóvenes, líderes de iglesias y pastores de todo el país. También incluye estudios en profundidad de congregaciones protestantes que tienen un historial envidiable de producir niños que se considerarían «defensores espirituales».
9. Para una descripción completa de Moisés, héroe de la fe, ver Hebreos 11:23-29.

10. Ver Apocalipsis 15:3.
11. «¡Canten al Señor! ¡Porque Él ha triunfado gloriosamente!» (Éxodo 15:21). Ver Éxodo 15:1-21.

Capítulo 3: Cuando el rechazo rompe tu corazón: María

1. *The MacArthur Study Bible* (Nashville, TN: Thomas Nelson, 1997), nota de estudio para Lucas 1:24.
2. Rhonda Stoppe, *Moms Raising Sons to Be Men* (Eugene, OR: Harvest House, 2023), 37.
3. Jessica Van Roekel, *Reframing Rejection* (Enumclaw, WA: Redemption Press, 2022), 15.
4. Para la oración del Magnificat de María verlo completo en Lucas 1:46-55.
5. Puedes escuchar *Old Ladies Know Stuff*™ accediendo a este link: https://www.rhondastoppe.com/old-ladies-know-stuff-podcast/.
6. Tito 2:3-4.
7. Stoppe, *Moms Raising Sons to Be Men*, 37.

Capítulo 4: La influencia inesperada de una madrastra: Ester

1. Ver Walter A. Elwell and Philip W. Comfort, *Tyndale Bible Dictionary,* vol. 4 (Wheaton, IL: Tyndale House, 2001), 800.
2. John D. Garr, PhD, "The Birth of Antisemitism," February 2023, https://www.hebraiccommunity.org/midrash/the-birth-of-antisemitism/.
3. Alex Bein, *The Jewish Question: Biography of a World Problem* (Madison, NJ: Fairleigh Dickinson University Press, 1990), 594; Avner Falk, *Anti-semitism: A History and Psychoanalysis of Contemporary Hatred* (Westport, CT: Greenwood Publishing, 2008), 21. https://www.hebraiccommunity.org/midrash/the-birth-of-antisemitism/#_ftn1.
4. John MacArthur, *The War on Children* (Los Angeles, CA: John MacArthur Publishing Group, 2024), contraportada.
5. Zack Owens sirve como director de ministerio infantil en la Iglesia Redeemer, PCA en Jackson, Mississippi. "Parenting Our Children's Prejudice," desiring God, agosto 2015, https://www.desiringgod.org/articles/parenting-our-childrens-prejudice.
6. Ver Hebreos 11:33-34, 37-38.

Capítulo 5: La venganza que conduce al arrepentimiento: Herodías

1. "Herodias," Britannica, https://www.britannica.com/biography/Herodias.

2. Yvonne Castaneda, "Why It's So Hard to Forgive a Parent", *Psychology Today*, 13 de febrero de 2023, https://www.psychologytoday.com/us/blog/the-power-of-parallels/202302/why-its-so-hard-to-forgive-a-parent.
3. Matthew Henry, *Matthew Henry's Commentary on the Whole Bible* (Peabody, MA: Hendrickson, 1991), Salmo 56:8.
4. "Find a Counselor," Association of Certified Biblical Counselors, https://biblicalcounseling.com/find-a-counselor/.
5. Encuentra libros sobre el perdón en https://biblicalcounseling.com/?s=books+on+forgiveness.
6. Jay Adams, *From Forgiven to Forgiving* (Amityville, NY: Calvary Press, Institute for Nouthetic Studies, 2020), contraportada.
7. Dr. Michelle Bengtson, *Sacred Scars* (Grand Rapids, MI: Revell, 2024), 163-164.

Capítulo 6: Cuando tus posesiones importan más que obedecer a Dios: La esposa de Lot

1. Algunos teólogos creen que tuvo cuatro hijas, dos que huyeron con ella de la ciudad y dos que se quedaron atrás con sus esposos.
2. Elyse Fitzpatrick, *Idols of the Heart* (Phillipsburg, NJ: P&R Publishing, 2016), 50.
3. Fitzpatrick, *Idols of the Heart*, 64.
4. Ver 2 Pedro 2:7-8.
5. Steve Miller, *One Day Nearer* (Eugene, OR: Harvest House, 2023), contraportada.
6. Jeff Myers and Kathy Koch, *Raising Gender-Confident Kids: Helping Kids Embrace Their God-Given Design* (Manitou Springs, CO: Summit Ministries, 2025), 123.
7. Ver Filipenses 2:14.
8. Helen Howarth Lemmel, "Turn Your Eyes Upon Jesus", 1918.

Capítulo 7: Favorecer a uno trae desastre: Rebeca

1. Kenneth R. Ginsburg, MD, "The Importance of Play in Promoting Healthy Child Development and Maintaining Strong Parent-Child Bonds", *Pediatrics*, enero de 2007, https://publications.aap.org/pediatrics/article/119/1/182/70699/The-Importance-of-Play-in-Promoting-Healthy-Child?autologincheck=redirected.

2. Cameron Cole, "Busy All the Time: Over-Scheduled Children and the Freedom of the Gospel", The Gospel Coalition, 12 de enero de 2014, https://www.thegospelcoalition.org/article/busy-all-the-time/.
3. Barry Bandara, *Great Buts in the Bible* (Seattle, WA: Sutter's Mill Publishing, 2025), 12.

Capítulo 8: La mujer perfecta que tomó una decisión no tan perfecta: Eva

1. 1 Timoteo 2:14: «Adán no fue engañado, sino que la mujer, siendo engañada, incurrió en transgresión».
2. 2 Corintios 7:10—«Porque la tristeza que es según Dios produce arrepentimiento para salvación, de que no hay que arrepentirse; pero la tristeza del mundo produce muerte».
3. Liz Curtis Higgs, *Bad Girls of the Bible* (Colorado Springs, CO: WaterBrook, 1999), 29.
4. J.I. Packer, *Knowing God* (Downers Grove, IL: InterVarsity, 1973), 238.
5. John Piper, *Desiring God: Meditations of a Christian Hedonist* (Sisters, OR: Multnomah, 1996), 79.
6. Paul David Tripp, *Relationships: A Mess Worth Making* (Greensboro, NC: New Growth Press, 2006).

Capítulo 9: La suegra que lo hizo bien: Noemí (y Rut)

1. "1 in 6 people globally affected by infertility: WHO", World Health Organization, 4 de abril de 2023, https://www.who.int/news item/04-04-2023-1-in-6-people-globally-affected-by-infertility.
2. Puedes leer una versión más detallada de la historia de Meredith y Jake en mi libro *Real-Life Romance* (Eugene, OR: Harvest House, 2018).
3. Rhonda Robinson, *FreeFall: Holding onto Faith When the Unthinkable Strikes* (Birmingham, AL: New Hope, 2019), introducción.
4. Horatio Spafford, "It Is Well with My Soul", 1873.
5. Richard Wurmbrand, *In God's Underground* (Bartlesville, OK: Living Sacrifice, 2004), 49-50.

Capítulo 10: ¡Madres y abuelas unidas!: Eunice (y Loida)

1. Dr. James Dobson, *The New Dare to Discipline* (Carol Stream, IL: Tyndale Momentum, 2014), 16.
2. "Grandparents Raising Grandkids: The Challenges They Face and Where to Find Help," Senior Connection, 16 de febrero de 2023,

https://seniorconnection.org/news/grandparents-raising-grandkids-the-challenges-they-face-and-where-to-find-help/.

3. Legacy Coalition Grandparenting Summit —descubre más en LegacyCoalition.com.
4. Dr. Joannie DeBrito, "How to Talk to Adult Children and Grandchildren About Issues When You Disagree", Legacy Coalition Blog, 20 de mayo de 2024, https://legacycoalition.com/how-to-talk-with-adult-children-and-grandchildren-about-issues-when-you-disagree/.
5. Jim Burns, *Doing Life with Your Adult Children: Keep Your Mouth Shut and the Welcome Mat Out* (Grand Rapids, MI: Zondervan, 2019), 23.
6. Burns, *Doing Life with Your Adult Children*, 23.
7. Kathy Koch, *Parent Differently: Raise Kids with Biblical Character that Changes Culture* (Chicago, IL: Moody Publishers, 2023), 22.
8. Koch, *Parent Differently*, 32-33.
9. "Empathy", Merriam Webster Dictionary, https://www.merriam-webster.com/dictionary/empathy.
10. Koch, *Parent Differently*, 27.
11. Ver Santiago 5:16.
12. Stormie Omartian, *The Power of a Praying Grandparent* (Eugene, OR: Harvest House, 2016), 12-13.
13. Ver 1 Timoteo 1:2; 2 Timoteo 1:2; Filipenses 2:20, 22.

Capítulo 11: De la infertilidad desesperada a la influencia inconmensurable: Ana

1. Donna Jones, *Healthy Conflict, Peaceful Life* (Nashville, TN: Nelson Books, 2024), 180.
2. Timothy L. Sanford, "How to Deal Wisely with Manipulative People", Focus on the Family, 29 de junio de 2025, https://www.focusonthefamily.com/get-help/how-to-deal-with-manipulative-people/.
3. ChristianCounselorsNetwork.com.
4. Association of Certified Biblical Counselors, "Find a Counselor", Association of Certified Biblical Counselors, https://biblicalcounseling.com/find-a-counselor/.
5. Rhonda Stoppe, *Moms Raising Sons to Be Men* (Eugene, OR: Harvest House, 2023), 38.
6. Ver Jeremías 29:11.

Capítulo 12: Madres fieles sin nombre

1. Judy Barrett, "David and Moab: Why the Flipflop?", judybarrettblog, 20 de septiembre de 2017, https://judybarrettblog.com/2017/09/20/david-and-moab-why-the-flipflop/.
2. Jeff Myers and Kathy Koch, *Raising Gender-Confident Kids: Helping Kids Embrace Their God-Given Design* (Manitou Springs, CO: Summit Ministries, 2025), 57-58.
3. Tedd and Margy Tripp, *Instructing a Child's Heart* (Wapwallopen, PA: Shepherd Press, 2008), 177.
4. Puedes leer las historias de amor de cada uno de los hijos de Rhonda en su libro *Real-Life Romance* (Eugene, OR: Harvest House, 2018).
5. Rhonda Stoppe, *Moms Raising Sons to Be Men* (Eugene, OR: Harvest House, 2023), 199.
6. Ver Hebreos 4:12 y Romanos 12:2.
7. Tripp, *Instructing a Child's Heart*, 28.

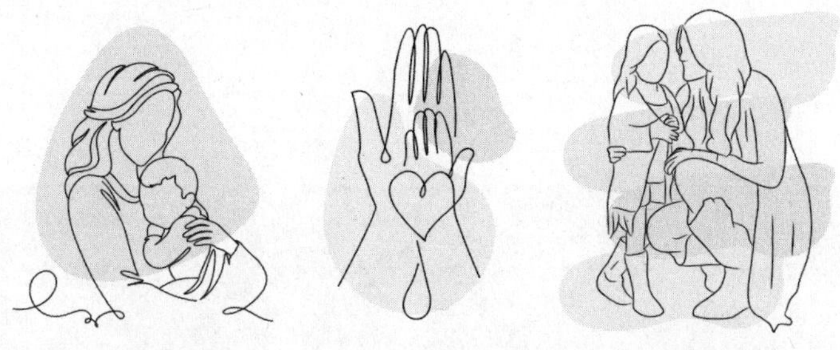

NOTA DE LA AUTORA

Querida amiga,

Espero que este libro te haya bendecido y que también traiga ánimo a innumerables otras mamás en su camino de la maternidad.

Te agradecería mucho si pudieras ayudar a difundirlo, contándole a tus amigas y compartiendo sobre el libro en redes sociales. También se agradece enormemente que compartas tus pensamientos en una reseña; solo una o dos líneas sobre lo que apreciaste o lo que podría mejorarse podrían ser de gran ayuda para otras personas.

¡Tu apoyo significaría muchísimo para mí! Cuando compartas, ¿podrías etiquetarme para que yo también pueda unirme a la alegría y compartir tu publicación? Juntas podemos difundir el mensaje e inspirar a muchas más mamás.

Con amor y gratitud,

Rhonda Stoppe

PD: He hablado mucho en este libro sobre mis hijos y nietos, y pensé que quizá disfrutarías ver una presentación de diapositivas de mi familia, acompañada por una canción del Día de la Madre escrita por mi hijo Brandon. Encontrarás la presentación en los códigos QR de este libro o visitando la página principal de mi canal de YouTube:

«Rhonda Stoppe No Regrets Woman»,

https://www.youtube.com/c/RhondaStoppeNoRegretsWoman.

Rhonda con sus hijos adultos: Meredith, Tony, Brandon y Kayla